W0376312

SECRET DÉFENSE

LES DOSSIERS SECRETS DE LA SECONDE GUERRE MONDIALE

Philippe Valode et Robert Arnaut

SECRET DÉFENSE

LES DOSSIERS SECRETS DE LA SECONDE GUERRE MONDIALE

FIRST
Editions

Note à l'attention des lecteurs
La présente édition de *Secret défense* constitue une nouvelle édition au format poche de l'ouvrage d'origine intitulé *Les dossiers secrets de la Seconde Guerre mondiale* paru en 2010.

© Éditions First, un département d'Édi8, 2016.

Le Code de la propriété intellectuelle interdit les copies ou reproductions destinées à une utilisation collective. Toute représentation ou reproduction intégrale ou partielle faite par quelque procédé que ce soit, sans le consentement de l'Auteur ou de ses ayants cause est illicite et constitue une contrefaçon sanctionnée par les articles L335-2 et suivants du Code de la propriété intellectuelle.

ISBN : 978-2-7540-8530-4
Dépôt légal : mars 2016

Mise en page : Stéphane Angot
Couverture : Atelier Didier Thimonier

Imprimé en France

Éditions First, un département d'Édi8
12, avenue d'Italie
75013 Paris – France
Tél. : 01-44-16-09-00
Fax : 01-44-16-09-01
E-mail : firstinfo@efirst.com

Hommage à Robert Arnaut (1929-2013)

Un talent incomparable de conteur, une soif de connaissance, un goût de l'aventure peu commun, une sagesse africaine apprise au contact de ce continent, une culture enracinée dans l'expérience, faisaient de Robert Arnaut un être unique, le dernier représentant d'une espèce rarissime miraculeusement échappée des temps barbares, portant haut la primauté de l'esprit et les valeurs de l'amitié. Que cette seconde vie donnée à son livre, sous forme de poche, lui permette de savoir, là où il repose désormais, que nous n'oublions ni sa personne ni son œuvre.

Philippe Valode

SOMMAIRE

AVANT-PROPOS

Toutes les guerres ont leurs pages glorieuses et dramatiques, leurs événements officiels et leurs épisodes cachés. Ceux qui n'ont pas trouvé leur place dans les livres d'histoire peuvent, longtemps après, remonter à la surface comme les objets enfouis dans le sable. Ils reviennent pour témoigner d'actions, de situations peu connues et pourtant authentiques.

Les « dossiers secrets » dont il est question dans le titre n'étaient pourtant ni cachés ni réservés à un certain nombre de personnes. En réalité, ils ont simplement été volontairement ou involontairement oubliés, ou encore été jugés trop particuliers pour être livrés au public.

Notre désir n'est pas d'entraîner le lecteur dans les chapitres de la grande histoire, cela est l'affaire des historiens. Nous voudrions plutôt découvrir ensemble jusqu'où l'homme peut aller dans la souffrance, l'héroïsme, l'ignominie, le sacrifice, la cruauté, l'altruisme ou l'infamie, lorsque les circonstances le plongent dans certaines situations.

Nous pouvions pour cela choisir parmi des centaines de sujets présentant des personnages hors du commun. Nous en avons retenu quatorze. Notre sélection est donc forcément arbitraire.

Chacun de nos chapitres pourrait faire l'objet d'un livre (et l'a fait pour certains d'entre eux). Notre ambition se limite à la découverte de personnages ou d'événements qui nous avaient échappés, mais qui nous interpellent car ils ont contribué à écrire la grande histoire.

Dans cette assemblée se trouvent des héros, des traîtres, des savants, des aventuriers, des bourreaux, des victimes, des pacifistes et des chefs de guerre. Leur seul point commun, c'est d'avoir, entre 1939 et 1945, vécu une aventure extraordinaire que seule la guerre pouvait susciter.

LA TERRIBLE MORT DE L'AMIRAL PLATON

Une belle carrière dans la marine

Né à Pujols-sur-Dordogne, à proximité de Libourne, en septembre 1886, Charles Platon est issu d'un milieu modeste – des Cévenols convertis au protestantisme. Son père est bibliothécaire à la faculté de droit de Bordeaux et sa mère, professeur à l'École normale, qui forme les instituteurs. Le jeune Charles veut être marin : il intègre Navale à dix-huit ans. Deux ans plus tard, en 1906, il en sort avec le grade d'aspirant de 2e classe. L'année suivante, nommé aspirant de 1re classe, il inaugure sa carrière maritime par une affectation sur le croiseur *Léon Gambetta*, dans la flotte du Nord. Il fait un mariage d'amour en 1911. Sa carrière est brillante : enseigne de vaisseau en 1909, lieutenant de vaisseau en 1919, capitaine de corvette en 1923, puis de frégate en 1927, enfin de vaisseau en 1933. Il est nommé contre-amiral en octobre 1939 et devient vice-amiral en décembre 1941.

Il sert à bord de croiseurs, de torpilleurs, de sous-marins (il commande successivement l'*Opale* et le *Fulton*), avant d'être admis à l'École de guerre navale (1921), puis d'être nommé professeur à l'École de guerre ainsi qu'au Centre des hautes études navales. Puis, devenu capitaine de frégate, il commande la 3e division de torpilleurs. Sous-chef d'état-major à la 1re escadre en 1931-1932, il revient à terre comme chef du 3e bureau de l'état-major général. En 1935, il retourne sur mer pour commander la 10e division légère de contre-torpilleurs, en charge de l'évacuation des ressortissants français bloqués par la guerre civile espagnole.

C'est le 1er décembre que Charles Platon entre dans l'histoire, en étant nommé à la tête de la marine à Dunkerque. C'est un homme de presque cinquante ans, très bien noté par ses chefs et ses ministres. Tous soulignent sa haute valeur morale et professionnelle. Au mois d'octobre 1939, Platon, promu contre-amiral, commande les flottes de Dunkerque, Calais et Boulogne, chargées d'assurer la protection des côtes. Il est placé sous le commandement direct du vice-amiral d'escadre Jean-Marie Abrial.

Platon, le héros de Dunkerque

Le 10 mai 1940, Hitler envahit le Benelux. Aussitôt, par une faute de commandement à peine croyable (compte tenu de l'expérience de 1914), le général Gamelin ordonne au Ier groupe d'armées du général Billotte d'entrer en Belgique pour porter secours à l'armée belge. On ne soulignera jamais assez la responsabilité totale de Gamelin dans le désastre subi par l'armée française en mai-juin 1940. La manœuvre ordonnée le 10 mai est la cause principale de la défaite.

Le contre-amiral Platon reçoit l'ordre de transporter des troupes d'infanterie à Flessingue, en Hollande – environ 3000 hommes. Il accomplit remarquablement cette difficile mission, les débarquant sur l'île de Walcharen. Cernée par l'ennemi, alors que les Hollandais n'opposent plus aucune résistance, la troupe française tente de fuir par mer dès le 15 mai. Platon, avec ses chasseurs de mines, parvient à rembarquer environ 1800 hommes, quittant Flessingue, sous le feu allemand, dans la nuit du 16 mai. Le contre-amiral est cité à l'ordre de l'armée pour cet exploit.

Alors que les bombardements allemands n'ont guère, jusque-là, frappé Dunkerque, à partir du 18 mai, la Luftwaffe s'acharne sur le port français ; non seulement sur les navires de guerre, mais sur toute la ville, où des centaines de civils sont tués. Le contre-amiral Platon s'efforce de faire face aux multiples problèmes qui se posent au sein d'une population traumatisée, sinistrée, bientôt affamée, dans une cité où s'entassent les morts et les blessés. Il réquisitionne les stocks de marchandises pour ravitailler la population, combat le pillage, supervise la gestion des hôpitaux, s'efforce de rassembler le maximum de navires pour évacuer les troupes anglaises, belges et françaises. En effet, pour échapper à la manœuvre d'encerclement de la Wehrmacht, les troupes alliées, représentant 420000 hommes valides, convergent vers le camp retranché de Dunkerque, dont les Français assurent seuls la défense.

La situation des Alliés est critique. Le vice-amiral Abrial dispose d'environ 35 navires de guerre, dont 13 torpilleurs et 2 avisos, et les Français parviennent à réunir près de 200 navires de tous tonnages, du remorqueur au chalutier, réquisitionnés non seulement à Dunkerque mais dans tous les ports depuis Dunkerque jusqu'à Boulogne-sur-Mer. Le 26, Churchill ordonne l'opération d'évacuation des divisions anglaises combattant en France, baptisée *Dynamo.* Il n'a plus confiance dans la capacité militaire de la France et cherche à sauver ses meilleures troupes. Même la RAF est économisée, et l'on voit rarement les *Spitfires* venir combattre les *Stukas* dans le ciel de Dunkerque… Alors une flotte hétéroclite, composée de remorqueurs, de vedettes, de baleinières, de chalutiers, de bateaux de plaisance, de barges, bref de tout ce qui flotte, quitte les ports anglais. Ils sont au total près de 700 engins flottants à venir tenter de rapatrier les troupes anglaises, en priorité. Avec les navires français, près de 900 bateaux tentent alors l'impossible.

Les troupes alliées en déroute sont composées d'environ 170 000 Français et 250 000 Britanniques, insulaires et membres de l'empire. Le 1er juin au soir, l'opération d'évacuation est achevée sous de terribles bombardements allemands. Les deux tiers des soldats sont embarqués depuis les plages et les autres, depuis le port de Dunkerque. Un véritable miracle ! D'autant que, sur les 900 embarcations servant à l'évacuation, environ 250, peut-être un peu moins, sont coulées. Et le nombre des tués ne dépasse pas, semble-t-il, 5 000 hommes, du moins chez les Britanniques, au plus le double en comptant les Français ! Un second miracle !

Le contre-amiral Platon a bien mérité de la patrie. Certes, il a dû abandonner sur les plages près de

40 000 soldats français, aussitôt capturés par les Allemands. Il est furieux de l'ordre donné par Abrial de quitter Dunkerque dans la soirée du 3 juin : le général Weygand veut éviter que des amiraux tombent aux mains allemandes. Mais que penser d'un chef qui quitte ses hommes dans la pire des situations ?

Le 7 juin au matin, la percée allemande sur la Somme est irrésistible. L'issue de la guerre ne fait plus aucun doute. Avant même l'armistice, signé à Rethondes le 22 juin, la plupart des soldats français évacués à Dunkerque ont rejoint la France. Désarmés par les Anglais, nourris, si l'on peut dire, avec du thé et du porridge, ils errent lamentablement le long des côtes françaises. Cependant, Platon est informé que la flotte française ne sera pas livrée aux Allemands. Le voilà déjà partisan, sans aucun état d'âme, du régime que le maréchal Pétain s'apprête à instituer.

Le choc de Mers el-Kébir

Comme tous les marins français, Platon est violemment anglophobe. Entre les deux guerres, Anglais et Allemands n'ont-ils pas cherché, par un accord naval, à limiter le tonnage de la flotte de guerre française, tout en s'octroyant des progressions de tonnages bien supérieures ? Cependant, en 1940, la flotte française est la quatrième du monde après celles de la Grande-Bretagne, des États-Unis et du Japon : il ne lui manque que des porte-avions modernes (ce que n'est pas le vieux *Béarn*).

Aussi l'attaque du 3 juillet contre la flotte française à Mers el-Kébir, dans le golfe d'Oran, commandée par l'amiral anglais Somerville, est-elle considérée par Platon comme une infamie. Plus de 1 300 marins sont morts et peu de navires tricolores échappent au massacre, à l'exception du cuirassé *Strasbourg*. Le même jour, les navires de guerre français présents dans les ports anglais sont saisis. Le 7 juillet, pour éviter de voir ses navires anéantis, l'amiral Godefroy, qui commande la flotte française d'Alexandrie, accepte de la neutraliser, en accord avec l'amiral anglais Cunningham.

Si l'on comprend bien la crainte de Churchill de voir les navires de guerre français saisis par les Allemands et lancés contre l'Angleterre, malgré les promesses de Darlan, il faut aussi tenter de comprendre la haine féroce de tous les amiraux de Vichy contre l'ennemi héréditaire qui non seulement n'a pas engagé ses forces terrestres et son aviation durant la bataille de France mais, à présent, détruit le fleuron de l'armée française, sa marine.

Le choix de Platon comme secrétaire d'État aux Colonies

Pétain, Darlan et Laval sont bien conscients des objectifs de Hitler. Aucun des trois n'est proallemand, et tous les trois sont en faveur du maintien de relations avec Londres et Washington. Aussi, face aux revendications de Hitler, qui veut utiliser ports et aéroports marocains, imaginent-ils, habilement, de nommer comme secrétaire d'État aux Colonies un homme dont l'anglophobie est avérée et qui ne jure que par une alliance franco-allemande, y compris militaire. Une promotion conçue pour plaire aux Allemands d'un homme que l'on pourra manipuler aisément en raison de son absence totale de formation politique. Platon, car il s'agit de lui, antigaulliste primaire, ami du maréchal Pétain, favorable à la collaboration avec une Allemagne qui devrait dominer l'Europe, est ainsi appelé au gouvernement le 6 septembre 1940. Cet engagement est surprenant pour un homme qui sait bien que la marine est essentielle pour la victoire, de même que la possession d'un immense empire. Or le Reich est dépourvu tant de navires de guerre que de terres africaines ! Bien plus, cet homme brutal et cassant n'est pas préparé à un poste aussi complexe. Aux commandes du puissant empire français, il ne peut ignorer qu'à tout moment le maréchal Pétain est susceptible de s'envoler pour Alger…

Avec son ami l'historien Benoist-Méchin, Platon imagine pouvoir conserver l'empire à l'État français pétainiste. Il parvient à contrer le gouverneur de Djibouti, Nouailhetas, qui a autorisé les Britanniques à utiliser le port et le chemin fer vers Addis-Abeba. Mais il a dû constater, avant sa nomination, le ralliement à de Gaulle de l'Afrique-Équatoriale le 26 août et de Tahiti le 2 septembre. La défection du Gabon, le 9 novembre 1940, après sa nomination, sonne comme un avertissement personnel !

Et d'ailleurs exerce-t-il vraiment son ministère ? Il semble que de nombreuses décisions essentielles sont prises sans le consulter. Membre de la commission d'armistice franco-allemande de Wiesbaden, Platon n'intervient guère sur le dossier indochinois. En mai 1941, il pousse à un accord franco-allemand prévoyant l'utilisation des terrains d'aviation de Syrie, du port de Bizerte, de celui de Dakar, autorisations élargies à l'Afrique du Nord et à l'AOF (Afrique-Occidentale française) et même à l'AEF (Afrique-Équatoriale française), pourtant hostile. Mais les « protocoles de Paris » sont finalement rejetés par le maréchal Pétain, sur intervention virulente tant du général Weygand que du gouverneur général de l'AOF, Pierre Boisson.

En novembre 1941, Charles Platon visite l'ensemble de l'Afrique-Occidentale française, puis l'Afrique du Nord. Il y tient un discours violemment antianglais et plus encore antigaulliste. Peu conscient des réalités, il entend, en toute bonne foi, encourager les initiatives africaines locales en matière de recherche agronomique et de médecine, à l'encontre des intérêts des colonialistes. Ses projets seront pudiquement oubliés par son successeur, Jules Brévié, en 1942.

Tombé malade à son retour d'Afrique, Platon est hospitalisé de décembre 1941 au printemps 1942. Le 18 avril 1942, le retour brutal de Laval, chassé en décembre 1940, l'écarte sinon du pouvoir, du moins d'un véritable maroquin, car les deux hommes se détestent.

Le contre-amiral Platon est en fait peu assidu à son secrétariat d'État aux Colonies : il consacre du temps, dès juillet 1940, à la lutte contre les sociétés secrètes – comprendre la maçonnerie. Il remplace ainsi le bien triste sire qu'est Bernard Faÿ, persécuteur des francs-maçons à travers le Département des recherches du Service des sociétés secrètes qu'il a spécialement conçu et développé. Platon en vient même à se heurter au tout-puissant Bousquet, le secrétaire général de la Police, qu'il accuse de protéger les « frères trois-points »...

Platon tente de se maintenir à Vichy

Cependant, le vice-amiral Platon a pris goût à la chose publique et souhaite continuer de jouer un rôle politique. Il obtient, en raison de ses liens quasi amicaux avec le maréchal Pétain (qui le considère comme dangereux en raison de son penchant proallemand), un poste de secrétaire d'État auprès de Laval, en charge toute théorique de la coordination des trois armes. Ses discours enflammés contre les Alliés lors des obsèques des victimes des bombardements alliés, au printemps 1942, le rendent suspect au sein même du gouvernement de Vichy. Il en fait trop, alors que Pétain et Laval cherchent, avec un succès très variable, à préserver un maximum de liberté de mouvement vis-à-vis des Allemands. Platon, autrefois si austère, si équilibré, si chrétien, est devenu un pangermaniste paranoïaque. Certains Allemands eux-mêmes se méfient de lui, le jugeant maximaliste.

Le mois de novembre 1942 est décisif pour les membres du gouvernement de Vichy. En quelques semaines, trois événements essentiels bouleversent le paysage : les Américains débarquent le 8 en Algérie et au Maroc (opération *Torch*), les Allemands envahissent la zone libre (opération *Attila*) le 11, ce qui entraîne la dissolution de l'armée d'armistice ; enfin, le 27, la quasi-totalité de la flotte française, une soixantaine de navires, se saborde à Toulon. Passé aux Alliés, l'amiral Darlan, venu voir son fils malade à Alger, donne l'ordre aux troupes africaines de Vichy de cesser le combat le 10 novembre. Le 13, il signe un accord avec le général Clark permettant à l'Afrique du Nord française d'entrer en guerre aux côtés des Alliés.

Aveuglé par ses passions, Platon en appelle au maréchal pour radicaliser la politique de collaboration. Pétain n'est pas du tout dans cet état d'esprit. Il hésite d'ailleurs longuement à gagner Alger, avant de renoncer. Un avion est prêt pourtant, sur le petit aérodrome de la cité de l'Allier, à décoller vers l'Algérie ; et les Américains ne demandent qu'à le voir prendre la tête du gouvernement français à Alger. Deux raisons l'incitent à ne pas quitter Vichy : le sort du million et demi de prisonniers français en Allemagne et le risque de voir la France, livrée aux nazis, subir le sort de la Tchécoslovaquie, de la Pologne ou de la Belgique. En aucun cas le maréchal Pétain n'entend entrer en guerre avec les Alliés (position que partage Laval) ni déclencher une guerre civile entre Français.

Cependant, Platon est envoyé en Tunisie : avec courage, malgré les risques, il s'y rend et constate que le général Barré s'est rallié aux Américains. Et le voilà reparti dans un délire verbal condamnant les généraux et amiraux félons d'Afrique du Nord, Darlan compris. Il n'est plus possible à Pétain et Laval de supporter de tels excès, d'autant que le contre-amiral est à présent en cheville avec le groupe des collaborationnistes parisiens (Déat, Doriot, de Brinon, Darnand…).

Le vice-amiral est écarté de toute responsabilité politique fin 1942

Le premier jour de l'année 1943, Platon est écarté du gouvernement et rappelé à son corps d'origine, la marine. Désormais, Platon est en perdition. Le 26 mars 1943, il est placé en résidence surveillée en sa maison de Pujols.

Pourtant, Platon tente de conserver une influence politique : il multiplie les voyages à Paris et à Vichy – non sans rencontrer les chefs nazis et évoquer avec eux d'abominables projets communs, comme l'intégration de marins français dans la *Kriegsmarine* ou la création de corps francs pour protéger les « collabos » et maintenir l'ordre en cas de débarquement allié en France. Pétain lui-même estime qu'il est « devenu fou » en s'engageant toujours plus avant avec les nazis et leurs séides français.

Platon s'efforce d'obtenir, en vain, le départ de Laval. Il a bien perçu que le renvoi de Laval est devenu une idée fixe chez le maréchal Pétain ; aussi complote-t-il avec Pétain, qui a la faiblesse de l'écouter. Une première conspiration échoue au printemps 1943, visant à remplacer Laval par un Platon, fermement soutenu par Doriot mais trahi par de Brinon. Les Allemands connaissent Laval, jugé suffisamment flexible, mais ignorent tout de Platon, hors ses déclarations virulentes. Aussi soutiennent-ils Laval. À l'automne, Platon prépare avec Pétain une véritable révolution politique, cette fois destinée à séduire les Alliés anglo-saxons. Dans cet esprit, le maréchal Pétain prononcerait un appel à la nation annonçant l'instauration d'une nouvelle Constitution et la restauration du parlementarisme – ce qui revient à se séparer de Laval. Il espère ainsi séduire les Américains, avec lesquels il a longtemps conservé de bonnes relations (l'amiral Leahy est demeuré en France jusqu'en 1942). Averti le 12 novembre 1943 par Pétain lui-même, qui entend prononcer son allocution le lendemain, Laval en appelle aux Allemands. Le 13 novembre, Pétain est interdit de radio et cesse, de fait, d'exercer ses fonctions. Mais le vieux maréchal finit par reculer, puis par céder en conservant Laval.

Platon n'abandonne pas pour autant son projet…

Ultimes tentatives pour avoir la peau de Laval

Le 14 juin 1944, Platon écrit au chef de l'État français. Prenant le contre-pied de son projet précédent, alors que le débarquement du 6 juin 1944 vient d'avoir lieu, le vice-amiral propose le renvoi de Laval en vue de faciliter la victoire allemande. Et il établit un programme politique dont il envoie le double à Hitler. Darnand fait pression en faveur du remplacement de Laval par Platon, cependant que d'autres verraient bien Platon au ministère de l'Intérieur d'un État qui n'existe déjà plus guère. Aucun changement n'intervient.

Le 5 juillet, quelques jours avant le dernier Conseil des ministres du gouvernement de Vichy (tenu le 12), l'incorrigible et fanatique vice-amiral Platon convoque une assemblée d'opposants proallemands. Il leur fait adopter une « déclaration commune sur la situation politique » que signent quatre ministres : Bichelonne, de Brinon, Bonnard et Déat, mais aussi Doriot, Benoist-Méchin, le général Bineau (ex-chef du cabinet militaire de Pétain), Barthélémy (le secrétaire général du PPF), Georges Claude (célèbre industriel créateur d'Air Liquide), ainsi que de nombreux directeurs de journaux collaborationnistes, comme Combelle, Alphonse de Châteaubriant, Guillebaud, Lesca, Suarez, ainsi que de Pierre Drieu La Rochelle.

Le 9 juillet, alors que l'investissement militaire de l'Île-de-France par les Alliés a débuté, Platon porte lui-même ce manifeste au maréchal Pétain, proposant de renverser Laval et de prendre sa place. Le texte exige une répression plus violente contre les résistants ainsi qu'un engagement militaire aux côtés des Allemands. Pétain, désespéré, lui répond : « Mon ami, vous feriez mieux de rester à la campagne et de vous tenir en dehors de tout cela. »

Car le maréchal est particulièrement conscient que le régime vit ses derniers jours. Et il est, pour une fois, en parfait accord avec Laval, sur la conduite à tenir :

- la France n'est pas en guerre civile et n'a pas à combattre les gaullistes ;
- la France n'est pas en guerre avec les Alliés et ne saurait lutter contre eux ;
- enfin, en aucun cas la France ne doit soutenir militairement les Allemands.

Le vice-amiral Platon se retire alors en son Périgord natal.

Fusillé ou écartelé ?

Les chiffres des victimes de l'épuration sont extrêmement variables. Les trois évaluations les plus sérieuses en notre possession apparaissent totalement incohérentes. Le ministre de l'Intérieur, André Tixier, affirme, en novembre 1944, que 100 000 personnes ont été victimes de l'épuration. En 1951, le même ministère ramène ce chiffre à 11 000. Robert Aron, le spécialiste bien connu du sujet, penche pour un bilan compris entre 30 000 et 40 000 personnes – une estimation jugée inexacte par deux autres historiens de la période, Philippe Bourdrel et Henry Coston.

Au-delà des 1 600 exécutions capitales légales enregistrées, un chiffre moyen de 15 000 exécutions sommaires sans jugement ou après un simulacre de procès paraît pouvoir être retenu comme une approximation raisonnable.

En 1944, la France libérée compte 92 départements. En Dordogne, l'épuration sauvage est particulièrement vigoureuse : Robert Aron avance un chiffre de 382 à 400 victimes, Philippe Bourdrel, environ 1 000 victimes et le ministère de l'Intérieur, 528 (estimation de 1951). Très curieusement, le nombre des tués en Dordogne retenu par Robert Aron, multiplié par le nombre de départements, aboutit à un bilan national global de 37 800, en plein dans la fourchette retenue par l'historien. Ce qui voudrait dire que notre estimation de 16 à 17 000 victimes de l'épuration est trop faible.

C'est au château de La Querrerie que l'amiral Platon est mis à mort, en plein Périgord noir, où sévit le terrible Urbanovitch, alias « Doublemètre », juif émigré de Yougoslavie et communiste FTP de la dernière heure (il rejoint le mouvement en 1944), un homme qui s'est autoproclamé lieutenant. Un personnage fort curieux, connaissant bien André Malraux, se prétendant chef du Service d'ordre patriotique, dépendant du Conseil national de la Résistance, du moins sur le papier. Peut-être a-t-il reçu des instructions pour liquider l'amiral, haut dignitaire de Vichy? Pour donner une idée du désordre qui règne alors dans le pays, retenons que FTP, FFI, républicains espagnols ayant fui le régime de Franco parcourent villes et villages et se livrent à toutes sortes de méfaits. Parmi les victimes de l'épuration en Dordogne, on compte 26 prêtres, des médecins, des notaires, 5 maires et même une religieuse !

Arrêté en sa propriété de Pujols le 21 juillet 1944, l'amiral est immédiatement traduit devant un conseil de guerre aussi parfaitement improvisé qu'illégal, avec Doublemètre comme avocat d'office ! Accusé d'intelligence avec l'ennemi, d'organisation de la lutte armée contre la Résistance, de dénonciation de patriotes, enfin de projet d'engager la lutte armée contre les Alliés, Platon ne peut échapper à la mort; le 24 juillet, la sentence tombe. Pendant près de cinq semaines, Platon demeure en vie, à peine gardé par les FTP. Puis, soudain, l'ordre est donné de l'abattre. Nul ne sait par qui. Certes, le 15 août s'est déroulé le débarquement de Provence; certes, le 19 août, la Dordogne a été totalement libérée de la présence allemande. Sans doute s'agit-il là d'événements propres à favoriser les excès de certains résistants désireux de faire oublier leur enrôlement trop récent... Le 28 août, vers 22 heures, un peloton de trois hommes, affirme Jean-Marc Van Hille dans son excellent *Platon ou les risques d'un mauvais choix*, fusille le prisonnier à La Querrerie. L'amiral aurait commandé lui-même le feu en criant son amour pour sa patrie.

Il s'agit d'une fin assurément très romantique et très conventionnelle, mais il semble qu'elle ne corresponde pas à la réalité.

André Figueras, dans son ouvrage *Onze amiraux dans l'ouragan de l'histoire*, mais aussi Robert Aron dans sa somme consacrée à l'épuration, sans oublier Guy Penaud dans *Histoire de la résistance en Périgord*, livrent différentes versions qui toutes concluent à la mort par écartèlement de l'amiral Platon. À l'aide de deux tracteurs ? Ou bien de 15 CV Citroën, ou encore de camions ?

Jean-Marc Van Hille nous affirme qu'il a recueilli le témoignage d'un ancien FTP qui confirme sa version des faits, mais ne livre pas son nom. Pourquoi ? Quant à son cadavre, l'a-t-on vraiment reconnu ? Rien n'est moins certain. Assurément, la vérité aurait alors éclaté ! Aussi la façon dont est mis à mort l'amiral Platon demeure-t-elle un mystère, encore que la période, fertile en excès, nous laisse penser qu'un partisan aussi affirmé de l'alliance avec les nazis a pu être victime de l'innommable !

Ainsi finit l'un des plus brillants amiraux de la Seconde Guerre mondiale, marin égaré en politique, rendu fou par sa haine des Anglais. Triste destinée que celle de ce soldat perdu qui ne mérite aucune indulgence particulière mais sur lequel il fallait tenter de restituer la vérité historique, y compris celle de sa fin violente.

Sources

Armengaud (général), *Le Drame de Dunkerque,* Plon, 1948

Chatelle Albert, *Dunkerque ville ardente, mai-juin 1940,* Les Éditions Ozanne, 1950

Figueras André, *Onze amiraux dans l'ouragan de l'histoire,* pour compte propre, 1991

Penaud Guy, *Histoire de la Résistance en Périgord,* Fanlac Éditions, 1985

Richard Dominique, *Le Roman noir du Périgord,* Fanlac Éditions, 2001

Van Hille Jean-Marc, *Le Vice-amiral Platon ou les risques d'un mauvais choix,* PyréGraph 2003

Walter (lord), *Le Miracle de Dunkerque,* Robert Laffont, 1983

RADIO HUMANITÉ
ET LA GUERRE DES ONDES

Décembre 1939

On avait offert à mon grand-père un magnifique récepteur radio Tecalemit – « 10 lampes, PO-GO, 2 gammes OC, monocommande », comme disait la notice.

Ce qui signifiait qu'avec ce superbe objet au bois luisant et au cadran lumineux, on pouvait entendre toutes les stations françaises et européennes, plus ou moins clairement. La TSF était l'attraction familiale, et le début de la guerre avait encore resserré le cercle autour de l'objet magique. Mon grand-père était un passionné de radio. Pas sectaire pour deux sous, il écoutait aussi bien les informations de Radio Paris que les émissions publiques de Radio Cité, la voix de Marcel Laporte sur Le Poste parisien, ou notre cher Radio Toulouse. En tant qu'ancien combattant de la guerre de 1914, il appartenait même à Radio Liberté, une association d'auditeurs qui rassemblait des représentants de la CGT, de la Ligue des droits de l'homme, du Parti socialiste et du Parti communiste français. Cette association souhaitait qu'on utilise la radio pour « parfaire l'éducation civique des auditeurs ».

Mais le début de la guerre, l'invasion de la Pologne, l'attaque de la Finlande par l'URSS avaient mis cette association en sommeil.

Sur nos frontières, du Pas-de-Calais au sud de l'Alsace, nos soldats attendent depuis quatre mois. Ils attendent quoi ? L'agression de l'Allemagne. Et nos soldats n'ont qu'une idée en tête : « Tiendront-ils ? » « Ils », c'est nous, les « Français de l'arrière ». Aura-t-on la force morale nécessaire pour supporter une guerre comme en 1914-1918 ? L'opinion publique est-elle prête ? Est-elle suffisamment informée ? Il y a une presse, bien sûr, mais la presse est censurée. Heureusement, il y a la radio. La radio est une arme moderne considérable !

Le ministère Daladier a nommé commissaire à l'Information un homme remarquable, Jean Giraudoux, l'auteur d'*Ondine* et de *La guerre de Troie n'aura pas lieu*. Il prend place volontiers devant le micro pour prononcer des allocutions. Mais les interventions de ce poète délicat et raffiné ne sont pas toujours comprises par les auditeurs : sa voix douce et calme ne passe pas. Cela est d'autant plus flagrant que les stations allemandes, elles, font entendre des voix très différentes : les discours publics de Hitler, de Goebbels, leurs aboiements, leurs vociférations, les hurlements de la foule fanatisée, tout cela glace le sang de l'auditeur, même s'il ne saisit pas les paroles. Les nazis ont compris que la radio peut être non seulement un instrument de culture et de distraction, mais aussi un formidable outil de propagande. Il suffit d'écouter alternativement les radios françaises et les radios allemandes pour comprendre : tandis que Tino Rossi chante « Marinella » et l'orchestre de Ray Ventura, « Tout va très bien madame la marquise », en Allemagne, une affiche vante un récepteur populaire : « Toute l'Allemagne écoute le Führer avec le Volksempfänger », ce qui sous-entend qu'il n'est guère possible de l'utiliser pour écouter les radios étrangères. Les autorités allemandes pensent que les émetteurs à ondes courtes sont les « canons de l'éther » tant est puissante la propagande radiophonique. Il ne faut pas oublier que le déclenchement de la Seconde Guerre mondiale est lié à la pseudo-attaque de l'émetteur de Gleiwitz en Haute-Silésie par un prétendu commando polonais, le 31 août 1939. En réalité, le travail a été exécuté par l'une des compagnies de propagande créées par Hitler en 1938 et dirigées par le général Hasso von Wedel.

La propagande se fait de trois façons : l'affichage, la distribution de tracts et la radio. Il y a la propagande « blanche », quand l'émetteur dévoile son identité, et la propagande « noire », quand l'émetteur clandestin fournit de fausses informations. Il s'exprime souvent comme s'il était l'adversaire lui-même, en parlant sa langue, en utilisant ses expressions.

Le 16 décembre 1939, au milieu de tous les programmes qui miaulent et pleurent dans le haut-parleur lorsqu'on cherche une station, une voix française se fait entendre, une voix inconnue. Mon grand-père arrête sa manipulation et cherche minutieusement le point entre Radio Toulouse et Radio Andorre. La voix devient plus nette. On comprend alors qu'il s'agit d'un émetteur clandestin communiste qui présente une situation militaire et politique désastreuse pour la France.

« Les responsables sont nos gouvernants incapables, et vendus aux juifs, aux francs-maçons et aux 200 familles. » Cette station s'appelle « Radio Humanité ». Et, pour qu'il n'y ait aucune ambiguïté, le programme commence par « Camarades ! » et se termine par « L'Internationale ». C'est clair. Même nos dirigeants s'y laissent prendre. Le ministre convoque le responsable des services secrets.

– Il faut faire cesser cette radio communiste !

– Il n'est pas certain que cette radio soit communiste, monsieur le ministre.

– Vraiment ?

– Nous sommes persuadés au 2e bureau qu'il s'agit d'une radio d'intoxication de Goebbels.

– Il n'est sûrement pas difficile de découvrir où se trouve l'émetteur.

– Si, monsieur le ministre. D'autant plus qu'il n'est peut-être pas sur notre territoire, contrairement à ce qu'ils laissent croire.

– Tout cela est très mauvais pour nos populations du Nord et de l'Est qui déjà se sentent menacées. Si les Allemands se retournaient contre nous, je n'ose pas penser aux dégâts que ferait cette radio clandestine. Vous avez pris connaissance du rapport Gamelin, notre commandant en chef des armées ?

– Pas encore, mon…

– Tenez, lisez !

– « *Certains commandants d'unité ont remarqué que, parmi les thèmes véhiculés par la propagande ennemie, les plus ignobles, tels que celui du "Français qui se bat pour l'Angleterre", ne passent pas. Toutefois, ils semblent craindre que l'attitude bienveillante de l'Allemagne qui "n'a rien contre la France" n'ait les pires conséquences et ne mine l'ardeur combative de nos troupes. Je crois savoir que nos services techniques s'emploient à mettre sur pied un important dispositif de brouillage qui pourra bientôt empêcher l'écoute des émissions allemandes dans toute la France. Je pense toutefois que le moyen le plus sûr de combattre la propagande ennemie consiste non seulement à avoir recours au brouillage, mais à répliquer.* » Signé : « Général Gamelin. »

– Voilà ! Il faut faire quelque chose. Ne peut-on pas identifier le speaker qui parle sur cette station clandestine ?

– Nous l'avons pour ainsi dire déjà identifié. Il s'agirait d'un des collaborateurs des émissions en français de Radio Stuttgart, un certain Paul Ferdonnet, un journaliste de deuxième ordre vivant en Allemagne depuis dix ans.

– Bien. Alors livrez son nom à la presse. Qu'on en fasse le « traître de Stuttgart ». Présentez-le comme le dirigeant d'un réseau de la cinquième colonne. Nous devons, nous aussi, renforcer notre propagande de guerre.

– Le commissariat général et la Radiodiffusion ne nous facilitent pas…

– Je sais, je sais ! Les structures sont inadéquates. Le nouveau statut ne résout rien. La radio a une direction générale, une direction des programmes politiques, une direction des émissions littéraires et artistiques, et un commissariat général : quatre patrons ! C'est trois de trop ! Notre radio n'a aucune cohésion. Je ne parle même pas de ce qu'elle diffuse, et des animateurs. Les Allemands ont des tribuns, des illuminés, des meneurs d'hommes. Nous, nous avons des poètes, des hommes de lettres. Pendant que Goebbels galvanise les foules, nous, nous élevons le niveau de l'auditoire. Mais nous sommes en guerre ! Et demain, peut-être, la guerre sera sur notre sol ! Ces « radios noires », ces radios clandestines, il faut les faire taire ! Sinon nous perdrons la confiance des Français, qui déjà se plaignent de la censure.

– C'est dans un souci gouvernemental de cimenter l'union natio…

– Oui, oui ! Neutraliser les problèmes, occulter la véritable situation militaire, minimiser nos difficultés, je ne sais pas si c'est la meilleure façon de garder la confiance. Croyez-vous que les Français ne se rendent pas compte ? Les prenez-vous pour des enfants ? Si notre radio ne leur livre pas une information objective, ils vont la chercher ailleurs. Ils captent la BBC, les stations régionales, ou Radio Stuttgart, avec votre Frédo…

– Ferdonnet.

– Oui. Trouvez cette radio clandestine… qui s'appelle comment, déjà ?

– Radio Humanité.

– Radio Humanité ! C'est le bouquet ! Pour atténuer l'effet de ces radios noires, nous allons faire intervenir notre commissaire général à l'Information. Il leur dira qu'il faut avoir confiance, et que la France est belle !

– Comme à l'« Apollon de Bellac ».

Les services spécialisés ont beau étendre leurs recherches sur tout le territoire, l'émetteur de Radio Humanité reste introuvable. On ne cache pourtant pas un émetteur d'une telle portée dans une poche ! Introuvable ! Cinq fois par jour, Radio Humanité diffuse ses bulletins venimeux. D'où vient cette voix qui pollue notre pays ? Ce n'est que longtemps après que nous avons connu la vérité .

En Allemagne, le 30 octobre 1939, un protocole signé par le Dr Goebbels avait établi la création de deux émetteurs noirs, Radio Humanité à destination de la France et La Voix de la paix à destination de l'Irlande. L'organisation de couverture, Concordia, recevait directement les instructions du ministre de la Propagande. Elle était dirigée par le Dr Heinrich Hetzler, supervisé par le Dr Raskin, chef de la section étrangère de la Radiodiffusion du Reich. L'émetteur de Radio Humanité fonctionnait avec seulement cinq rédacteurs installés dans une villa de façon assez rudimentaire. Cette petite équipe disposait de deux speakers, Tony et André, qui parlaient parfaitement le français. Tony parlait même l'argot parisien et l'argot berlinois. C'était un acteur passionné. Devant le micro, il faisait de grands gestes, il répétait tous ses textes à voix haute dans les toilettes, car il n'y avait pas de véritable studio ; et quand il répétait, il accrochait à la porte des WC une pancarte qui indiquait : « Pendant les émissions, il est formellement interdit de se servir des toilettes. »

Depuis des mois, Radio Humanité joue au chat et à la souris avec les services d'espionnage français. Elle doit absolument laisser croire aux auditeurs qu'il s'agit d'une radio communiste française, et, pour renforcer cette assertion, elle rapporte des faits connus des ennemis mais que les auditeurs ignorent encore. Parfois, pour faire plus vrai, l'émetteur est coupé, on simule un changement de position imposé par la rapide avance des Allemands.

Souvent, cette radio mystérieuse s'adresse directement aux combattants communistes clandestins et leur donne des instructions. De temps en temps, les attaques de l'émetteur changent de cible. Au début, les têtes de Turcs sont surtout les Anglais, puis les politiques français, le clergé, l'Église, les riches bourgeois prennent le relais, et surtout les généraux qui font perdre la guerre. Radio Humanité lance des slogans qui font mouche : « Les canons allemands ne touchent jamais les bureaux des généraux » ou encore « L'Angleterre se battra jusqu'au dernier Français ! », « L'Angleterre offre généreusement son matériel, et la France offre ses poitrines ». Dans les émissions retentissent souvent des clameurs : « Fuyez ! À bas la guerre ! Sauve qui peut ! »

Pourtant, Goebbels trouve que, dans ces textes, on ne fait pas assez appel aux instincts primitifs des masses. Il faut une propagande prolétarienne plus adaptée à l'instruction du peuple. Alors on engage Ernst Torgler, un ancien du Parti communiste allemand, député du Reichstag et impliqué dans l'incendie de celui-ci en 1933. Il a été déclaré non coupable car il peut rendre encore de nombreux services. Il connaît bien la propagande communiste, et il sera précieux pour Radio Humanité.

Pendant ce temps, la situation se dégrade.

10 mai 1940

Les troupes allemandes envahissent la Hollande, la Belgique et le Luxembourg. Radio Bruxelles annonce :

« Les Allemands ont violé une nouvelle fois notre neutralité. Les blindés allemands ont percé, pendant la nuit et aux premières heures du jour, notre frontière en de nombreux points. »

Toutes les attaques sont précédées par le lancement par avion de tracts et de prospectus de propagande. Radio Humanité donne de la voix : « Le spectre effrayant de la guerre totale a mis sa main sur l'Europe ! Nous ne voulons pas que la vie des ouvriers et des paysans français soit sacrifiée stupidement. Cette guerre impérialiste doit se transformer en une révolte armée des classes opprimées. Plus fort que jamais, nous vous crions "À bas la guerre !". »

Comme en écho, la radio belge annonce : « L'armée belge, sous le commandement de son roi et avec des effectifs de 500 000 hommes, vient de déposer les armes. » Radio Humanité précise : « Les troupes de la Wehrmacht appuyées par la Luftwaffe, ont franchi le canal de l'Escaut. Les ponts de Dunkerque ont été détruits. Les troupes alliées sont dans une nasse. Camarades ! Cessez ce combat inutile ! »

Les archives du service de la propagande du Reich nous apprennent que Radio Humanité a reçu l'ordre de créer la panique en citant les chiffres des pertes françaises. La station doit dresser pour le peuple français un tableau apocalyptique de la situation. Pourtant, le gouvernement de Paul Reynaud veut poursuivre la lutte. Alors Radio Humanité en rajoute : « Reynaud, dans son épouvantable haine du peuple français, désire que tous les prolétaires aux armées soient massacrés. Mais Reynaud et sa bande seront bientôt contraints eux aussi à la capitulation. Pour ces bellicistes impérialistes, vous ne mourez pas assez vite, camarades ! Et si vous hésitez, alors il va pleuvoir sur vous une grêle d'insultes. »

La radio française tente en vain de couvrir cette voix défaitiste en diffusant une « Marseillaise » chantée par un chœur impressionnant. Radio Humanité ironise : « Marchons, marchons ! Oui, oui ! Mais dans quelle direction ? Nos gouvernants ne savent plus où ils vont. Les Allemands, eux, le savent. Ils foncent sur Paris ! Chercherez-vous à défendre la capitale ? Vous serez morts avant ! »

En avril 1940 a été créé en France le ministère de l'Information, auquel est rattachée la Radiodiffusion. Le nouveau ministre, Ludovic-Oscar Frossard, ne sait plus trop comment s'y prendre pour faire taire cette voix désastreuse.

– Alors ? demande-t-il au chef des services secrets.

– Nous sommes maintenant persuadés, monsieur le ministre, qu'il n'y a pas qu'un seul émetteur clandestin. Celui de l'État de Bade, que l'on a pu identifier, n'est pas suffisant pour couvrir les régions touchées, avec ses 20 kilowatts. Et puis on entend des messages cinq fois par jour.

– Cinq fois ? Ce sont des disques qu'ils repassent. Ou bien ils ont un émetteur mobile.

– Impossible. Le matériel est lourd et encombrant. Les disques d'enregistrement doivent être protégés. On ne peut pas déplacer un émetteur radio à volonté.

– Alors ?

– Nous pensons que des stations comme Cologne, Stuttgart, Leipzig, Sarrebruck diffusent aussi les programmes de Radio Humanité. Nous devrions demander à l'aviation anglaise de bombarder ces stations.

Le ministre sursaute :

– Colonel ! Réveillez-vous ! Les Anglais sont en train de rembarquer à Dunkerque !

Hitler est assez satisfait de sa propagande et de l'efficacité de la radio. Goebbels aussi. L'une des plus extraordinaires trouvailles de cette guerre est celle de la « cinquième colonne ». Cette idée va déclencher en France une hystérie collective unique dans l'histoire moderne. L'expression « cinquième colonne » elle-même a été lancée par le général espagnol Mola, qui, en 1936, au cours de la guerre civile, annonça qu'il allait rassembler quatre colonnes pour lancer l'assaut sur Madrid, puisque la cinquième colonne avait déjà commencé l'offensive dans la ville même. Depuis, la peur de la cinquième colonne a toujours été entretenue par la propagande et par la presse. C'est elle, cette cinquième colonne, qui va avoir les conséquences les plus funestes lors de l'exode en France. Elle va provoquer le chaos sur les routes, dans les villes traversées par les réfugiés. Les archives du service de la propagande du Reich prouvent que les ordres du quartier général du Führer sont les suivants pour les radios noires :

1 – exciter les Parisiens contre les politiciens qui veulent défendre Paris ;

2 – contester au gouvernement le droit de parler encore au nom de la France ;

3 – répandre la panique à tout prix.

Radio Humanité n'a pas besoin d'être encouragée dans cette entreprise de démolition :

« Ouvriers de Paris ! L'heure de l'assaut suprême approche. Depuis deux jours, vos ministres et toute la saloperie gouvernementale ont fui. Votre devoir est clair : vous devez mettre la main sur la ville afin de pouvoir faciliter la capitulation et sauver les habitants d'un sort épouvantable. Procédez à l'arrestation de tous les éléments britanniques et agents de l'Intelligence Service. Dès que les troupes allemandes auront atteint la capitale, hissez le drapeau blanc, et négociez avec le chef militaire. Adoptez l'attitude la plus loyale avec les autorités allemandes. »

L'impact de la radio clandestine allemande est-il aussi important qu'on veut bien le dire ? L'auditoire de Radio Humanité est quand même relativement restreint. Mais ce n'est pas ce qui est entendu à la radio qui compte, c'est ce que répète l'auditeur. Et, sur ce plan-là, l'idée de Goebbels n'a pas raté son coup. L'historien Jean-Louis Crémieux-Brilhac a écrit : « L'effet le plus pernicieux de Radio Stuttgart [Radio Humanité] a été cette action catalytique qui a incité les Français à sécréter leurs propres poisons. »

14 juin 1940

Les Allemands entrent dans Paris et défilent sur les Champs-Élysées. Radio Humanité s'excite : « Paris a capitulé, mais la bourgeoisie française s'accroche au miracle comme un noyé à une épave. Le peuple de Paris a réussi à imposer la capitulation et à sauver la plus belle ville du monde. Le projet criminel des capitalistes a échoué. Le plus sage est de chercher à s'entendre avec les troupes allemandes afin de faciliter le retour à la vie normale. »

Enfin la propagande de Goebbels montre le bout de son nez ! Radio Stuttgart n'affiche plus des idées communistes mais nazies. Il semble que cette radio n'ait plus rien à cacher et qu'elle ait accompli sa mission.

Mais Radio Humanité en rajoute : « Français ! Nos généraux avaient promis aux 200 familles que pas un soldat allemand ne mettrait le pied en territoire français ! Le peuple français saisi de panique se trouve, depuis hier, en présence de la vérité. Quels sont les véritables traîtres à la nation ? Les communistes qui ont mis en garde contre cette guerre ou les généraux battus qui mettent en jeu des millions de vies ? Qui doit aller au poteau ? »

Le gouvernement français est partagé. Doit-on cesser le combat ou poursuivre la lutte ? Radio Humanité aboie : « Il connaît les bourgeois, le vieux Pétain, puisqu'il est de leur monde ! Il est d'avis que le peuple devra faire les frais de la catastrophe. Mais nous tenons à avertir le maréchal Pétain que nous ne sommes pas prêts à nous laisser abattre ! À bas la guerre ! » (et « L'Internationale » de retentir).

Tels sont les derniers mots de Radio Humanité. Dans les archives secrètes de la propagande du Reich, nous trouvons, en effet, l'ordre suivant : « 25 juin 1940. Les émetteurs clandestins pour la France devront aujourd'hui cesser leurs émissions. »

Que s'est-il passé ensuite dans cette guerre des ondes ? L'article 14 de la convention d'armistice impose la cessation des émissions de la radio française, remplacées, en zone nord, par un programme unique supervisé par les nazis, et en zone sud par des émissions contrôlées par le gouvernement de Vichy.

Les Allemands installent une radio de propagande dans les studios du Poste Parisien, 116, avenue des Champs-Élysées. La station prend le nom de « Radio Paris ». Elle dépend directement de la Propaganda Abteilung en France. Le « radio-journal de Paris » est dirigé par un *Sonderführer,* et son rédacteur en chef est Jean Azéma.

Le 26 juin, une ordonnance allemande porte réquisition de tous les matériels d'émission. Le 28 octobre, une loi interdit l'audition publique de certains programmes. De Londres parvient un slogan : « Radio Paris ment ! Radio Paris ment ! Radio Paris est allemand ! »

Une autre guerre des ondes commence : la guerre entre l'équipe de la France libre, à la BBC, et les collaborateurs de la radio de Vichy et de Radio Paris. Les journalistes, les animateurs des deux bords sont persuasifs, les chroniqueurs ont du talent, mais c'est l'humour qui est l'arme la plus efficace : la dérision, l'ironie, la caricature, les charges excessives sur des airs très connus remportent un vif succès. C'est ce que retiendront surtout les auditeurs apprenant par exemple, avec jubilation, les effets de la « défense élastique » de la Wehrmacht, sur l'air de « La plus bath des javas », ou le bombardement massif des villes allemandes sur l'air de « Quand notre cœur fait boum ».

13 août 1941

Une ordonnance interdit aux Juifs français de posséder un récepteur de radio.

8 septembre 1942

Loi réprimant l'utilisation ou la détention d'émetteurs non autorisés. Les camions goniométriques allemands sillonnent les rues des villes françaises pour détecter les postes clandestins.

Novembre 1942

Les Alliés ont débarqué en Afrique du Nord, mais les Allemands occupent maintenant la moitié sud de la France, et Pétain a donné les pleins pouvoirs à Laval. Celui-ci a aussitôt fait mettre en application l'ordonnance interdisant l'écoute de radios autres que les radios allemandes ou la Radiodiffusion nationale, qui vient d'être « réorganisée ». Une guerre radiophonique quotidienne s'installe entre les stations françaises contrôlées par l'occupant et la radio de Londres. « Les Français parlent aux Français », cette émission quotidienne d'une demi-heure, est à présent bien rodée : elle existe depuis deux ans. L'équipe réunit autour de Jacques Duchesne Pierre Bourdan, Jean Marin, Jacques Borel, Jean Oberlé, Pierre Lefèvre, Maurice Van Moppès, André Labarthe, Geneviève Brissot, auxquels viendront s'ajouter André Gillois et Pierre Dac. Cette émission que certains Français écoutent pieusement tous les soirs obéit à un scénario immuable: après un quart d'heure d'informations lues par Jacques Franck se succèdent différentes rubriques entrecoupées de slogans, de textes mordants, de chansons parodiques. Puis vient « La discussion des trois amis », les deux premiers expliquant au troisième le bombardement de la Ruhr, le dernier discours de Laval ou l'avance anglaise en Libye. Puis, Maurice Schumann lit sa chronique, « Honneur et patrie ». Enfin viennent les « messages personnels » destinés aux résistants sur le sol français, messages sibyllins, incompréhensibles mais très appréciés pour leur non-sens: « L'escargot ne connaît pas la crise du logement », ou « Le percepteur peut se frotter le ventre », ou encore cette contrepèterie: « Il faut dire "métropolitain" et non "Pétain mollit trop". »

Ma famille, à Toulouse, a recueilli deux réfugiées belges, une institutrice et sa vieille maman, à qui nous avons cédé une chambre. Le soir, quand elles entendent les volets se fermer, les rideaux bleus de la défense passive se tirer, elles viennent nous rejoindre autour du Tecalemit 10 lampes. Mon grand-père, en expert, en véritable ouvreur de coffre-fort, fait bouger imperceptiblement l'aiguille du cadran pour obtenir le meilleur son possible, mais ce sacré moulin à musique du brouillage allemand couvre tout. Soudain… tout se tait. Les doigts experts font sortir faiblement du haut-parleur une voix grasseyante, inimitable, que nous reconnaissons; c'est celle de Maurice Schumann. « Honneur et patrie! Le général de Gaulle vous parle! »

Les têtes se rapprochent du Tecalemit; les oreilles se tendent. Il parle. Il nous parle. Demain matin, c'est sûr, en se croisant, mon grand-père et notre voisin, M. Pech, vieux militant SFIO, « trois flèches » ([1]) pur jus, échangeront un clin d'œil et susurreront:

– Vous l'avez entendu ?

– Oui.

– Bien envoyé, hein ?

– Il n'a pas voulu le dire, mais c'est pour bientôt.

Une façon de garder le moral en mangeant des rutabagas et des topinambours; notre manière à nous de faire de la résistance. Il n'empêche que...

10 novembre 1942

Ordonnance allemande interdisant l'écoute de radios autres que les radios allemandes et la Radiodiffusion nationale.

Radio Paris diffuse, depuis février 1942, quatre fois par jour, une chronique de Philippe Henriot. Ce polémiste a mis son talent et sa voix incisive au service de la collaboration avec les nazis. Ses éditoriaux sont parfois de nature à faire douter l'auditeur le plus antiallemand. Il est l'image de la collaboration.

Dès son arrivée à la BBC, en octobre 1943, Pierre Dac devient l'adversaire privilégié de Philippe Henriot. Les deux hommes ferraillent par micros interposés. Ce duel sévère, plein de fiel, d'humour et de mauvaise foi

1. Les « Trois flèches » étaient l'emblème de la S.F.I.O. (Section française de l'Internationale ouvrière).

durera pratiquement jusqu'à la disparition de l'un des combattants. En effet, le 28 juin 1944, au petit matin, Philippe Henriot est abattu à son domicile parisien.

Le débarquement en Normandie a réussi, la libération de la France est proche. La guerre des ondes est pour ainsi dire terminée.

Tout de suite après cette guerre, on a mis en accusation les radios clandestines qui contribuèrent à entamer le moral des populations. On chercha dans les archives secrètes les documents qui pouvaient permettre d'identifier les hommes qui avaient servi la propagande nazie. Déjà, en 1940, le tribunal français avait condamné à mort par contumace celui que l'on avait reconnu comme étant l'un des speakers de Radio Stuttgart : Paul Ferdonnet. Mais l'enquête démontra que Ferdonnet n'était pas la voix de la station noire de Stuttgart. Pourtant, si Ferdonnet n'était pas le « traître de Stuttgart », il pouvait être considéré comme l'un des acteurs de cette radio d'intoxication. Les minutes du procès sont explicites :

Le Président : – Vous avez parlé au micro de Radio Stuttgart.

Ferdonnet : – Jamais.

– Mais les textes lus au micro étaient de vous.

– C'est faux ! J'étais à Berlin. Comment aurais-je rédigé les bulletins de Stuttgart alors que j'étais à Berlin ? Je n'ai jamais habité Stuttgart. Jamais je n'ai collaboré directement ou indirectement avec Radio Stuttgart. Jamais je n'ai parlé à Radio Stuttgart. Je ne suis pas le « traître de Stuttgart ».

– Il n'empêche que vous fabriquiez des textes de propagande contre votre propre pays.

– Je les traduisais. Ils m'étaient imposés dans mon travail, et ce travail était un travail forcé.
– Un travail forcé dans un poste de confiance. Il faut croire que les Allemands avaient une particulière confiance en vous pour vous confier un tel poste.

Ferdonnet fut condamné à la peine de mort et exécuté le 4 août 1954.

Le « traître de Stuttgart » fut également identifié. Il s'agissait d'un nommé Obrecht, un figurant de cinéma.

Dans cette Seconde Guerre mondiale, la radio venait de prouver qu'elle n'était plus seulement un instrument de distraction. Elle était aussi une arme, et les dictateurs nous avaient montré la manière de nous en servir.

Sources

Buchbender et Hauschild, *Radio Humanité,* Éditions France Empire, 1986

Crémieux-Brilhac Jean-Louis, *Les Français de l'an quarante,* Éditions Gallimard, 1990

Les Procès de la radio, Éditions Albin Michel, 1947

Entretiens avec Muriel Favre

Archives de la Deutsches Rundfunkarchiv

Archives de l'INA

L'IMPLACABLE HAINE DE HITLER POUR LES ROMMEL

Erwin, un enfant rêveur et distrait

Erwin Rommel naît dans une petite cité du Wurtemberg, Heidenheim, le 15 novembre 1891, au sein d'une famille bourgeoise. Tout comme son grand-père, son père est enseignant, mathématicien de haute volée. Quant à sa mère, Helena von Luz, elle est la fille aînée de l'ancien président du gouvernement de Wurtemberg. Le jeune Erwin est un enfant frêle, à dire vrai plutôt délicat, qui adore sa mère et se complaît tant dans ses jupes que dans celles de sa sœur aînée, Hélène.

L'enfant est docile et adore les balades en forêt. Malgré son physique chétif, il n'a peur de rien et adore les histoires de chevalerie. Il grimpe aux arbres avec passion et, dès ses cinq ou six ans, reconstitue des batailles, celles de la guerre de 1870, avec ses soldats de plomb. Il aime dessiner et adore les animaux, chiens comme chats.

Heureux, Erwin l'est pleinement avec ses parents et sa famille, bientôt complétée par deux frères. Mais il n'est pas du tout motivé à l'école et suit difficilement les cours, à l'exception de l'histoire, qui le passionne. Curieusement, il ne supporte pas la discipline. Son père est nommé directeur du célèbre Real Gymnasium d'Aalen, une école très en pointe à l'époque, privilégiant les disciplines modernes sur l'enseignement classique; inscrit sur place, le jeune garçon, âgé de sept ans, a du mal à suivre. Il se montre distrait, voire paresseux. Toutefois il se révèle fier et sait produire des efforts lorsque son professeur se moque de ses insuffisances. Son père est au désespoir, à tort…

Et soudain, vers treize ans, l'éveil

Tout à coup, à treize ans, le jeune Erwin se met à travailler, témoignant, par atavisme, de dons réels en mathématiques. Perdant quelque peu son indépendance d'esprit, il se rapproche du modèle germanique : il fait du sport, devient avare, sait se montrer courageux, ne fréquente guère les filles et considère l'amitié et la fidélité entre garçons comme des vertus cardinales.

Une passion brutale pour l'aviation le saisit. Il réalise des modèles réduits, puis un planeur grandeur nature, qu'il essaie; il ne décollera pas… Il est vrai que l'on vit les balbutiements de l'aviation, Wright ayant fait planer, en 1903, un « objet volant » durant 12 secondes. Rommel estime que l'avenir appartient aux avions et souhaite entrer comme ingénieur aux usines Zeppelin de Friedrichshafen. Son père s'oppose à ce qu'il devienne aviateur. Pas question, à l'époque, de ne point se soumettre ! Aussi le jeune homme décide-t-il d'entrer dans l'infanterie comme élève officier au 124e régiment, basé à Weingarten. Comme en France, il faut d'abord servir dans le rang, avant de suivre les cours d'une école militaire. Il s'y révèle d'une ténacité à toute épreuve, étonnant ses instructeurs par sa résistance physique. Très vite caporal, puis sergent, il montre des aptitudes exceptionnelles à commander les autres – tout en respectant la discipline.

Un comportement brillant durant la Première Guerre mondiale

Versé en 1911 à l'école militaire de Dantzig, ses vingt ans révolus, il est tout entier tourné vers l'action. Il se plonge pourtant dans la littérature militaire pour améliorer ses connaissances théoriques. Le voilà tombé amoureux d'une jeune femme qui poursuit des études de langues, la fille d'un grand propriétaire terrien de Prusse-Orientale, Lucie Maria Mollin. Partisan de l'association de l'artillerie et des assauts d'infanterie, il défend l'usage conjugué de la mitrailleuse et des canons de gros calibre pour briser l'ennemi. Il obtient le grade de sous-lieutenant en janvier 1912 avec un rang de sortie moyen et s'en retourne à Weingarten.

Vivant comme un ascète, ne buvant pas, ne fumant pas, il est respecté de ses hommes, qu'il entraîne avec soin. Non dépourvu d'humour, il exige beaucoup, ne supportant que la perfection dans l'entraînement. Cependant, il entretient une correspondance quasi journalière avec sa chère Lucie. Début août 1914, Erwin Rommel est envoyé sur le front français. Le 22, le 124e RI est engagé à proximité de Longwy. Rommel s'empare aussitôt d'un village, manifestant des qualités de courage remarquables. Véritable machine de guerre, il est infatigable, audacieux, organisé. Blessé à la cuisse en septembre, il reçoit la croix de fer de 2e classe. En janvier, guéri, il rejoint son bataillon sur l'Argonne et reçoit la croix de fer de 1re classe après avoir enlevé quatre fortins français. Lieutenant en 1915, blessé une seconde fois à la jambe, Rommel est affecté en octobre au bataillon de montagne du Wurtemberg, alors en formation. Début 1916, il est engagé sur le front des Vosges, par un froid très vif. En novembre 1916, profitant d'une permission, Erwin Rommel épouse celle qu'il aime, Lucie Maria Mollin. Désormais affecté sur le front roumain, dans les Carpates, il multiplie les coups de main, parvient à emporter le mont Lescului, puis la petite cité de Largu Jiu. En janvier 1917, il s'empare du village de Gagesti, faisant prisonniers 400 soldats roumains. Et en août, il se faufile jusqu'au nid d'aigle du mont Cosna, qu'il enlève malgré une blessure à l'avant-bras.

Devant la progression italienne sur le front de l'Isonzo, les Austro-Hongrois sollicitent un appui allemand. Le 25 octobre, il est à Caporetto et participe à la grande victoire contre les Italiens. En deux journées de combat, en pleine montagne, il lance une série d'attaques, capturant 150 officiers, près de 10000 soldats et 80 canons. Il est aussitôt promu capitaine. En novembre, il récidive, s'emparant du village de Langarone après la capitulation de toute la garnison.

Les percées de Rommel ont retenu l'attention du haut commandement allemand. On lui confie, en janvier 1918, un poste à l'état-major pour préparer les offensives sur le front français, prévues à partir de mars, sous le haut commandement d'Hindenburg et de Ludendorff. Gonflées par les effectifs dégagés de Russie, les forces allemandes veulent enfoncer le front allié avant l'arrivée massive des troupes américaines. Mais les quatre attaques allemandes échouent. Des offensives alliées, conduites par les Anglais, les Français puis les Américains, entraînent la débâcle allemande. Reversé à Weingarten, Rommel rejoint la cité, emmenant sa chère Lucie. Il considère l'armistice comme une trahison, l'armée allemande ayant capitulé avant d'être vaincue alors qu'elle tient toujours de larges portions du territoire français.

Rommel accomplit son devoir

Rommel n'envisage pas de quitter l'armée, où il a découvert sa véritable vocation. Aussi demeure-t-il dans la force militaire croupion, réduite à 100 000 hommes, imposée par le traité de Versailles. À l'été 1919, il doit commander une compagnie de sécurité intérieure constituée de mutins de la marine qui ont hissé le drapeau rouge. D'abord insulté, il parvient à les reprendre en main et les dompte. En 1921, Rommel se voit confier une compagnie du 13e RI à Stuttgart. Il assiste avec satisfaction à l'élection du maréchal Hindenburg à la tête de l'Allemagne en avril 1925, espérant une stabilisation de la situation intérieure.

La vie de garnison lui permet de nombreux loisirs, toujours passés en compagnie de Lucie : il voyage en Italie, dans la région de Caporetto, sur les lieux de ses exploits passés, mais arpente aussi, chaque dimanche, les forêts qui entourent Stuttgart. À cette époque, Rommel n'est nullement séduit par la politique et méprise les nazis, qu'il juge vulgaires – de vrais voyous.

L'année 1928 est celle du bonheur, avec la naissance de son unique enfant, un fils, Manfred, après douze années de mariage. Le père et la mère en sont complètement fous. En 1929, Rommel est nommé instructeur de l'école d'infanterie de Dresde. Il en profite pour rédiger un ouvrage, la trame de son cours, *Infanterie greift an*, que l'on peut traduire par « l'infanterie attaque » ou « combats d'infanterie ». Un texte de tactique d'infanterie, bien illustré par des cartes et des croquis, qui est remarqué par Hitler et par l'armée suisse !

Erwin et Lucie mènent une vie calme, totalement centrée sur leur petit Manfred, préférant les longues promenades dans la campagne aux mondanités.

Méfiant vis-à-vis de Hitler

Lorsque Hitler est nommé chancelier par le président Hindenburg, en janvier 1933, Rommel n'est pas hostile à son patriotisme, à sa volonté de réunir les Allemands, à son anticommunisme, mais il n'apprécie guère son antisémitisme. Et il ne se gausse pas comme la plupart des officiers supérieurs prussiens de l'ancien caporal de 1918 ! Il hait et méprise, en revanche, la troupe hurlante des SA de Röhm, qui cherche à se substituer, malgré son indiscipline et son incompétence, à l'armée allemande.

Promu commandant, Rommel est affecté à Goslar à la tête du 3e bataillon d'infanterie alpine. Malgré son âge (quarante-deux ans), il démontre à ses officiers qu'il est le meilleur skieur du lot. Le massacre de la Nuit des longs couteaux, au cours de laquelle de nombreux chefs SA sont exécutés, ne heurte nullement Rommel : il pense, avec von Blomberg, le général ministre de la Défense, que les SA, ayant cherché à renverser Hitler, ont reçu leur juste punition…

Après la mort de Hindenburg et le vote-plébiscite du peuple allemand en faveur de Hitler, la loi de mai 1935 rend le service militaire obligatoire et transforme la « Reichswehr » en « Wehrmacht ».

C'est en juillet 1935 que Rommel se trouve, pour la première fois, au contact des dignitaires nazis ; les relations se révèlent difficiles, Himmler et Goebbels exigeant que son bataillon d'élite défile à Goslar, en présence de Hitler, derrière des SS. Les troupes SS, encore peu nombreuses, fanatisées et mal formées, sont haïes de tous les officiers de la Wehrmacht : il ne saurait y avoir deux armées allemandes ! Rommel refuse et obtient gain de cause. Le 30 juillet 1935, Rommel, au côté d'Hitler, passe en revue son bataillon de montagne. Les nazis ne tiennent pas rigueur à Rommel de son coup d'éclat, puisqu'il est promu lieutenant-colonel et nommé instructeur à la brillante Académie de guerre de Potsdam. Rommel ne se mêle pas à la vie mondaine des dirigeants nazis, préférant la vie de famille et les relations amicales avec des officiers de son rang. Lorsque, après la réoccupation de la Rhénanie, en mars 1936, l'armée allemande se livre à des manœuvres, il souligne que la force de pénétration des blindés doit être soutenue par l'aviation. En avril 1937, Rommel est chargé, en plus de ses cours, de l'entraînement militaire des Jeunesses hitlériennes de Baldur von Schirach. Il ne peut s'y soustraire malgré son dégoût et un accrochage verbal sévère avec von Schirach, qui le dénonce à Hitler comme n'étant pas un nazi bon teint. Le Führer contraint les deux hommes à coopérer, car il considère Rommel comme l'un des meilleurs instructeurs de l'armée.

En 1938, Rommel est promu colonel.

Si proche de Hitler à partir d'octobre 1938

Le 5 octobre, Rommel est nommé, de façon temporaire, commandant du bataillon de la garde personnelle de Hitler. Il participe, à ce titre, à l'invasion des Sudètes. Hitler apprécie l'homme, un officier supérieur qui n'appartient pas à l'aristocratie militaire. Quant à Rommel, qui a pu observer Hitler de près, il écrit : « Ce Hitler possède une sorte de foi en une mission qui lui aurait été confiée par Dieu. Si Hitler ne parvient pas à conduire notre peuple à la victoire, il est aussi bien préparé à le conduire à la ruine. Il agit sur l'impulsion et jamais sous l'empire de la raison. Il se met à parler sur le ton de la prophétie. Une forte faculté intuitive lui permet de deviner la pensée des autres. Sa mémoire infaillible m'a beaucoup frappé… »

À la fin de l'année 1938, ayant achevé ses trois années de professorat à Potsdam, il se voit confier la direction de l'Académie de guerre de Wiener Neustadt. Dans cette cité retirée, proche des montagnes, il vit au grand air, entraînant soldats et élèves officiers dans des exercices épuisants qu'il supporte avec aisance. Privilégiant toujours la vie de famille, passionné par la photographie, il vit à l'écart de l'effervescence nazie. Sans doute passe-t-il, alors, les journées les plus heureuses de sa vie de militaire.

Hitler, qui prépare son entrée dans Prague, le rappelle auprès de lui en mars 1939. Il le charge, à nouveau, de sa protection rapprochée, et son fils, Manfred, âgé de onze ans, ne peut éviter d'adhérer aux Jeunesses hitlériennes.

En août 1939, Rommel est nommé général et affecté au quartier général de Hitler, tout en assurant le commandement du bataillon qui protège la personne du Führer. Rommel voit d'un bon œil la destruction de la Pologne : il n'a guère supporté, en allant rendre visite à sa belle-famille à Dantzig, d'avoir dû passer deux fois la frontière polonaise. Et il assiste sans déplaisir à l'effondrement de l'armée polonaise au fur et à mesure de l'avancée des troupes nazies. Ce qu'il voit le confirme dans sa certitude que l'utilisation massive de l'arme blindée est la clé de la victoire.

À son retour en Allemagne, Hitler l'interroge : « Qu'est-ce qui vous ferait plaisir, mon cher général ? » Et Rommel de répondre aussitôt : « Une division blindée. »

À la tête de la 7e division blindée durant la campagne de France

En février, Rommel est placé à la tête de la 7e division blindée, dotée de 218 chars légers et moyens ainsi que de 56 automitrailleuses, sans compter des unités du génie et d'artillerie de campagne, des motocyclistes, des hommes de la DCA, et enfin deux régiments motorisés. La 7e division blindée relève du XVe corps d'armée du général Hoth et fait partie de la 4e armée, dirigée par le général von Kluge. Avec la 12e armée, la 4e constitue le groupe d'armées A, commandé par le général von Rundstedt.

Le 10 mai 1940, Rommel attaque dans les Ardennes belges, afin de traverser la Meuse à hauteur de Dinant. Se portant sans cesse à la pointe du combat, Rommel parvient à franchir la Meuse le 14. Après une dure bataille à Flavion, où il perd des dizaines de chars, Rommel atteint la Sambre le 17. Il repousse à Montcornet la contre-attaque du colonel de Gaulle, le 19. Le 20 mai, il parvient dans les faubourgs d'Arras ; il aurait déjà fait 10000 prisonniers et détruit une centaine de chars ennemis. Mais, le 21, il subit de lourdes pertes lors de la contre-attaque menée par les Alliés à Arras. Le 29 mai, ses chars commencent à encercler Lille, tandis que de Gaulle, le lendemain, brise la tête de pont allemande d'Abbeville. Une victoire sans lendemain, faute de moyens…

Le 2 juin, Hitler vient féliciter Rommel à Arras. Il craint une contre-offensive française. Rommel le presse de relancer l'assaut sur la Somme, face à une armée française désormais privée de ses alliés britanniques et des 150 000 à 160 000 nationaux enfermés dans la poche de Dunkerque (dont près de 135 000 vont gagner l'Angleterre). Hitler ne dit rien mais se laisse convaincre : le 5 juin, il donne l'ordre d'attaquer sur la Somme.

Rommel perce entre Amiens et Abbeville, dans les secteurs de Longpré, Airaines et Hangest, malgré une remarquable résistance française – notamment des troupes coloniales, qui en viennent à combattre au corps à corps. À Hangest, écrit Raffael Scheck dans son ouvrage *Une saison noire*, il est avéré que « des tirailleurs sénégalais et un sous-lieutenant français capturés sont abattus par des Allemands en uniforme noir, très probablement des membres de la 7e Panzerdivision de Rommel ». On sait que les nazis considèrent les Noirs comme des sous-hommes et exécutent de nombreux prisonniers de couleur comme du bétail. Scheck détient la preuve de 1 500 exécutions sommaires de prisonniers noirs, un chiffre probablement sous estimé, qui se situe plus près de 3 000 suivant les témoignages recueillis. Sans doute Rommel n'est-il pas directement responsable des crimes de ses troupes, n'étant pas physiquement présent, mais ce massacre, sans doute pas le seul, flétrit sa réputation d'homme d'honneur. Pourtant, Rommel écrit : « Les troupes coloniales françaises se défendirent avec une grande bravoure. Mais nos chars eurent le dernier mot. »

Le 8 juin, le général Rommel atteint la Seine. Ainsi, le 9e corps d'armée du général Ilher se trouve isolé Il tente de s'embarquer à Saint-Valery-en-Caux vers l'Angleterre. Le 10 juin, Rommel s'empare du port de Fécamp et fait feu sur des destroyers britanniques qui s'approchent pour évacuer les troupes. Le 11 juin, bombardant Saint-Valery du haut des falaises, il empêche toute fuite. Le lendemain, après d'intenses combats, il obtient la reddition française, capturant 12 généraux, plus de 25000 hommes, une centaine de canons et une soixantaine de blindés.

Puis Rommel file avec sa division à travers la Normandie, par Laigle et Flers, atteignant le Cotentin avant d'attaquer Cherbourg, qui résiste trois jours. Le 19 juin, 30000 hommes tombent aux mains allemandes, dont l'amiral Le Bigot, préfet maritime, et l'amiral Abrial, commandant des forces navales du Nord.

Le 24 juin, Rommel pénètre dans Bordeaux ; ses troupes y défilent, le 29, en présence du général Hoth, le patron du XVe corps d'armée. En cinq semaines, Rommel et ses hommes ont capturé 100000 Français et Britanniques, sans compter un important matériel. En garnison à Bordeaux, Rommel trouve le temps bien long. Début février 1941, alors qu'il profite d'une permission auprès de sa famille, Hitler le convoque à son QG. Rommel est inquiet de la résistance brillante des Britanniques et en fait part à son épouse : il prévoit une guerre longue…

Le maréchal von Brauchitsch lui fixe les termes de sa nouvelle mission : partir en Libye au secours de l'armée italienne du général Grazziani, qui vient d'être écrasée tant en Égypte (37000 tués, blessés et prisonniers) qu'en Cyrénaïque (130000 prisonniers et 80 chars détruits). Le 12 février, Rommel atterrit à Tripoli : deux divisions doivent venir l'y rejoindre, la 5e légère motorisée et la 15e Panzer.

Le chef de l'Afrika Korps

Non seulement Rommel dirigera les forces allemandes, mais les divisions motorisées italiennes seront placées sous ses ordres. Très vite, après avoir survolé le champ de bataille, Rommel décide de résister le long du golfe de Syrte. Il s'efforce d'induire les Britanniques en erreur au sujet de l'importance de ses forces blindées, en camouflant en chars des Volkswagen. Puis il lance un premier raid, dès la fin février, à hauteur d'el-Agheila.

À quarante-neuf ans, Rommel doit apprendre les spécificités de la guerre du désert : une guerre « propre », sans dégâts collatéraux touchant les populations civiles, où la logistique tout comme la guerre aérienne tiennent une place essentielle. En effet, chaque homme, dans la fournaise, consomme au moins 3 litres d'eau par jour et chaque véhicule, près de 5 litres, sans compter les besoins en carburant, en munitions, en vivres…

La guerre oppose les chars et les engins blindés, accompagnés de troupes d'assaut transportées par camion. Cette guerre mécanisée dépend pour beaucoup de l'aviation, tant d'observation que de bombardement, les chars étant hautement vulnérables en terrain plat et découvert. Disposant de moyens matériels et humains très inférieurs à ceux de ses adversaires britanniques, Rommel, qui mérite bien son surnom de « Renard du désert », tente de compenser ce lourd handicap par la rapidité de mouvement et l'offensive : il attaque là où l'ennemi ne l'attend pas… Toutefois, l'enjeu de la guerre est bien de contrôler un port en eau profonde, Tobrouk, pour y recevoir des approvisionnements, puis le canal de Suez, si essentiel à la Grande-Bretagne.

Dirigeant certes l'Afrika Korps, mais plus encore les excellentes divisions italiennes *Trento*, *Ariete* et *Brescia*, Rommel lance une attaque contre les positions britanniques dès le 24 mars. Ayant occupé el-Agheila, il s'empare de Mersa el-Brega puis d'Agedabia. Il lance un assaut contre Benghazi, réussi début avril. Il assiège avec quatre divisions Tobrouk, qui résiste. Il reçoit alors le renfort de la 90e division allemande. Mais les Britanniques et les Australiens du général Wavell tentent plusieurs contre-attaques pour briser l'encerclement allemand. L'opération *Brevity*, au col d'Halfaya, s'achève par un désastre britannique fin mai 1941. À la mi-juin, l'opération *Battleaxe* constitue un nouvel échec allié, avec la destruction d'une centaine de chars britanniques, contre une dizaine pour les Allemands.

Malgré les combats, le général Rommel trouve le temps d'écrire à sa femme et à son fils. Pour la première, il souligne la chaleur atroce, assure qu'il se réjouit des victoires en Russie, raconte même une partie de chasse (il a mangé le foie d'une gazelle), précise que pour éviter les punaises il dort sur un lit reposant sur des boîtes remplies d'eau. Et il invite même son épouse à venir le retrouver à Rome, où il doit se concerter avec ses alliés italiens. Dans ses lettres à Manfred, il le félicite de ses bons résultats en mathématiques, tout en lui promettant des parties de chasse à son retour en permission, l'hiver suivant. Et il lui révèle que les adversaires les plus redoutables des Allemands sont de loin les Australiens.

En novembre 1941, les Britanniques tentent une opération commando sous les ordres du lieutenant-colonel Keyes pour éliminer Rommel. Repérés près de la villa du général allemand, les Anglais sont presque tous abattus. Quant aux survivants, capturés, ils apprennent que Rommel s'est envolé pour Rome ! Les Britanniques fournissent un ultime effort pour briser le siège de Tobrouk ; c'est l'opération *Crusader*, conduite par le général Cunningham. Les Italiens de la division *Ariete* la repoussent.

À deux reprises au moins, au cours des affrontements, Rommel échappe miraculeusement à la mort : depuis longtemps, il ne la craint plus…

Malgré un nouveau succès allemand à Sidi Rezegh, où plus de 100 chars anglais sont détruits, Rommel est inquiet : la supériorité en hommes, en chars et en avions des Britanniques est devenue considérable. Il convainc, en décembre, le général italien Bastico de la nécessité de faire retraite sans être entré dans Tobrouk, sauf à risquer une défaite lourde de conséquences, si loin de leurs bases du golfe de Syrte.

À la mi-décembre, Rommel commence à évacuer le secteur de Tobrouk et se replie sur Agedabia. Certes, seuls 340 chars allemands et italiens, contre 800 côté allié, ont été détruits, mais il a perdu deux fois plus d'hommes que ses adversaires : 38 000, contre 18 000. Après le succès de sa retraite tactique, il attend des renforts importants. Les Britanniques, qui l'ont suivi, l'attaquent fin décembre au sud d'Agedabia, son nouveau QG.

Seul en ce Noël 1941, Rommel écrit à sa femme combien le désert en plein hiver se révèle froid et venteux. Il ne cache pas son mépris pour le haut commandement allemand et italien : Kesselring et Gambara, venus sur place faire un constat de la situation, sont parfaitement ignorants de la guerre dans le désert et de ses contraintes. Rommel indique qu'il est parvenu à repousser l'offensive britannique contre son camp retranché, détruisant 136 blindés ennemis.

De Tobrouk à el-Alamein

Si Rommel est un génie de l'offensive, il n'est pas un véritable stratège. Renforcé en hommes et en chars, il ne songe qu'à reprendre l'offensive. Une gageure à l'évidence, car les Alliés peuvent se prévaloir d'une supériorité énorme dans tous les domaines sur les Italo-Allemands. Mais Rommel pense que le mouvement et la rapidité permettront de compenser l'infériorité numérique. La résistance inattendue des Français libres à Bir Hakeim va lui coûter la victoire finale…

Le 21 janvier 1942, Rommel, qui dispose de 600 chars (contre un millier côté britannique), est décidé à s'emparer de Tobrouk. Il a pleine confiance dans ses alliés italiens, malgré les réserves du général italien Cavallero, qui considère l'opération comme hasardeuse. D'ailleurs, il écrit : « Les soldats italiens, si injustement critiqués, se sont battus avec un courage et un esprit de sacrifice extraordinaires. Cela est d'autant plus digne d'être remarqué que leur armement lourd est insuffisant. » Son offensive fulgurante permet à Rommel d'emporter Benghazi dès le 29. Ayant à nouveau vu la mort de près – un éclat d'obus a traversé son manteau –, le « Renard du désert » croit en sa baraka. Il s'approche de Derna et de Bir Hakeim, prenant Tobrouk dans un étau. Il cherche ainsi à tourner le dispositif allié et à anéantir la VIIIe armée britannique, alors en pleine retraite. La résistance héroïque des 3500 Français libres du général Koenig, du 27 mai au 11 juin 1942, face à deux divisions allemandes et à une division italienne, soit environ 25000 hommes, permet à la VIIIe armée d'éviter la destruction. Les FFL survivants, environ 2500 hommes, parviennent à rompre les lignes allemandes et à rejoindre leurs alliés anglais. Ils ont détruit une centaine de chars allemands et italiens et infligé des pertes de 2700 tués et blessés aux forces de l'Axe.

Le 20 juin, ayant perdu un temps précieux dont le général Auchinleck a tiré profit pour regrouper ses forces autour d'el-Alamein, Rommel lance l'assaut sur Tobrouk. Dès le lendemain, la ville tombe. Les Allemands capturent près de 35000 Britanniques, de grandes quantités de carburant (2 000 tonnes d'essence) et de vivres (5 000 tonnes) ainsi qu'environ 2 000 véhicules blindés et 400 canons. Rommel pense disposer désormais des moyens d'envahir l'Égypte…

Hitler lui annonce aussitôt son élévation au rang de maréchal. « Ce serait mieux de m'envoyer une division ! » rugit-il. Car les pertes enregistrées lors de l'assaut sur Tobrouk ont été lourdes… Mais Hitler préfère concentrer ses forces sur le front russe et n'envoie rien à Rommel. Ce dernier ne se prive pas de désobéir aux ordres de Hitler, refusant de fusiller les Français libres capturés, accordant des rations d'eau aux soldats de la 3e brigade motorisée indienne prisonniers des Italiens, n'acceptant pas de faire exécuter, précise le général anglais Young, un soldat anglais infiltré, affublé d'un uniforme allemand...

Ayant pénétré en Égypte, le nouveau maréchal s'empare de Mersa Matruh le 30 juin. Il est euphorique et n'écoute plus les conseils de prudence de son état-major. Il est vrai qu'il a détruit environ 2000 chars alliés depuis six mois et capturé près de 60000 soldats ennemis. Voici les forces de l'Axe en vue d'el-Alamein, à 150 kilomètres d'Alexandrie, en cette première semaine de juillet 1942. Le sort de la guerre se joue dans le désert égyptien tout autant que devant Stalingrad et Leningrad.

Pour l'affrontement définitif à el-Alamein, Rommel ne dispose que de 110000 hommes, ayant été renforcé par une sixième division blindée, italienne, la *Folgore*, soutenus par 500 chars, 500 canons et 300 avions. En face, Montgomery parvient, fin septembre, à aligner 220000 Anglais, Australiens, Indiens, Néo-Zélandais, Canadiens et Français libres, équipés de 1600 chars, 1000 canons et de près d'un millier d'avions. Un rapport de un à trois qui n'est encore, à la mi-juillet, que de un contre deux !

À deux reprises, le 13 juillet et le 30 août, les attaques lancées par Rommel – qui a bien conscience que le temps joue contre lui, les Britanniques se renforçant sans cesse – se brisent contre le dispositif allié. Le 22 juillet, Rommel doit repousser une contre-attaque du général Auchinleck contre ses positions.

Malade, le maréchal, remplacé par le général Stumme, s'envole au mois de septembre pour Rome, puis Berlin. Hitler l'accueille en héros, Rommel lui réclame des chars Tigre et du carburant. Puis il se fait soigner. Alors que le Führer songe à lui confier le commandement suprême en Russie, l'offensive déclenchée par Montgomery à el-Alamein le 23 octobre ainsi que la mort du général Stumme au combat contraignent Keitel à le renvoyer en Afrique.

Fin de partie en Tunisie

Les divisions italiennes se battent remarquablement et résistent partout, malgré leur infériorité en chars. Rommel, refusant d'obéir à Hitler, décide non pas de tenir sur place mais de tenter de sauver l'armée allemande. Ne disposant plus que de trois dizaines de chars opérationnels face à un millier de blindés alliés, il ordonne la retraite. Les divisions italiennes le couvrent et se sacrifient : une seule, la division *Trieste*, parviendra à rejoindre les Allemands. Ce qui arrache ce mot à Rommel : « Si le soldat allemand a étonné le monde, le soldat italien a étonné le soldat allemand ! »

Ayant subi de lourdes pertes, se heurtant sans cesse à des barrages antichars, Montgomery laisse Rommel s'échapper. Alors que les Alliés ont débarqué au Maroc et en Algérie, Rommel se retire de Libye et s'apprête à combattre en Tunisie italienne. Renforcé par de nouvelles divisions italiennes, il sait qu'il sera difficile de résister à une double offensive des Alliés, venant à la fois de l'ouest et de l'est. Au cours d'une entrevue avec Hitler fin novembre dans son QG de Rastenburg, il tente de le persuader de la nécessité d'évacuer l'Afrique pour raccourcir les lignes de défense. Il se fait insulter. De cette époque date sa prise de distance progressive avec un régime qui sacrifie ses soldats sans raison : ce qui est vrai en Afrique l'est tout autant à Stalingrad, où Paulus se voit interdire toute retraite alors qu'il est encore temps de sauver, au moins les hommes, en octobre 1942 !

En décembre 1942, les Italiens remportent de beaux succès le long de la côte libyenne, permettant à Rommel d'achever son redéploiement en Tunisie. Malgré des maux de tête et des troubles de la circulation handicapants, le maréchal Rommel va donner du fil à retordre aux Alliés en 1943 : aidé de von Arnim, il lance sur Kasserine, en février, une offensive contre les Américains de Patton qui remporte un franc succès. Les Alliés perdent 10 000 hommes et une centaine de chars. Nommé à la tête de tout le groupe d'armées *Afrika* fin février, Rommel semble retrouver le moral, sans toutefois se faire la moindre illusion. Il écrit à son épouse le 26 février 1943 : « Les conditions ne semblent pas du tout réunies pour une victoire rapide sur le front tunisien… La supériorité des Alliés est toujours écrasante : vingt contre un pour les blindés. Je pense à toi et à Manfred. »

Après avoir contré les Américains, à l'ouest, à Kasserine, Rommel entend briser l'avancée des Anglais à l'est ; en mars, il les attaque à Medenine. Mais son échec est total. Les messages allemands sont désormais décodés par les Britanniques ; Montgomery attendait Rommel et l'a piégé…

Rommel malade

De nouveau malade, Rommel est rappelé en Allemagne. Il sait que la guerre en Afrique est perdue. Aussi, le 10 mars, à Rastenburg, tente-t-il à nouveau de convaincre le Führer d'abandonner l'Afrique et de renforcer ses lignes de défense en Italie du Sud. Hitler est très déprimé par la défaite de Stalingrad mais refuse toutes les propositions de Rommel. Le 11 mars, Rommel se heurte à Goering, le second personnage de l'État nazi, qu'il méprise. Il écrit dans son journal : « Pour ce gros lard, la situation tragique de nos armées ne semble pas du tout le troubler. Il fait la roue et se rengorge sous les grossières flatteries de tous les imbéciles qui composent sa cour. »

Hospitalisé à Semmering, Rommel en sort au mois de mai 1943. Il est une fois encore reçu à Rastenburg par Hitler, le 10 mai, qui lui dit : « J'aurais dû, sans doute, vous écouter plus tôt [au sujet du rapatriement des troupes allemandes de Tunisie], mais je suppose qu'il est désormais trop tard. » Rommel est frappé par le vieillissement prématuré de ce Führer agité de tics, espérant des solutions miracles qui n'existent pas. Effectivement, le 12 mai, après une résistance remarquable, von Arnim doit déposer les armes, livrant 125 000 soldats allemands à l'ennemi. L'armée italienne, forte de 130 000 hommes, capitule également.

Hitler envoie alors Rommel désarmer l'armée italienne à la suite du renversement de Mussolini, au mois de septembre 1943. L'application du plan *Asche* est difficile, car certaines unités italiennes résistent.

Rommel a recours à des artifices. Ainsi, il organise à Milan une fausse attaque aérienne : lorsque la garnison – des dizaines de milliers d'hommes – sort des abris, elle est désarmée. Hitler, après avoir hésité, finit par confirmer le maréchal Kesselring au commandement de l'armée allemande d'Italie en novembre. Rommel se trouve de nouveau sans affectation.

Manfred, âgé de quinze ans, entend intégrer la Waffen SS. Le maréchal s'y oppose absolument : il n'a que mépris pour ces tueurs. Aussi Manfred s'engage-t-il comme soldat auxiliaire dans la Luftwaffe. Il est incorporé, début 1944, dans une unité de DCA.

Rommel nommé commandant des côtes maritimes occidentales

Hitler a conservé sa confiance à Rommel. Il lui confie, début décembre, l'inspection des côtes occidentales, du Danemark aux Pyrénées. Rommel peut conserver auprès de lui ses deux fidèles, le général Alfred Gause et l'amiral Ruge. Il se met aussitôt au travail, avec deux missions principales : renforcer les défenses insuffisantes et préparer des dispositifs permettant de rejeter à la mer un ennemi ayant débarqué. Il inspecte tout, commençant par le Danemark, début décembre 1943. Depuis son QG de Fontainebleau, rapidement transféré au château de La Roche-Guyon, plus proche du théâtre des opérations, Rommel parcourt les côtes françaises. Ce qu'il constate l'effraie : de larges zones non défendues, des troupes démotivées, fatiguées et mal dirigées (il est vrai que les meilleures divisions sont parties à l'Est), une absence de canons entre la Somme et la Loire, des blockhaus mal placés, des ports mal protégés, aucune défense en arrière des positions côtières pour combattre les lâchers de parachutistes... En janvier 1944, le maréchal Rommel reçoit le commandement du groupe d'armées B, soit 39 divisions, dont 7 blindées. Une responsabilité considérable pour un homme qui n'a jamais dirigé plus de 10 divisions. Aussi est-il placé sous l'autorité du maréchal von Rundstedt, commandant en chef du front Ouest ; en fait, la santé défaillante de ce dernier amène bien souvent Rommel à assumer seul le commandement suprême. Les deux hommes s'estiment, mais leurs conceptions s'opposent. Certes, comme von Rundstedt, Rommel considère que le débarquement aura lieu dans le Pas-de-Calais et non point en Normandie et qu'il convient donc de placer les meilleures divisions face à l'Angleterre, ainsi que de renforcer le mur de l'Atlantique au nord de la Seine. Mais von Rundstedt refuse de placer les divisions blindées sur les côtes : il veut les protéger de l'artillerie de marine des Alliés et pouvoir contre-attaquer. Rommel, qui sait bien que l'Allemagne n'a plus ni marine ni aviation, veut au contraire les engager immédiatement et détruire les Alliés dans l'eau et sur les plages. Hitler arbitre sans trancher : trois divisions blindées sont placées sous le commandement direct de Rommel et quatre autres sont mises en réserve.

Cependant, Rommel peaufine le système de défense côtier, multipliant les champs de mines, les barrages antichars, les barbelés, les obstacles immergés à marée haute...

Complot et débarquement

C'est au mois de mai que Rommel rencontre le Dr Ströhlin, bourgmestre de Stuttgart, qui l'informe de la réalité de la « Solution finale ». Le nouveau chef d'état-major du maréchal, le général Speidel, le met en contact avec le général Carl Heinrich von Stülpnagel, commandant militaire de la Wehrmacht à Paris, l'un des principaux chefs de la conjuration des officiers allemands contre Hitler. Rommel refuse de s'engager trop étroitement avec eux : il est opposé à un attentat qui ferait de Hitler un martyr mais se montre tout à fait conscient de la nécessité absolue de traiter avec les Anglo-Américains, pour n'avoir plus à combattre que les Russes. Il préférerait la destitution de Hitler par l'armée et son jugement devant le peuple – toujours ce souci de la légalité, même lorsque le navire allemand est en feu. Fin mai, sur ordre de Rommel, Speidel a rencontré le Dr Ströhlin et l'ancien ministre des Affaires étrangères von Neurath en Allemagne. Tous deux ont prévenu Rommel d'avoir à se tenir prêt à prendre la tête des armées dès la réussite du putsch, à présent imminent.

Le 5 juin 1944, Rommel prend la route pour l'Allemagne afin d'arracher à Hitler la permission de placer les quatre divisions blindées demeurées en réserve le long de la côte. Le temps est mauvais et les avions d'observation allemands n'ont rien repéré. Aucun indice d'un débarquement prochain ! Le maréchal pourra également en profiter pour fêter les cinquante ans de sa chère Lucie, chez lui, à Herrlingen.

Prévenu qu'une opération considérable vient de débuter au petit matin du 6 juin, Rommel doit parcourir dans la journée 600 kilomètres en voiture pour rejoindre son poste de commandement à La Roche-Guyon. Au soir du 6 juin, à son arrivée sur place, Rommel constate que les Alliés se sont déjà assurés une solide tête de pont de Cabourg à Barfleur. Devant l'incroyable puissance des pièces lourdes de la marine alliée et la supériorité absolue de l'aviation anglo-américaine, qui rendent suicidaire tout déplacement des panzers, Rommel est devenu très pessimiste. D'autant qu'il manque de munitions ! Le 17 juin, le Führer se rend en France, à Magnival. Rommel propose un repli sur la Seine et plus encore préconise une paix séparée. Il se fait sèchement réprimander par le Führer d'un « C'est une question qui ne vous regarde pas ». Hitler accepte une inspection du front pour le lendemain. Rommel est décidé à agir et à l'arrêter ; mais Hitler, méfiant, préfère finalement regagner l'Allemagne dans la soirée. Une belle occasion perdue !

Les Allemands reculent partout en Normandie malgré une combativité qui étonne Rommel lui-même. Épuisé, ce dernier n'est plus capable de concevoir la moindre offensive. En a-t-il d'ailleurs les moyens ? Le 26 juin, le colonel Finckl avertit Rommel de l'imminence de l'attentat. Rommel veut tenter une dernière démarche à l'endroit de Hitler. Le 29 juin, il est à Berchtesgaden. Hitler confirme son refus de traiter avec les Anglo-Américains et exclut tout renfort sur le front de l'Ouest, les Russes venant de lancer une terrible offensive à l'Est. Et le maître du Reich limoge von Rundstedt le 2 juillet, le remplaçant par von Kluge, un nazi patenté. Le 6 juillet, la rencontre entre Rommel et von Kluge est glaciale, mais ce dernier doit bien reconnaître que la bataille de Normandie est perdue. Rommel n'a désormais plus qu'une idée : renverser Hitler pendant qu'il en est encore temps. Il décide même de garder en réserve la 116e *Panzerdivision* et de retirer du front la 2e *Panzerdivision*. Ainsi disposera-t-il de troupes aguerries pour maîtriser les partisans de Hitler.

Rommel envisage la signature d'un armistice, le repli immédiat de l'armée allemande sur la ligne Siegfried, ainsi que l'arrêt des attaques de V1 sur l'Angleterre. À l'Est, le nouveau patron de l'armée allemande ordonnerait un repli sur une ligne Memel-Vistule, plus aisée à tenir.

Rommel, gravement blessé le 17 juillet, apprend le 21 que Hitler est miraculeusement vivant

Alors qu'elle fait le tour du front, comme chaque jour, la voiture du maréchal est la cible d'un chasseur Typhon sur la route Livarot-Vimoutiers. Éjecté du véhicule avant qu'il ne se retourne, Rommel est gravement blessé : trois fractures du crâne, la mâchoire brisée, l'œil gauche gravement atteint. Soigné à l'hôpital de la Luftwaffe, à Bernay, Rommel est transféré peu après à l'hôpital militaire du Vésinet. Le 21 juillet, il a appris l'échec de l'attentat de von Stauffenberg dans la « Tanière du loup », à Rastenburg. Hitler est contusionné mais vivant.

Le Führer, s'appuyant sur Goebbels, conduit une répression sanglante. Alors que von Stauffenberg a été fusillé avec son complice Olbricht par des nazis trop pressés, Hitler s'acharne sur les autres conjurés. Le général Beck, ancien chef d'état-major général, se suicide, tandis que von Stülpnagel est immédiatement rappelé à Berlin. Il tente de se donner la mort sur le chemin du retour, se rate. Aveugle, il est maltraité sans livrer, semble-t-il, le nom de Rommel. Au moins d'août 1944, plus de 100 conjurés, comme le maréchal von Witzleben, sont pendus à des crocs de boucherie avec des cordes à piano, d'autres emprisonnés, avant d'être tués au printemps 1945, comme l'amiral Canaris et le pasteur Bonhoeffer, sur l'ordre personnel de Hitler.

Speidel et Ruge viennent rendre visite à Rommel. Il leur répète l'obligation impérative d'arrêter Hitler et de le faire passer publiquement en jugement : la population doit être témoin de ses crimes et de son châtiment. Seule, l'armée peut encore agir…

Transféré début août 1944 à son domicile de Herrlingen, Rommel est examiné par le professeur Albrecht, de l'université de Tübingen. Celui-ci ne cache pas son étonnement face au remarquable rétablissement du blessé : ne parvient-il pas à se lever, puis à se promener avec son épouse ? Rommel livre la vérité sur la situation militaire dramatique de l'Allemagne à sa famille, tout comme sa conviction qu'il faut faire la paix à l'Ouest. Il a même évolué, estimant indispensable de « laisser les Anglais, les Américains et les Français occuper l'Europe centrale et tenir les Soviétiques à l'écart des frontières allemandes ».

Hitler hésite avant de condamner à mort son maréchal

Hitler a parfaitement pris conscience de l'ampleur de la conjuration, dans laquelle se trouvent impliqués les plus hauts responsables de la Wehrmacht et de l'Abwehr. Il sait également que Rommel n'a pas participé activement au complot. Aussi penche-t-il pour la clémence, bien conscient de l'immense popularité du maréchal. Il fait néanmoins placer Rommel sous la surveillance de la Gestapo dès le 4 septembre 1944 ; la presse et la radio nazies ne parlent plus de blessures infligées au maréchal par une attaque aérienne, mais des suites d'un banal accident de voiture.

Keitel, Jodl, Goebbels et Goering insistent pour que Rommel soit condamné à mort. Ils estiment que son autorité morale peut devenir dangereuse pour le nazisme, de même que ses propos défaitistes pour le moral de l'armée. Le 7 septembre, l'ordre est donné d'arrêter le général Hans Speidel, chef d'état-major de Rommel (qui d'ailleurs parviendra à se disculper devant un jury d'honneur et deviendra patron des forces terrestres de l'Otan en 1956). Rommel comprend que la fin est proche. C'est sans doute le lendemain, 8 septembre, que Hitler finit par céder aux exigences morbides de ses complices.

Le 2 octobre, Rommel prévient son fils que l'on pourrait chercher à l'abattre lors de leurs promenades dans les bois. Il lui demande de prendre son pistolet et de riposter au premier coup de feu. Et il précise : « Les nazis ne veulent surtout pas que je parle. Ils sont tout à fait capables de m'assassiner en maquillant leur crime en accident ou en suicide. »

Le 7 octobre, Rommel est convoqué à Berlin par Keitel pour une rencontre le 10 avec Hitler, censé lui confier une importante mission. Un train spécial sera mis à sa disposition en raison de ses blessures. Rommel, flairant le piège, se retranche derrière l'avis de ses médecins : il ne peut se déplacer…

L'empoisonnement

Mais Rommel ne peut empêcher l'inexorable. Le 13 octobre, il est prévenu que les généraux Maisel et Burgdorf viendront le rencontrer à son domicile le lendemain. Ce sont deux fanatiques (ils demeureront d'ailleurs aux côtés de Hitler dans le bunker berlinois jusqu'au bout). Maisel a été spécialement chargé par Hitler d'enquêter sur les dossiers des officiers supérieurs impliqués dans le complot de von Stauffenberg.

Au matin du 14, Manfred, arrivé en permission à 6 heures, trouve son père debout. Ils prennent ensemble le petit déjeuner, vers 7 heures, puis font une promenade dans le jardin. Rommel informe son fils de la venue des deux généraux. Le maréchal est inquiet : il pense que le choix lui sera proposé de servir en Russie ou d'être traduit devant une haute cour.

À midi précis, Burgdorf et Maisel se présentent. Ils sont accompagnés d'un major SS, Ehrenberger. Le chauffeur de la voiture de couleur vert sombre,

Heinrich Doose, est également en uniforme SS. Désormais, Rommel sait à quoi s'en tenir.

Hormis le maréchal, dans sa tenue de l'Afrika Korps, seuls Lucie, Manfred et le capitainc Adlinger, l'aide de camp de Rommel, sont présents dans la maison. Après avoir salué la maréchale, les deux généraux demandent à s'entretenir en tête à tête avec Rommel. Au bout d'une heure d'entretien, Rommel ressort de la pièce, accompagne les généraux jusqu'à la porte puis monte au premier étage, où s'est réfugiée Lucie. Jamais Lucie n'a vu son époux si pâle. S'étant placé au milieu de la pièce, Rommel annonce la sentence de mort de Hitler. Puis il fait entrer Manfred et s'exprime en ces termes: «Je viens juste d'annoncer à ta mère que dans un quart d'heure je serai mort.» Puis il poursuit, toujours maître de lui: «Être tué au nom de son propre peuple est une chose difficile à accepter. Mais la maison est cernée et Hitler m'accuse de haute trahison. En raison des services rendus en Afrique, j'ai la chance de pouvoir m'empoisonner. Les deux généraux ont apporté du cyanure avec eux. Un poison qui tue en trois secondes. Si j'accepte, aucune action judiciaire ne sera entreprise contre ma famille, c'est-à-dire vous deux. De même, mon état-major sera épargné.»

Alors Manfred lui demande si la parole des deux généraux est crédible. Le maréchal répond: «Oui, c'est leur intérêt de ne pas révéler cette affaire. Naturellement, il faut que vous deux preniez l'engagement de vous taire. Si une telle indiscrétion est commise, alors ils se sentiront déliés.» Manfred propose ensuite qu'ils se défendent les armes à la main. Mais Rommel le coupe, sans réplique possible : « Il est préférable qu'un seul meure plutôt que nous soyons tous exposés aux pires extrémités. »

Rommel fait alors monter son aide de camp et lui décrit les événements qui vont suivre. Puis il précise, avec un débit accéléré, car les généraux ne lui ont laissé qu'une dizaine de minutes pour dire adieu à sa famille, que les nazis ont tout prévu, y compris des funérailles nationales à Ulm. « Dans un quart d'heure, vous, Adlinger, recevrez un coup de téléphone de l'hôpital de la Wagnerschule d'Ulm, annonçant que j'ai eu une attaque cérébrale en me rendant à une conférence. » Puis, regardant sa montre, il serre sa femme, son fils et son aide de camp dans ses bras et quitte la pièce.

Tous le suivent. Chacun l'aide à enfiler son manteau. Soudain, sortant son portefeuille, il demande, soucieux : « Il y a encore 150 marks. Dois-je prendre l'argent avec moi ? » Personne n'ose répondre devant l'incongruité de la question. Adlinger seul se risque à commenter : « Cela n'a plus guère d'importance, maintenant, monsieur le maréchal ! » Alors Rommel sort de la maison, son bâton sous le bras gauche, serre une dernière fois les mains de Manfred et d'Adlinger, alors que le chien sautille autour de lui, tout joyeux de la promenade qui s'annonce. Il se dirige vers les deux généraux, qui le saluent militairement. Et monte dans la voiture.

Vingt minutes plus tard, la sonnerie du téléphone retentit. Adlinger décroche et apprend la mort du maréchal.

Manfred raconte qu'il a pu, plus tard, reconstituer les dernières minutes de son père : « J'ai appris que la voiture s'était arrêtée quelques centaines de mètres plus loin, en haut de la colline qui domine notre maison, en lisière de la forêt. Là, sans doute, se tenaient les hommes de la Gestapo qui avaient l'ordre de tuer mon père et de piller la maison en cas de refus du suicide. Alors le chauffeur et le général Maisel sont sortis du véhicule. Seul le général Burgdorf est resté avec mon père. Dix minutes plus tard, le chauffeur est revenu prendre sa place. Le maréchal est affaissé, son bâton a glissé par terre, de même que sa casquette. Apparemment il est mort ou moribond, déjà sans connaissance. »

Obsèques nationales

Le 18 octobre, des obsèques nationales sont organisées à Ulm, avec les honneurs militaires. Les témoignages de sympathie et les télégrammes affluent à Herrlingen : non seulement Goebbels, Bormann, Himmler, qui ont exigé la mort du maréchal, mais son assassin même, Hitler en personne, osent adresser leurs regrets à la veuve. Et les condoléances du Führer sont les plus cyniques de toutes : « Acceptez, je vous prie, ma profonde sympathie pour la perte de votre époux. Le nom de Rommel restera toujours associé aux héroïques combats d'Afrique du Nord. »

Le cercueil de Rommel, recouvert d'un immense drapeau nazi, est exposé à l'hôtel de ville et veillé par deux anciens de l'Afrika Korps. Un défilé réunissant des unités de la Wehrmacht, de la Luftwaffe et de la Waffen SS est même organisé. Le malheureux maréchal von Rundstedt doit prononcer l'oraison funèbre, sans aucune conviction, pour rappeler l'engagement du mort en faveur du Reich et du Führer. Aussitôt après la cérémonie officielle, le corps du maréchal est incinéré. Rien ne pourra plus venir contredire la thèse officielle. Les cendres sont déposées dans le cimetière de Herrlingen.

Lucie Rommel se réfugie alors dans le silence et ne sera pas inquiétée par le régime nazi moribond.

Manfred sauve sa peau

Manfred craint désormais les nazis. Il n'imagine point que le régime puisse laisser en vie un témoin du meurtre du maréchal. D'ailleurs les SS entendent le supprimer alors que les Alliés pénètrent en Allemagne, après avoir enfoncé la ligne Siegfried en mars 1945. Aussi déserte-t-il son unité de DCA, implantée à Ulm. Puis, s'avançant vers l'ouest, il cherche à entrer en contact avec les troupes françaises qui progressent en Allemagne du Sud en ce mois d'avril. En mai, il est capturé par les soldats de l'armée de De Lattre. Le général de Lattre de Tassigny, futur maréchal, fait aussitôt appeler cet adolescent de seize ans au nom si prestigieux, et il le garde auprès de lui comme interprète.

Membre de la CDU dans la République fédérale allemande, Manfred, alors âgé de quarante-six ans, est élu maire de Stuttgart ; il y demeure vingt-deux ans.

Puis il est nommé par le chancelier Kohl coordinateur des affaires franco-allemandes jusqu'en 1999. En 2002, il est fait commandeur de la Légion d'honneur.

Sources

Irving David, *Rommel,* Verlag Hofmann, 1978

Lemay Benoît, *Erwin Rommel,* Perrin, 2009

Lormier Dominique, *Comme des lions,* Calmann-Lévy, 2005

Lormier Dominique, *Rommel, « Chroniques de l'Histoire »,* Éditions Chronique, 1998

Lormier Dominique, *Rommel, la fin d'un mythe,* Le Cherche-Midi, 2003

Masson Philippe, *Hitler chef de guerre,* Perrin, 2005

Maurès Didier, *Erwin Rommel,* Presses de la Cité, 1968

Mordal Jacques, *Le Destin fabuleux du maréchal Rommel,* 2 tomes, 1973

Picaper Jean-Paul, *Opération Walkyrie,* L'Archipel, 2009

Rommel (maréchal), *La Guerre sans haine,* 2 tomes, B. Marguin, 1953

Rommel Manfred, *Holzwege zur Wirklichkeit,* Hohenheim Verlag, 2001

Valode Philippe, *Hitler et les sociétés secrètes,* Nouveau Monde Éditions, 2009

Valode Philippe, *Les Grands Empoisonnements de l'histoire,* First, 2008

TRAGÉDIE
SUR LA LIGNE MAGINOT

1er septembre 1939

Le IIIe Reich envahit la Pologne. Le surlendemain, la France et la Grande-Bretagne déclarent la guerre à l'Allemagne. Celle-ci avale la Pologne en trois semaines. Il ne lui reste plus qu'à se retourner vers la Belgique, la Hollande et la France.

« On les attend ! » s'écrie le maréchal Pétain. En effet, la ligne Maginot est prête. Les troupes sont à leur poste. Les visiteurs alliés peuvent s'en rendre compte. Les journalistes, les personnalités affluent : le roi George VI, Winston Churchill, l'ambassadeur du Canada. Ils parcourent le dédale de galeries souterraines, assistent à la manœuvre d'une tourelle d'artillerie, au repas des soldats (bœuf mironton et haricots). À la sortie, les commentaires sont enthousiastes, parfois sceptiques. Pourtant, derrière cette barrière réputée infranchissable, les Français se sentent en sécurité, à l'abri des invasions. Quiconque voudrait se frotter à la ligne Maginot s'y casserait les dents. Mais qui oserait ?... Hitler.

10 mai 1940 – 5 h 35

Les offensives allemandes contre la Belgique et la Hollande sont déclenchées simultanément. Les parachutistes allemands du général Student et l'infanterie aéroportée de Sponeck facilitent la progression rapide des armées de von Bock. Les ponts du Rhin et de la Meuse sont occupés. La Wehrmacht déborde l'armée belge par le nord.

12 mai 1940

L'armée néerlandaise n'est plus en état d'opposer une résistance sérieuse. Les bombardiers en piqué stukas ravagent Rotterdam. La reine Wilhelmine et son gouvernement s'embarquent pour l'Angleterre ; l'armée hollandaise dépose les armes.

Les premières bombes tombent sur la France. L'aviation française est, en partie, détruite au sol. La supériorité de la Luftwaffe est d'autant plus nette que les Britanniques n'engagent leurs escadrilles qu'avec parcimonie. Les ruines s'accumulent en France et en Belgique.

Pour l'implantation des forces armées, le grand état-major français, sous le commandement en chef du général Gamelin, a élaboré le plan suivant : le VIIe groupe d'armées (Giraud) se trouve de la mer du Nord à la Meuse. À sa droite, le corps expéditionnaire britannique (lord Gort), puis le Ier groupe d'armées (Billotte) et à l'Est, le IIe groupe d'armées (Prételat).

En face déferle la masse des 59 divisions de von Rundstedt, dont sept divisions de panzers. La 7e division est dirigée par Rommel et a pour objectif le franchissement de la Meuse aux environs de Dinant. Le groupe de blindés de von Kleist rassemble cinq divisions de panzers ; Guderian, qui doit franchir la Meuse à Sedan, en possède trois ; et deux ont été allouées à Reinhardt, qui doit passer la rivière à Monthermé. Derrière ces blindés se presse une armée de jeunes fantassins que le traité de Versailles croyait avoir démantelée en la limitant à 100 000 hommes.

La percée des forces allemandes est foudroyante. Tout a été voulu, préparé, orchestré par Hitler. Le plan qui lui a été proposé pour cette « guerre-éclair » ressemble étrangement à celui imaginé en 1905 par von Schlieffen.

Les troupes françaises qui doivent défendre les passages de la Meuse sont des divisions de « série B », c'est-à-dire des troupes de réserve, mal entraînées et mal équipées. Les éléments de reconnaissance qui ont franchi la frontière belge doivent se replier rapidement devant l'avance ennemie. Les états-majors français commencent à paniquer : il faut faire sauter les ponts.

À l'aube du 13 mai, les stukas attaquent. C'est une avalanche de fer et de feu. Les trois corps de la IXe armée française de Corap se disloquent. Ce général, bouc émissaire, est limogé et remplacé par le général Giraud. Celui-ci, pour parvenir sur les lieux des combats, doit errer d'état-major en état-major ; il s'égare et finit par se faire enlever par une patrouille ennemie.

13 mai 1940 – 16 heures

Abasourdis par les attaques des stukas, les Français voient Guderian traverser la Meuse. À Houx, en aval de Dinant, la 7e division de panzers franchit à son tour le fleuve. Entre les deux, à Monthermé, une troisième tête de pont est établie. Les Allemands ont avancé d'une soixantaine de kilomètres.

14 mai 1940

Le front français est définitivement percé. La brèche ne peut plus être colmatée, car les hommes de réserve manquent. Les colonnes allemandes qui dévalent vers la vallée de l'Oise et de la Somme ne croisent plus que des files de prisonniers français, hâves, dépenaillés, ne comprenant pas le cauchemar qu'ils sont en train de vivre. La retraite commence. Les ordres n'arrivent plus, les états-majors sont disloqués, les soldats sans chef ne savent plus de quel côté aller.
– Et la Ligne Maginot ? dira-t-on.
– La Ligne Maginot n'a servi à rien… pour l'instant.
– Pourtant, il a bien été dit par les hommes politiques et par les journaux que la ligne Maginot était une défense inexpugnable et que la forêt des Ardennes qui la prolonge était infranchissable par les blindés ! Alors ?

Le 14 mai au soir, l'ennemi est à Carignan. L'artillerie française tire sur la ville et la détruit aux deux tiers, mais les Allemands avancent toujours. Ils sont à présent à Mouzon, c'est-à-dire dans le dos des défenses françaises qui bordent la rive gauche de la

Chiers. Nos troupes reçoivent l'ordre d'effectuer un large repli dans la nuit du 14 au 15 mai et de s'établir sur la ligne de défense située entre le village de Villy, l'ouvrage de La Ferté, Malandry et Inor.

Le 15 au matin, les Allemands ont encore progressé. Ils sont pour la première fois en contact avec le fort de Villy-La-Ferté, à l'extrémité de la ligne Maginot. Pour protéger son aile gauche, le commandement allemand décide de neutraliser l'ouvrage de La Ferté et le village fortifié de Villy, qui flanque l'ouvrage vers le nord : si la ligne Maginot est contournée, il n'est pas bon de la laisser intacte derrière soi.

Les experts allemands connaissent bien cette ligne Maginot. Ils sont renseignés sur cette force souterraine, dont il faut rappeler l'histoire…

En 1918, la France récupérait l'Alsace et la Lorraine, mais la sécurité de ces régions restait une préoccupation.

Le Conseil supérieur de la guerre estima donc que notre pays devait établir une solide défense le long de ses frontières du nord et de l'est. Les discussions de la Commission de la défense, présidée par le général Guillaumat, durèrent des années. Plusieurs systèmes de défense furent étudiés, discutés âprement. Finalement, le maréchal Pétain mit tous les experts d'accord en faisant adopter un « système mixte » : des ouvrages importants, de véritables forts, seraient construits sur les points névralgiques de la frontière, tous les 6 ou 8 kilomètres ; et, dans les intervalles protégés naturellement (forêts ou marais), on mettrait seulement en place des ouvrages légers d'infanterie avec des casemates et des mitrailleuses.

La loi du 19 mars 1928 proclama « d'utilité publique et d'urgence » la construction des ouvrages de fortification. En 1929, le nouveau gouvernement Tardieu nomma ministre de la Guerre André Maginot, un ancien sergent de 1914-1918. Celui-ci fit adopter une loi le 14 juin 1930 prévoyant un budget de 3 442 millions de francs pour la défense de nos frontières, et des travaux titanesques commencèrent.

Lorsque nous regardons un plan général de la ligne Maginot, nous voyons une ligne discontinue de forts, partant de la Suisse, remontant le Rhin et, après avoir suivi notre frontière avec l'Allemagne, le Luxembourg et la Belgique, s'arrêtant dans les Ardennes, vers Sedan ; 430 kilomètres de fortifications lourdes ou légères accompagnées d'un obstacle continu de rails antichars et de barbelés. Ces fortifications tiennent compte de considérations stratégiques, économiques et tactiques. Elles sont armées de canons de 75, de lance-bombes de 135 mm et de mortiers. Les ouvrages sont constitués de blocs de béton d'une épaisseur de 3,50 mètres qui communiquent entre eux par des galeries souterraines où circule un petit train.

Certains de ces ouvrages sont remarquables, tel Hackenberg, véritable ville souterraine de 170 hectares d'où émergent 19 coupoles de tir. D'autres ouvrages sont trop faibles ; on les appelle les « ouvrages camelote ».

L'infrastructure d'un ouvrage type comprend la caserne elle-même, une usine électrique, un magasin de munitions, une salle de neutralisation des gaz et les cloches de combat avec l'artillerie. Les critiques prétendent que les ouvrages comportent pourtant des défauts conceptuels majeurs :

- les organes de tir ne sont pas cloisonnés par des murs épais et des portes blindées ;
- les organes de tir se trouvent trop près des chambres des soldats ;
- les cloches de tir sont trop saillantes ;
- il manque des armes de grande puissance ;
- les entrées sont insuffisantes – parfois une seule entrée, sans issue de secours.

La Corf (Commission d'organisation des régions frontalières), l'organisme militaire maître d'ouvrage, a dépensé 5 milliards de francs. Paul Reynaud pense que les crédits consacrés aux fortifications auraient permis d'équiper une dizaine de divisions cuirassées, selon les idées du colonel de Gaulle.

En ce qui concerne les troupes de forteresse, le rapporteur de la loi Maginot avait dit à la tribune de la Chambre des députés : « Il importe de confier la garde de ces ouvrages à des troupes spécialisées et parfaitement adaptées à leur mission. » Ces troupes étaient composées de régiments d'infanterie de forteresse, de régiments d'artillerie et de régiments du génie (électromécaniciens, sapeurs de chemin de fer, radios, téléphonistes).

La vie dans la ligne Maginot a des répercussions psychologiques et physiologiques sur les soldats. Au bout d'un certain temps de cette existence de taupe apparaissent des symptômes de claustration, malgré un confort relatif, une nourriture correcte et une ventilation permanente. Certains hommes ne s'habituent pas à vivre comme des sous-mariniers. Beaucoup d'entre eux, avant la grande attaque de mai 1940, allaient faire des siestes « en surface ». Le besoin de prendre l'air et de voir le ciel est tel qu'il y a toujours des volontaires pour aller à l'extérieur réparer les réseaux de barbelés endommagés. La discipline est facile à maintenir. Pour sanctionner les fautes légères, il y a le « mitard » (assez paradoxal dans ce climat général de claustration), et, pour les fautes graves, on risque la mutation dans une « unité d'intervalle », ce qui ne constitue pas une promotion : ces unités sont chargées de repousser les attaques en terrain découvert. Les équipages des forteresses se considèrent donc comme privilégiés.

Quant aux défenses des zones d'intervalle, ce sont, en général, de simples abris en béton ou en rondins. Pour les états-majors français d'avant-guerre, le Rhin constituait en soi un obstacle stratégique suffisant. La Commission de défense pensait qu'une offensive allemande partant de la Forêt-Noire vers les Vosges était improbable. Donc, elle proposa de défendre la plus grande partie de ce fleuve frontalier par des moyens plus « économiques » que les gros ouvrages de la ligne Maginot. Ce système défensif comprenait trois lignes de casemates de mitrailleuses : une première ligne sur la berge même du fleuve, donc exposée aux tirs adverses ; une ligne de soutien à l'intérieur de la forêt marécageuse ; et une troisième ligne, dite « ligne des villages », implantée entre les lisières des forêts et les premières localités alsaciennes. Malheureusement, ces ouvrages étaient éloignés les uns des autres de 1 kilomètre et ne bénéficiaient que d'une protection médiocre (1,50 mètre d'épaisseur de béton… quand il y en avait).

Les troupes d'intervalle (bataillons de mitrailleuses, batteries de position) devaient, comme leur nom l'indique, occuper les intervalles entre les ouvrages fortifiés. Elles bouchaient les trous de la ligne. À la mobilisation, ces troupes furent renforcées par l'arrivée de réservistes que l'on disait spécialisés.

Mon père, Pierre Arnaut, fut mobilisé au 214e RI. En tant que sergent-chef et professeur d'éducation physique, il devint responsable d'une section de mitrailleuses. J'ai là sa photo sous les yeux ; il est accroupi devant sa casemate en branchages, souriant. Il garde le Rhin, à Huningue, près de la frontière suisse. Il attend que les Allemands qui se concentrent, en face, vers Haltingen, veuillent bien prendre l'initiative de franchir le fleuve. Alors seulement sa mitrailleuse pourra parler, car les troupes d'intervalle ne doivent se servir de leurs armes qu'après en avoir référé à leur état-major. Mon père attendait donc les Allemands, mais les Allemands avaient décidé de ne pas faire du Rhin une priorité. Les opérations se déroulaient ailleurs.

Donc, en regardant mieux la carte de la ligne Maginot, nous constatons qu'elle représente un obstacle réel dans certaines régions, mais que dans d'autres, comme le Rhin, les Ardennes et la frontière belge, elle n'est qu'une défense illusoire. Vue des airs, la ligne apparaît comme une poussière de blockhaus.

La tête de pont de Montmédy, qui constitue le « terminus » nord de la ligne Maginot, compte quatre ouvrages – Le Chesnois (composé de 6 blocs),

Thonnelle (4 blocs), Velosnes (5 blocs), La Ferté (2 blocs) – et douze casemates simples ou doubles.

La Ferté, le dernier ouvrage du secteur, est située sur une colline (côte 215) appelée la « Croix de Villy ». Ce n'est pas, à proprement parler, un « ouvrage » de la ligne Maginot, car il ne comporte ni caserne ni usine électrique souterraine. Ses possibilités de feu vers l'arrière sont limitées, et seule la tourelle AM (pour « armes mixtes ») peut intervenir dans toutes les directions. Les mortiers de 50 mm n'ont pas encore été installés à cause de l'absence de supports. La défense des abords dépend entièrement des troupes d'intervalle. Le bloc 1 sert d'entrée principale. Celle-ci est fermée par une grille derrière laquelle se trouve un créneau de FM (fusil-mitrailleur). La porte blindée est placée en chicane. La chambre de tir est précédée par un fossé diamant défendu par un créneau de FM et une goulotte de lance-grenades. En plus de la chambre de tir, un réservoir d'eau, une chambre de repos de quatre lits et le central téléphonique. À l'extérieur, un projecteur sous abri bétonné. Sur le dessus : deux cloches GFM (guet fusil-mitrailleur) et deux cloches AM (canon antichar de 25 et mitrailleuse Reibel). À l'étage inférieur, une chambre de repos de 14 lits, la centrale électrique, la salle des filtres ou de neutralisation des gaz de combat, la chambre du commandant de la garnison, un PC de renseignements, l'escalier desservant les deux étages et la galerie. Le bloc 2 comprend une entrée secondaire, trois chambres de repos (30 lits), le local radio, le local téléphone, l'escalier et, sur le dessus, une tourelle

AM, une cloche GFM, une cloche VDP (vue directe, périscope) et une cloche AM.

Une galerie souterraine de 270 mètres de long reliant les deux blocs est enfoncée à 35 mètres sous terre. Une équipe de 107 fantassins du 155e RIF (Régiment d'Infanterie de Forteresse) et d'observateurs d'artillerie occupe ce fort, dont le commandant est le lieutenant Bourguignon.

13 mai 1940

La zone de Donchery jusqu'à Bazeilles est la cible de terribles bombardements. Des éléments de l'infanterie allemande traversent la Meuse. La position fortifiée de la région n'a tenu que quelques heures. Le 13 au soir, elle est percée entre Wadelincourt et Bellevue. La panique s'empare de nos troupes, qui abandonnent leurs pièces d'artillerie.

14 mai 1940

Nos troupes occupant le secteur de la Chiers et de la Meuse reçoivent l'ordre d'évacuer les blockhaus et leurs intervalles, abandonnant ainsi armes et matériel. Ce décrochage provoque l'isolement de l'ouvrage de La Ferté en le privant des troupes d'intervalle et d'un soutien d'artillerie, et l'exposant particulièrement pour la suite des événements.

15 mai 1940

Les Allemands veulent élargir la brèche de la percée de Sedan par le sud-est, en direction de l'ouvrage de La Ferté. Ils attaquent vers Villy et la côte 226. Les canons et les mortiers de Villy ripostent et arrêtent l'ennemi, qui attend des renforts et l'arrivée de son artillerie lourde.

Dans la nuit du 15 au 16 mai, le dispositif d'attaque allemand est mis en place, et à partir de midi le pilonnage commence.

Si la situation est critique sur le front, elle n'est guère plus brillante. dans nos états-majors et dans nos relations avec notre allié britannique : Winston Churchill, qui est Premier ministre depuis quatre jours, est arrivé à Paris et discute avec le président du Conseil Paul Reynaud et Gamelin. Le généralissime lui semble bien fataliste, pour ne pas dire défaitiste. Mais Churchill décide quand même d'aider la France en lui envoyant dix escadrilles de combat.

Le 16 mai, les divisions d'infanterie allemandes sont en contact avec le secteur fortifié de Montmédy. À 19 heures, elles prennent la côte 226. Dans la nuit du 16 au 17 mai, un duel d'artillerie s'engage. Le 17, vers 8 heures, Villy est soumis à un violent tir d'artillerie. Le village est en grande partie détruit. Les marsouins du lieutenant Laurent résistent vaillamment à un contre trois aux assauts du 3e IR 191 allemand, qui se fait refouler. Vers 9 heures, la tourelle à éclipse est bloquée en batterie, ses armes pointant vers le sud.

Pendant ce temps se joue une partie délicate au niveau gouvernemental. À Beyrouth, le général

Weygand, commandant en chef en Méditerranée orientale, reçoit un télégramme secret de Paris : « Étant donné la gravité de la situation sur le front occidental, je vous serais reconnaissant de vous rendre à Paris d'extrême urgence. » Signé : « Paul Reynaud. »

Le gouvernement lui demande, ni plus ni moins, de prendre en main l'armée française, qui a tant besoin d'être commandée. Le général Gamelin est relevé de ses fonctions. Mais Weygand ne connaît pas exactement la situation en arrivant en France : il n'a jamais été invité à aucun des comités de guerre, il n'a jamais été associé à l'élaboration des projets stratégiques. L'avant-veille, le 15 mai, Daladier a adressé à Churchill le SOS suivant : « Nous avons perdu la bataille hier soir. La route de Paris est ouverte. Envoyez tous les avions et toutes les troupes que vous pourrez. »

Et, malgré cela, on appelle Weygand au poste de généralissime, on lui fait ce cadeau empoisonné. Va-t-il accepter ?

Le village de Villy est défendu par la 1re compagnie du 23e RIC (Régiment d'Infanterie Coloniale) renforcée d'éléments du 155e RIF. C'est cette localité qui va subir toute la journée la plus grosse poussée allemande. Les fortifications dérisoires du village sont rapidement anéanties. À 19 h 30, les casemates est et ouest sont évacuées, car leurs équipages craignent l'encerclement. À 22 h 30, le bataillon allemand Hass prend la côte 311, après de rudes combats contre les coloniaux du 23e RIC, qui ne veulent pas décrocher.

Au même moment, l'ouvrage de La Ferté, terminus de la ligne Maginot, apparaît comme l'objectif essentiel des Allemands : il subit un bombardement intensif de Mörser de 210 mm et d'obus de 150 mm (environ 30 coups par minute).

Dans la nuit, les troupes d'attaque allemandes sont relevées par des troupes fraîches du 2e IR du Hauptmann Corduan.

18 mai 1940

L'attaque de Villy redouble d'intensité, et le village est pris vers 16 h 30. Les Allemands font 130 prisonniers. Les casemates évacuées par les Français sont occupées aussitôt. Le commandement allemand peut concentrer maintenant son artillerie sur l'obstacle majeur : l'ouvrage de La Ferté. À 17 h 30, toutes les batteries de l'AR 171, les Mörser, les canons de 150 mm, les obusiers, la Flak, toutes les bouches à feu allemandes crachent sur l'ouvrage.

Très rapidement, la cloche blindée d'armes mixtes est déchaussée par les tirs. Les guetteurs français affolés se réfugient à l'étage inférieur des blocs.

18 h 10 : Les positions françaises de la rive droite de la Chiers sont également sous le feu des obus fumigènes destinés à aveugler les observateurs français, pendant que la Flak déclenche un feu continu pour élargir les trous faits dans les cloches afin d'y placer des charges explosives.

18 h 15 : La cloche blindée du bloc 2 est atteinte de plein fouet dans les créneaux. Le sergent Roger Conraux est décapité, les soldats Paul Gomez et Joseph Koesters tués.

À l'extérieur, l'*Oberleutnant* Germer lance ses hommes à l'assaut de l'ouvrage. Ils progressent de trou d'obus en trou d'obus et atteignent le dessus du blockhaus, où ils peuvent entreprendre leur travail de destruction. Des vagues de sapeurs se relaient pour culbuter les morceaux de ferraille et de béton et poser des charges explosives ; ils se replient pour faire place aux obus des artilleurs puis reviennent, s'escriment sur toutes les ouvertures. À l'intérieur de l'ouvrage, les hommes emmurés comprennent, sans voir, ce qui se passe : on prépare leur mort. On les enterre vivants ! La panique s'empare des servants, qui hurlent leur désespoir, leur colère.

Une explosion fait vibrer les murs de béton et éclaire l'abri d'une lumière aveuglante. Une épaisse fumée envahit la chambre de tir.

Les sapeurs allemands qui « coiffent » maintenant l'ouvrage ne s'en tiennent pas là : ils placent une charge de 40 kilos sur la tourelle d'armes mixtes. Le souffle de l'explosion soulève la tourelle, qui retombe à côté de son berceau. Une nouvelle charge agrandit l'ouverture. Aussitôt, les « pionniers » allemands jettent à l'intérieur des grenades, des pots fumigènes et des pains explosifs. Ils détruisent le périscope de la cloche d'observation, dont le plancher s'effondre sous l'effet du souffle. Le maréchal des logis Ferrier est gravement touché à l'épaule, mais personne ne songe à s'occuper des blessés : tous les hommes, à tâtons, cherchent à regagner l'étage inférieur. Mais personne n'a le réflexe de fermer les portes étanches isolant le bloc.

Le chef de l'ouvrage, le lieutenant Bourguignon, envoie cinq hommes et le sergent Bore s'occuper de la caponnière d'entrée. On ne les reverra pas vivants.

18h45: Une contre-attaque française (chars et infanterie) tente de dégager la côte 311 et le chemin de terre de Malandry à La Ferté. Mais cette contre-attaque est abandonnée après que les troupes françaises ont subi une véritable hémorragie.

Dès le début de la soirée, en effet, la côte 311 est ravagée par un bombardement ennemi. Le lendemain, il n'y a plus qu'un officier français survivant, le capitaine Prigent.

À son tour, l'artillerie française pilonne la côte 311. La crête de La Ferté s'illumine de nouveau sous le feu croisé des deux artilleries. Mais à 23 heures…

Les hommes de la 2e compagnie du 171e *Pionnier Bataillon* allemand gravissent la pente nord de la crête en direction du bloc 1 de La Ferté. Arrivés à la première cloche, ils enfournent une charge dans l'embrasure. L'effet est immédiat: dans le bunker, les hommes grouillent comme des rats pris au piège; ils cherchent à gagner le souterrain. Les «pionniers» allemands passent ainsi de cloche en cloche, lancent dans les créneaux grenades et pots fumigènes qui provoquent à l'intérieur d'énormes dégâts. Toute la cloche d'armes mixtes s'écrase au fond du puits avec le trumelage, alors qu'un début d'incendie noircit les parois. Dans la cloche n° 3, la plate-forme de tir s'est effondrée et tout l'équipement est disloqué.

L'équipage français du bloc 1 réagit comme celui du bloc 2: c'est une fièvre panique qui s'empare des hommes, un sauve-qui-peut dans un lieu sans issue, des appels, des cris de terreur, des gémissements, des ordres de plus en plus faibles, dans l'obscurité totale. Désormais, tout l'équipage de La Ferté est tassé dans la galerie de 270 mètres, car l'air vicié pénètre peu à peu par les chambres de combat défoncées. Un courant d'air traverse l'ouvrage. L'oxyde de carbone envahit le souterrain. Les hommes sont obligés de mettre les masques à gaz, qui, très vite, arrivent à saturation. Combien de temps vont-ils tenir avant de tomber inertes, asphyxiés comme des cloportes ?

Depuis plus d'une heure, le lieutenant Bourguignon est enfermé dans sa chambre. Dans le couloir, les hommes se bousculent, se piétinent dans l'obscurité. Il n'y a plus d'amis, de copains, les hommes sont devenus des bêtes qui luttent contre la mort la plus horrible. C'est une cavalcade d'épouvante. Certains hurlent, d'autres pleurent, quelques-uns, à genoux, prient tout haut. La folie gagne le trou. On tambourine à la porte de la chambre du lieutenant : « Laissez-nous sortir ! Nous voulons mourir à l'air libre ! Lieutenant ! Appelez l'état-major ! »

Le téléphone fonctionne encore ; par quel miracle ? Alors le lieutenant Bourguignon appelle le général Falvy : « La situation n'est plus tenable, mon général. Tous nos postes de combat sont détruits. Nous n'avons plus d'armes. Les gaz nous suffoquent. Les hommes tombent les uns après les autres. Donnez-nous l'autorisation d'abandonner l'ouvrage. » La réponse est tranchante, catégorique :

– Il n'en est pas question ! Il faut tenir ! Résister !

– Mais avec quoi ?

Le lieutenant Bourguignon appelle alors le PC du 155e RIF, informe le lieutenant-colonel Henry, et demande l'autorisation de sortir. Même réponse : « Il faut tenir ! »

La situation s'aggrave de minute en minute. Dans la galerie, de nombreux soldats sont allongés à même le sol. Se sont-ils endormis sous le masque ? Sont-ils morts ? Le médecin lieutenant Hervé Fontaine a été l'un des premiers à périr...

Dehors, les Allemands balancent toujours des grenades et des fumigènes. Ils agissent comme des braconniers enfumant un renard. Entendant que ça grouille, en dessous, ils poursuivent l'opération.

L'équipage a-t-il une chance de sortir, même si on lui en donne l'autorisation ? Pas sûr. Il n'y a pas de sortie de secours. Les portes sont bloquées et vrillées par les explosions ; il faut de l'outillage pour les débloquer. Pire encore : des barrages de sacs de sable ont été érigés derrière la porte blindée et la porte étanche. Tout le mobilier est vraisemblablement brûlé, et les stocks de munitions sautent les uns après les autres. Tout cela dans un lieu hermétiquement clos. Il n'y a plus d'éclairage du tout, la plupart des moteurs sont arrêtés et ne produisent plus d'électricité. La ventilation est hors-service. Comment accéder aux portes et les ouvrir dans une obscurité totale, où flotte un air opaque et vicié et dans la panique générale ?

À 23 heures, le lieutenant Bourguignon appelle le commandant Aubert, au poste du Chesnois. « Tout est perdu, mon commandant. Nous n'avons plus d'armes et mes hommes sont à bout. Ils demandent l'autorisation de tenter une sortie. » La réponse est ferme et glaciale : « Un gardien de la ligne Maginot n'abandonne pas son poste. »

Exaspéré, le lieutenant Bourguignon raccroche. Dans le couloir, les hommes hurlent :
« De l'air ! Au secours ! On veut sortir ! » Le lieutenant rappelle le commandant Aubert.
– Mes hommes veulent sortir à tout prix. Une mutinerie se prépare. Laissez-nous sortir.
– Un ouvrage de la ligne Maginot est comme un sous-marin : on y meurt, mais on ne l'abandonne pas !

Bourguignon est déchiré par un cas de conscience : désobéir aux ordres et tenter une sortie pour sauver une partie des hommes, ou mourir en soldat, parce que ce sont les ordres ? Bourguignon est un soldat. Il a une haute idée du devoir et de l'obéissance. Il est prêt à se sacrifier avec ses hommes, mais ses hommes ne sont pas d'accord. Ils hurlent dans le couloir, car c'est Bourguignon qui détient la clé de la seule issue qui pourrait permettre la fuite. Les hommes crient : « La clé, mon lieutenant ! La clé ! Restez ici si vous voulez, mais donnez-nous la clé ! »

Au téléphone, le lieutenant, perdu, rappelle le commandant Aubert :
– Mon commandant, les hommes exigent la clé pour sortir !
– Ne la donnez pas ! C'est un ordre !
– Mais ils vont pénétrer et la prendre de force !
– Trouvez un prétexte ! Allez près d'une ouverture de lance-grenades et débarrassez-vous-en ! Jetez-la à l'extérieur ! Elle tombera dans le fossé et personne ne pourra la récupérer !
– Mais je condamne 107 hommes !

– C'est un ordre !

Bourguignon comprend qu'il n'y a plus rien à faire. Il interrompt la conversation. Il ne répondra plus aux appels. Et il exécute l'ordre insensé : il jette la clé à l'extérieur ; 107 hommes sont enfermés dans leur tombeau.

Quelqu'un dans l'ouvrage se trouve encore pourtant à son poste : c'est l'adjudant des transmissions Sally. Il appelle sans arrêt son collègue et ami Joly, au Chesnois. Il lui décrit l'évolution de la situation, il se confie à lui, lui demande d'aller voir sa femme et de lui dire que dans les derniers moments il était avec elle. Toute une partie de la nuit, Joly lui parle, le soutient, l'encourage, les larmes aux yeux. Son ami est en train de mourir et il ne peut rien pour lui, parce qu'un ordre a été donné.

19 mai 1940 (dimanche)

Le téléphoniste Joly, du Chesnois, capte la voix à peine audible de son ami Sally. C'est le dernier message envoyé par « 0.201 » (indicatif téléphonique de La Ferté). À 5 h 40, le poste de La Ferté cesse d'émettre à tout jamais.

8 heures : Les « pionniers » de la compagnie de l'*Oberleutnant* Germer pénètrent dans le bloc 2 mais ne visitent pas les étages inférieurs, car une fumée épaisse et noire comme de la suie les en empêche. Ils font sauter la grille du bloc 1 la nuit suivante.

19 h 25 : À Paris, le général Weygand vient donner sa réponse à Paul Reynaud : « J'accepte les lourdes responsabilités que vous me donnez. Mais vous ne serez pas surpris si je ne puis répondre de la victoire. »

Il accepte d'être le généralissime d'une armée en déconfiture. Pourquoi ? Nous avons obtenu de sa propre bouche, en 1964, une réponse qui résume sa pensée et sa décision[1] : « Nous étions alors comme dans un avion de ligne en perdition qui n'a plus son pilote. On a demandé : "Y a-t-il quelqu'un qui sait piloter ?" J'ai répondu : "Moi." Et on m'a placé aux commandes de l'avion qui était en chute libre, en me disant : "Allez ! Redressez-le !" »

20 mai 1940

Winston Churchill revient en France en espérant trouver un interlocuteur plus offensif que Gamelin. Il n'est pas déçu : Weygand, malgré ses soixante-treize ans, impressionne Churchill par son attitude courageuse, comme il impressionne le général anglais lord Ismay, qui écrit dans ses Mémoires : « Weygand a donné l'impression d'être un lutteur résolu, d'avoir l'esprit de décision. Il est extraordinairement actif en dépit de son visage fripé et son âge avancé. Il doit être en caoutchouc. On peut penser que les Alliés vont avoir le commandement qui leur a jusqu'à présent manqué. »

Hélas, il est trop tard : tous les plans envisagés vont être balayés par l'avance irrésistible des Allemands. Hitler a compris que le succès dépend de la force de

1. Dans la série d'émissions radiophoniques « Les grandes heures du XXe siècle », de Michel Godard et Robert Arnaut.

l'armement, mais aussi de la rapidité d'exécution. Sa guerre-éclair est une guerre moderne, alors que la guerre des Français est une guerre archaïque.

21 mai 1940

Le commandant Aubert, du PC du Chesnois, envoie en reconnaissance une patrouille de volontaires pour savoir ce qui s'est passé dans l'ouvrage fortifié de La Ferté. La patrouille, après une dizaine de tentatives pour tromper la vigilance de l'ennemi, parvient à se rapprocher du bloc 1. Le sergent Jean Felot réussit à s'introduire dans le bloc de béton. Il en ressort épouvanté : il a vu l'enfer.

2 juin 1940

C'est l'*Oberfeldwebel* Felman qui a été chargé de visiter le fort. Équipés de masques, les Allemands pénètrent dans le bloc 2 et gagnent les niveaux inférieurs. Dans la galerie, ils découvrent un spectacle insoutenable : les cadavres sont entassés les uns sur les autres, À certains endroits, ils forment une masse de 1 mètre de hauteur. En atteignant le bloc, les Allemands découvrent des documents et le cadavre rigide du lieutenant Bourguignon assis à son bureau. Sur la porte de sa cellule, les Allemands peignent une croix noire ; c'est sa seule épitaphe.

Avant de ressortir du fort, les Allemands répandent du chlorure de chaux sur les cadavres, en état de décomposition avancée.

8 juin 1940

Une unité disciplinaire allemande, composée de 11 sous-officiers et de 34 soldats, est chargée de sortir les corps de l'équipage de La Ferté afin de nettoyer le fort et d'en faire une position allemande. Dans la nuit du 8 au 9, elle creuse une fosse commune de 53 mètres de long, 2 mètres de large et 1,50 mètre de profondeur, pour enfouir les défenseurs de La Ferté. Le 11 juin 1940, la quasi-totalité des cadavres a été remontée.

L'agonie de ces sacrifiés aurait pu rester un simple fait de guerre inexpliqué si Gabriel Joly, le seul témoin de cette tragédie, celui qui l'avait suivie du début à la fin par téléphone, avait disparu en emportant son secret. Il l'a gardé durant cinquante ans. Les conversations qu'il a entendues cette nuit-là, il avait juré de ne jamais en révéler la teneur. Seulement, c'était trop lourd. À quatre-vingt-quatre ans, il a parlé. Devant l'objectif de la caméra d'André Dartevelle, de la RTB, larmes aux yeux, il livre le secret. Il a retenu toutes les phrases, tous les mots terribles qui ont été échangés cette nuit-là.

Le commandant Aubert, qui a donné l'ordre à 107 hommes de se sacrifier par principe, est mort en 1959, emportant, lui, ses mystères et ses remords. Joseph Gabriel Joly, le seul témoin de l'affaire, s'est tu pendant cinquante ans. Pourquoi ? Par peur peut-être de ternir l'honneur de ses chefs ?

Depuis cette tragédie, tous les ans, à La Ferté, au cours d'une cérémonie officielle, on rend hommage aux… Comment faut-il dire ? Aux « héros » ? Aux « braves » ? Ou plutôt aux « sacrifiés » ? Ou aux pauvres bougres qui sont morts pour rien, sur ordre, dans un cercueil de béton ?

En 1983, les Domaines ont mis aux enchères à Longwy quelques blocs de la ligne Maginot, semblables à ceux de La Ferté. Mise à prix d'un lot : 350 francs. Ils furent enlevés pour un total de 18 100 francs, soit 2 759 euros ; 2 759 euros pour 107 hommes qui y laissèrent leur vie nous font l'artilleur à 25 euros. C'est le prix des héros.

« Quelle connerie la guerre », disait Prévert.

Ce n'est que le 15 juin 1940, trois semaines après le drame de La Ferté et le repli général des troupes françaises sur le front du Nord, que la 7e armée allemande du général Dolmann passa à l'attaque en Alsace, entre Rhinau et Neuf-Brisach. Après la neutralisation des berges par les bombardements d'usage, les groupes d'assaut franchirent le fleuve à l'aide de plusieurs centaines de canots. Les Français reculèrent jusqu'à la troisième ligne de défense, la « ligne des villages ». Les casemates furent détruites les unes après les autres.

Et votre père ? me direz-vous.

Le 15 juin, il était toujours au bord du fleuve, à Huningue. Il attendait de pied ferme ceux d'en face, quand on lui intima l'ordre de repli qui allait se transformer en débâcle.

Ce que mon père ne savait pas, c'est qu'il échappait ainsi au sort de ceux de La Ferté, et qu'il allait revenir chez nous vivant, Dieu merci.

Sources

Anthérien Étienne, *Grandeur et sacrifice de la ligne Maginot,* Éditions G. Durassié et Cie, 1962

Bruge Roger, *On a livré la ligne Maginot,* Éditions Fayard, 1975

Cosme Stéphane, reportage radiophonique pour « Histoires possibles et impossibles »

Duchesnes Cordelier, *Mon capitaine, la 102e ne répond plus,* Éditions Renaissance Vauban, 1985

Gangloff Raymond, *La Tragédie de la ligne Maginot,* Éditions Albatros, 1987

Guiard Roger, *La Chute de l'ouvrage de La Ferté,* Éditions Clamecy, 1968

Rocolle P., « La chute de l'ouvrage de La Ferté en 1940 », *Revue du génie militaire,* septembre 1948

Rocolle P., *Le béton a-t-il trahi ?,* Éditions Mirabeau, 1950

Sorlot Marc, *André Maginot,* 2006

Truttmann Michel, *La Ligne Maginot,* Éditions Tallandier, 1989

L'Épilogue de la tragédie de La Ferté, 18e journée d'études meusiennes, 1990

« Le drame de La Ferté », *Histoire de guerre,* n° 15

Témoignages de

Robert Franck, professeur d'histoire contemporaine à l'université Paris-Sorbonne

Michel Truttmann

M. Le Fuel, président de l'Association des anciens combattants de la ligne Maginot (troupes d'intervalles)

André Dartevelle, réalisateur à la RTBF de deux documentaires sur l'ouvrage de La Ferté

Maxime Cosme, ancien chef de chantier d'un ouvrage de la ligne

L'HOMME QUI A SAUVÉ LONDRES DES V1

Fin décembre 1940

En France, désormais sous le joug allemand, tous les Français ne sont pas résignés ou consentants. Il y a ceux qui ont rejoint le général de Gaulle à Londres, ceux qui résistent à l'occupant de manière individuelle, et ceux qui entrent dans les réseaux clandestins en voie de constitution. Parmi tous ces patriotes, l'un d'eux connaîtra un destin extraordinaire.

Michel Hollard a quarante et un ans. Dans sa jeunesse, il a fait beaucoup de dessin industriel, a suivi les cours du soir au Conservatoire des arts et métiers de Paris et a obtenu des certificats de mécanique industrielle, de machines et de métallurgie. Après l'armistice, il occupe le poste de représentant d'une firme de fournitures automobiles qui dépend du Centre de mécanique, balistique et armement, sous le contrôle des autorités d'occupation, évidemment. Et Michel Hollard, qui n'aime pas cela, donne sa démission. Il part. Il quitte Paris avec sa femme et ses trois enfants. Très vite, il trouve du travail à Dijon dans une usine de gazogènes. Il s'agit de remplacer dans les moteurs à explosion l'essence par l'oxyde de carbone que dégage le charbon de bois au cours de sa combustion. Hollard devient agent général de la firme Autobloc. Mais un nouveau problème surgit : avec l'accroissement du nombre de véhicules équipés au gazogène, l'approvisionnent en charbon de bois devient de plus en plus difficile. Les fournisseurs établis dans les grandes forêts reçoivent des avalanches de commandes. Michel Hollard se trouve donc dans l'obligation d'aller prospecter les zones forestières… ce qui va lui inspirer un projet qu'il ne peut confier qu'à sa femme :

– Je dois me rendre dans le Jura pour prospecter. Si j'en ai l'occasion, je franchirai la frontière suisse et j'irai prendre contact avec les autorités britanniques établies à Berne.

– Tu veux passer en Angleterre ?

– Non. Je crois qu'il y a mieux à faire ici. Mais je ne puis agir sans appui. Il me faut l'accord de Londres.

– Tu veux entrer dans un réseau ?

– Non. Les réseaux sont trop divisés. On exécute des ordres sans les comprendre. Les grands chefs sont invisibles, intouchables ; j'ai essayé plusieurs fois…

– Alors ?

– Alors, je vais créer mon propre réseau. J'ai déjà le nom du groupe : « Agir. »

– Et combien êtes-vous ?

– Je suis seul. Pour le moment.

Inconscience ? Optimisme exagéré ? Sans doute. Comment va-t-il joindre les diplomates britanniques à

Berne ? Tout simplement en cherchant dans l'annuaire téléphonique. Il appelle l'ambassade de Grande-Bretagne, franchit la frontière clandestinement avec une audace déconcertante et se présente à l'attaché militaire de Sa Majesté britannique.

– Que désirez-vous, monsieur ?

Le ton du diplomate n'est guère accueillant.

– Je suis un Français qui a décidé de lutter contre notre ennemi commun installé dans mon pays. J'ai l'intention de combattre aux côtés de ceux qui n'ont pas déposé les armes. Par mes propres moyens, je suis venu de Paris pour organiser un plan de lutte, en accord avec les forces britanniques.

L'Anglais reste dubitatif :

– Monsieur, depuis l'invasion de la France, les liaisons entre la Grande-Bretagne et la Suisse sont suspendues. Ici, nous ne pouvons rien recevoir de mon pays ni lui envoyer quoi que ce soit. Je suis donc au regret de vous répondre que votre demande ne peut être prise en considération.

Hollard ne semble pas surpris .

– Si je comprends bien, vous n'avez pas confiance en moi. Évidemment, vous ne savez pas à qui vous avez affaire. Je vais donc me référer à deux de vos éminents compatriotes, auprès de qui vous pourrez prendre des renseignements à mon sujet. Il s'agit de Robert Best, industriel à Birmingham, et Sturge Moore, votre poète et critique. Voici également le nom des firmes pour lesquelles j'ai travaillé. Permettez-moi de venir vous revoir le mois prochain. J'espère que mes efforts ne seront pas vains. Au revoir, monsieur.

Pour créer un réseau, il faut avoir beaucoup de relations et agir avec une grande prudence. Or, Michel Hollard est un instinctif, il se fie plutôt à son flair. Quand une personne lui inspire confiance, il n'hésite pas à se livrer, ce qui est parfois dangereux. Le recrutement du premier affilié est très important.

Un jour, un jeune transporteur, un certain Margot, entre dans le bureau de la firme où Michel travaille et demande s'il peut faire équiper son camion d'un gazogène. Michel lui explique longuement les conditions, les travaux, les frais engagés et les avantages qui peuvent être attendus. Puis les hommes parlent de choses et d'autres. Margot raconte qu'il est prisonnier rapatrié pour cause de maladie ; il n'a pas du tout envie de travailler pour l'occupant mais pour son compte personnel.

– J'ai l'impression, dit Michel en souriant, que vous n'appréciez pas beaucoup nos nouveaux maîtres.

– Comment un Français pourrait-il les aimer ?

– Je suis bien d'accord avec vous. Mais comment imaginer la victoire des Alliés ?

– Si les Anglais peuvent tenir, les Américains les épauleront, et alors tout est possible.

– Oui. Mais nous ne pouvons pas compter que sur les autres, sinon, quel que soit le vainqueur, nous sommes fichus.

– Que pouvons-nous faire ?

– Je vais vous le dire. Mais d'abord, êtes-vous certain que vous souhaitez agir ?

Margot hésite :

– Ben… Oui.

– Même si cela peut être dangereux ?

– Je n'ai pas peur.
– Eh bien, voici ce que vous pouvez faire. Vous avez votre camion. Vous rayonnerez dans la grande banlieue. Diverses unités allemandes sont stationnées dans ce périmètre. Tentez de savoir où exactement.
– Ça ne doit pas être bien difficile.
– Ce sera plus difficile que vous ne croyez. Observez leurs véhicules, localisez leurs points de convergence. Tous les autres renseignements sont les bienvenus : les emplacements des réserves de carburant, les dépôts de munitions, les installations de DCA, les travaux de défense. N'écrivez rien, ne conservez rien sur vous, exercez votre mémoire. Quand vous aurez quelque chose à me dire, trouvez un prétexte pour faire réparer le camion.

Quelques jours plus tard, Margot réapparaît pour faire rectifier un petit défaut du gazogène. Et, en passant dans le bureau de Michel, il apporte son premier rapport, qui dépasse en renseignements précieux tout ce que Michel pouvait espérer. L'expérience est plus qu'encourageante.

Les semaines suivantes, Michel Hollard recrute d'autres agents : employés de chemin de fer, patrons de bistrot, chauffeurs-livreurs, etc. Peu à peu, le réseau se met en place, si bien qu'au cours du second semestre de l'année 1941 il rassemble un groupe cohérent d'une soixantaine de personnes sûres. Michel peut donc repasser la frontière suisse et revoir l'attaché militaire britannique. Cette fois, le diplomate se montre plus courtois :
– Asseyez-vous, monsieur Hollard. Les renseignements vous concernant nous sont parvenus. Je vous prie

d'excuser ma froideur lors de notre première entrevue. Votre détermination est-elle toujours la même ?

– Plus que jamais.

– Si vous jugez possible de revenir ici plus ou moins régulièrement, quelle pourrait être la fréquence de vos visites ?

– Toutes les trois semaines.

– Ce serait une cadence idéale. Estimez-vous que, dans les intervalles, vous aurez assez de temps pour identifier avec précision les grandes unités ennemies de votre région ?

– J'ai constitué un réseau. Mais vos états-majors s'intéressent-ils réellement plus aux troupes qu'aux aérodromes ou aux réserves d'essence ? Savez-vous que les Allemands ont mis en chantier de nouvelles lignes de défense dans le Pas-de-Calais et en Normandie ?

– Tout cela est important, bien sûr. Mais nous sommes obligés de tenir à jour les déplacements des unités ennemies, et notamment les unités blindées dans le nord de la France. Nous devons confirmer leur arrivée.

– Je ferai de mon mieux.

Michel Hollard est un peu déçu par cette deuxième entrevue : il s'agit de côtoyer journellement l'ennemi sans jamais l'affronter… Il attendait une autre mission. Il se confie à sa femme : « Ma mission sera obscure et répétitive. En un sens, je les comprends. Il faut préparer le terrain pour l'arrivée des Alliés. Notre action doit être permanente et discrète. Ils ont renforcé la surveillance à la frontière suisse ; j'ai failli me faire prendre. Heureusement, je connais tous les chemins. »

La plupart des membres du réseau Agir ne se connaissent pas et opèrent dans des régions différentes. Michel Hollard assure seul la cohésion. Bien qu'étant technicien de formation, il n'utilise jamais les équipements télégraphiques ou radiotéléphoniques ; il ne sollicite jamais l'intervention de l'aviation alliée pour un parachutage ou un transport quelconque ; il ne porte jamais d'arme. La rusticité de ses méthodes lui impose des efforts physiques considérables – des marches sous la pluie, dans la neige, à bicyclette. Sa résistance est incroyable. Son rayon d'action s'élargit de mois en mois. Il établit des relations permanentes avec des agents de la SNCF qui facilitent ses grands déplacements. Il franchira 98 fois la frontière suisse. Lors d'une de ses visites à Berne, l'attaché militaire le reçoit un verre de whisky à la main :

– Mon ministère vous tient en haute estime, monsieur Hollard. Mais nous allons vous demander encore plus d'efforts. Hitler doit envoyer des renforts au-delà de la Méditerranée, et les Allemands vont envahir bientôt votre zone libre. Notre vigilance doit être accrue. Accepteriez-vous de travailler pour nous à temps plein ? Vous auriez un correspondant permanent à Lausanne. Nous savons que le fonctionnement de votre réseau repose sur vos finances personnelles. Nous serions irresponsables, mesquins, imprévoyants si nous n'intervenions pas financièrement à votre place. Pour les autorités de Londres, la précarité des conditions dans lesquelles vous agissez est une source d'inquiétude.

– L'Europe et sans doute l'humanité traversent des heures cruciales. Les biens matériels sont inutiles si nous perdons la liberté.

– Nous admirons votre dévouement, et notre reconnaissance est grande. Nous souhaitons profiter au maximum de vos compétences, et nous sommes prêts, si vous abandonnez vos activités professionnelles, à vous allouer une sorte de solde militaire.

– Je vais y réfléchir et en parler avec ma femme. Merci, monsieur.

Depuis le début de 1942, de multiples rapports affluent à Londres faisant état d'activités mystérieuses dans la région de Peenemünde, sur la Baltique : on murmure qu'un Centre expérimental allemand, dirigé par von Braun, prépare les « armes secrètes » auxquelles Hitler fait souvent allusion. Le gouvernement anglais prend ces informations très au sérieux, et un comité d'étude a été formé.

Le 7 novembre, Hollard échappe de justesse à la Gestapo : à la gare de Besançon, trois hommes le coincent dans le couloir du compartiment. Michel se bat comme un lion, saute du train, court sur le ballast et arrive à s'échapper. Son visage est encore très marqué lorsqu'il se présente le lendemain à l'ambassade britannique.

L'attaché militaire le présente pour la première fois à son chef, le colonel Cartwright. Celui-ci l'accueille avec chaleur : « J'ai d'importantes nouvelles à vous annoncer. Les forces anglo-américaines ont débarqué en Afrique du Nord. Nous allons porter un toast au succès de l'opération *Torch*. Mais il ne faut pas espérer que Hitler va se laisser faire. Il enverra des renforts en Afrique. Il va même sûrement envahir votre zone libre. Peut-être voudra-t-il intervenir en Italie et en Espagne. Quoi qu'il en soit, nous devons surveiller étroitement les mouvements de troupes. Et nous comptons beaucoup sur votre réseau. »

Le débarquement en Afrique du Nord constitue incontestablement un tournant de la guerre : il apporte un surcroît de courage aux patriotes, ébranle les convictions des Vichyssois et fournit aux indécis des raisons de sortir de leur attentisme. L'occupation de la zone libre française n'inquiète pas Michel outre mesure, mais il ne possède pas d'agents dans cette zone ; il doit donc procéder au recrutement de personnes sûres, de toute urgence.

27 novembre 1942

La flotte française se saborde en rade de Toulon. Michel Hollard veut connaître l'étendue des dégâts et savoir si certains navires sont récupérables, mais un cordon de troupes entoure Toulon. Michel parvient à passer. Arrivé sur le quai, il bénéficie d'un aperçu du désastre : des coques submergées, des mâts et des cheminées arrachés, sur l'eau une pellicule épaisse de mazout, de la fumée partout. Tous les hôtels sont réquisitionnés par la Wehrmacht. Au culot, il entre au *Terminus* et demande une chambre. Un officier allemand accoudé au comptoir lui demande brutalement :

– Que faites-vous ici ?

– Je suis mécanicien. Je viens réparer des machines. Il y aura pas mal de travail.

L'officier semble s'adoucir.

– Vous sauriez réparer un poste de radio ?

– Certainement.

– Alors, suivez-moi.
– Attendez. Si je vous le répare, qu'est-ce que vous me donnerez ?
– Je vous paierai.
– L'argent ne m'intéresse pas.
– Alors, qu'est-ce que vous voulez ?
– Une chambre pour cette nuit dans cet hôtel.

L'officier s'adresse à l'employé de la réception :
– Donnez une chambre à monsieur. Une bonne chambre.

Une heure plus tard, l'appareil de radio est réparé. Et Michel, pour l'essayer, le branche sur la BBC, qui passe ses messages en code : « "La bière est bonne." Nous répétons : "La bière est bonne." »
– Qu'est-ce qu'il veut dire ? demande naïvement Michel.
– Je ne sais pas ! répond l'officier en tournant le bouton. Merci pour la réparation. Bonne nuit.

Et Michel trouve sa chambre avec salle de bains d'autant plus agréable que ce luxe inhabituel lui est offert par la Wehrmacht.

Début 1943, Michel Hollard reçoit la visite d'un de ses correspondants du nord de la France, Jean-Henri Daudemard, ingénieur des chemins de fer. Celui-ci a surpris dans un café une conversation entre deux entrepreneurs qui discutaient de constructions bizarres entreprises sur l'ordre des Allemands, en divers points de la Seine inférieure et notamment dans la région d'Auffray, à 40 kilomètres au nord de Rouen.
– Une deuxième ligne de défense du mur de l'Atlantique ? dit Michel.
– Je ne crois pas : ces chantiers sont tous à 30 ou 40 kilomètres de la côte, et les constructions ne sont pas

des blockhaus. Ce sont des sortes de murs, assez bas, comme des murs de fondation, et très longs, plusieurs dizaines de mètres. Ils emploient des centaines de travailleurs français, et des quantités incroyables de béton. Vous devriez aller voir.

– J'irai.

– Pour accéder au chantier, il faut montrer patte blanche.

– Je me débrouillerai.

Le lendemain, Michel Hollard se présente au Service de la main-d'œuvre de Rouen :

– Je représente la Mission protestante de France, et je souhaiterais prendre contact avec les travailleurs qui sont sur les chantiers allemands et qui ont sûrement besoin d'un réconfort moral.

– Je doute que ces jeunes qui font un boulot très pénible aient le temps de lire la Bible, répond l'employé.

– Je crois, au contraire, que l'élan spirituel ne peut que les apaiser. Où pourrais-je les rencontrer ?

– Oh ! Vous en avez à Auffray, à Tôles, à Clères, à Bosc-de-Hard… Mais on ne vous laissera pas approcher pour vendre vos brochures.

– Je verrai bien. Merci.

Le lendemain matin, vêtu d'un bleu de travail, musette en bandoulière, Michel Hollard prend le train de la ligne Rouen-Dieppe et descend à Auffray. Après avoir parcouru quelques kilomètres sur trois ou quatre routes départementales sans apercevoir le moindre chantier, il part dans la direction de Bonnetot-le-Faubourg. Et, après une marche de 5 kilomètres, il voit un espace de 200 ou 300 mètres carrés qui grouille d'ouvriers. Il s'approche. Il n'est pas question d'entrer dans le chantier sans être vu par les sentinelles ; il faut donc trouver une astuce. Il remarque alors une vieille brouette abandonnée dans un fossé au bord de la route. Sans hésiter, il se saisit de la brouette et pénètre froidement dans le chantier sous le regard indifférent des sentinelles. Il se dirige vers un groupe de travailleurs qui s'activent autour d'un bâtiment en construction.

– T'es nouveau, toi ? demande un ouvrier.

– Oui. C'est le Service de la main-d'œuvre de Rouen qui m'a envoyé. Paraît qu'il y a du boulot ici.

– Pour ça, oui.

– Qu'est-ce qu'on fait ?

– J'sais pas.

– Comment ça, tu sais pas ?

– Non. Personne ne le sait. Et faut pas poser de questions. Ce qui est sûr, c'est qu'ils sont pressés. Nous faisons les trois-huit. Et il y a des chantiers comme ça partout.

– Ah bon.

– Ouais. J'ai des copains à Yerville, au Bosc-Melet, à Branquetuit, à Abbémont, à Saint-Vaast-du-Val.

Michel reprend sa brouette et s'active de son mieux. Il s'approche, peu à peu, d'un de ces ouvrages étranges. C'est une sorte de petit mur en béton, de 50 centimètres de large sur 50 mètres de long environ et 1 mètre de haut. Mais ce mur n'est pas tout à fait horizontal : il présente une inclinaison régulière d'une quinzaine de degrés. Une longue ficelle bleue, genre cordeau de maçon, est soigneusement plaquée sur la piste et la prolonge hors du béton, comme pour indiquer une direction.

« Et si ce mur était construit selon une certaine orientation ? » se demande Hollard. Il sort une petite boussole de sa poche et la pose à terre, en faisant semblant de lacer ses chaussures. « 26° N-O. » Il reprend sa brouette, passe devant les sentinelles et s'engage dans le petit chemin.

Le soir même, dans la petite chambre qu'il a louée près de la gare de Lyon, une pièce sur cour, au premier étage, avec une corniche accessible en cas d'alerte, il déplie sur sa table une carte de la Manche comprenant la partie nord de la France et le sud de l'Angleterre. Il pose sa boussole sur le village d'Auffray et trace une ligne sur le 26e degré N-O, qu'il prolonge jusqu'à la côte. Le trait passe approximativement sur Varengeville, traverse la Manche, couvre Eastbourne en Angleterre, monte sur Crowborough et s'arrête sur... Londres.

« Londres ! La direction de Londres ! Un mur. Non, pas un mur ! Un socle pour supporter un canon, une fusée peut-être ! Ils construisent des rampes de lancement ! De lancement de quoi ? En tout cas, ils visent Londres ! »

Michel Hollard alerte alors quatre équipiers de confiance qui, avec leurs bicyclettes, parcourent la campagne, sur 30 kilomètres, parallèlement à la côte, du Pas-de-Calais à Cherbourg. Du mois d'août à la mi-novembre, ils découvrent une centaine de chantiers plus ou moins avancés. À Couville, les rampes semblent viser la Cornouaille, Cardiff, Bristol. Dans le Pas-de-Calais, les rampes pointent sur Londres.

Une nouvelle fois, Hollard franchit la frontière suisse et fait son rapport à l'attaché militaire britannique :

– Les maires des villages de la région côtière ont reçu l'ordre des Allemands de fournir un homme jeune par centaine d'habitants pour les chantiers. Une affiche collée sur les murs propose aux ouvriers de séjourner quelques mois dans un cadre sain en milieu campagnard. Très bon salaire assuré.

– Vous avez la possibilité d'infiltrer un de ces chantiers ?

– Je crois que oui.

Il semble que le vent ait tourné. L'armée allemande a capitulé à Stalingrad, Rommel est encerclé en Tunisie, le ghetto de Varsovie se révolte, la RAF fait sauter les barrages de la Ruhr ; tout cela commence à déstabiliser les dirigeants du IIIe Reich. Mais les réactions sont violentes. Le ghetto de Varsovie est écrasé. Les deux grands chefs de la Résistance française ont été arrêtés : Jean Moulin, président du Conseil national de la Résistance, et le général Delestraint, chef de l'Armée secrète. C'est un coup très dur pour tous les réseaux clandestins. De plus, le gouvernement de Vichy vient de créer la Milice, dont le chef est Pierre Laval et le secrétaire général Joseph Darnand. La Milice est aussi redoutable que la Gestapo. Michel Hollard recommande à ses hommes la plus grande prudence. Pourtant, comme l'indique le nom du réseau, il faut « agir ».

Michel a fait la connaissance peu de temps auparavant d'un jeune ingénieur, André, qui travaille à Bois-Carré et qui a manifesté plusieurs fois son envie d'entrer dans la Résistance. Un soir, il retrouve ce garçon, comme par hasard. Ils discutent de choses et d'autres, puis brusquement Michel demande ;

– Quel est exactement votre travail à Bois-Carré ?

– On m'a engagé comme dessinateur. Je dispose d'un plan général, et ma tâche consiste à dessiner des plans de détail appropriés à notre chantier.
– C'est exactement ce que je cherche. Pourrais-je avoir des copies de vos dessins ?
– J'ai bien peur que ce ne soit impossible : j'ai signé avec les Allemands un engagement de conserver le secret sur mon travail.
– Cet engagement n'a aucune valeur. Nous sommes en guerre. Votre participation à ce travail n'est pas un volontariat. Vous n'êtes pas libre. Un tel engagement ne vous lie en rien.

André le regarde.
– Vous avez sans doute raison. Je n'y avais pas réfléchi. Mais de là à faire ce que vous me demandez…
– Auriez-vous peur ?
– Je n'ai pas non plus pensé à cela. Mais maintenant que vous me le dites… Oui, je crois que j'ai peur.
– C'est naturel. Nous avons tous peur. Et moi, encore plus que les autres.

Michel marche dans la pièce ; il réfléchit longuement, puis :
– Écoutez. Vous avez la possibilité de rendre à votre pays un service, peut-être unique. Il est de votre devoir de le faire. J'ai l'obligation de vous dire que si vous refusez vous êtes aussi coupable qu'un déserteur, et on vous traitera en conséquence. Vous me comprenez ?
– Oui. Présenté de cette façon, je crois que je n'ai pas le choix.
– M'apporterez-vous ce que je vous ai demandé ?

– Laissez-moi quinze jours. Mais il me sera difficile de m'absenter de nouveau. Les Allemands refusent de nous accorder des permissions.

– Alors, voilà ce que vous allez faire. Dès le début de la semaine prochaine, vous vous plaindrez de douleurs dans la région de l'estomac. Ces douleurs seront de plus en plus violentes. Vous demanderez alors l'autorisation de vous rendre à Paris pour consulter votre médecin. Je m'occupe du reste.

De la fenêtre de son bureau, André peut observer l'ingénieur allemand qui s'éloigne pour aller aux toilettes. Il a laissé dans la poche de son imperméable le plan de la partie la plus importante de l'installation. André sait qu'il ne dispose que de trois à cinq minutes. Il n'hésite pas : il passe dans le bureau de l'ingénieur, prend le plan, jette sur un calque les lignes et les cotes essentielles et va replacer le plan dans la poche.

Le surlendemain, André et Michel se retrouvent à Paris.

– Il faudra plusieurs jours pour interpréter ces notes et dessiner un plan précis, dit André.

– Oui. Nous allons faire intervenir le Dr Raoul Monod, qui vous fera un certificat pour une prolongation de permission. Je dois avoir ces plans avant la fin de la semaine.

« Sensationnel ! s'écrie l'attaché militaire britannique. C'est notre plus belle prise ! Nos services officiels connaissent l'existence de ces "avions sans pilote". Ils ont été repérés sur une base expérimentale allemande. Mais nous n'avions pas encore associé ces engins avec la découverte des emplacements que vous révélez.

Ces aires cimentées vont servir de plates-formes de lancement de bombes volantes. Si la Royal Air Force réussit à détruire ces rampes de lancement, la Grande-Bretagne vous devra beaucoup. Vous pouvez féliciter vos équipes. Elles viennent de jouer un rôle vital. »

Si, grâce au réseau Agir, les Anglais connaissent à présent les emplacements des infrastructures ennemies, un élément essentiel leur manque encore : ils ne savent toujours pas quelle sorte d'engin cet arsenal s'apprête à lancer.

Novembre 1943

Le téléphone de Michel sonne.
– Allô ! Monsieur Hollard ? Michel ?
– Oui.
– Ici la gare de Rouen, rive droite. Le colis est arrivé. Il est à destination d'Auffray.
– Merci.

Ce message envoyé par un employé de la SNCF est extrêmement important. Il indique que l'engin énigmatique va être livré à sa base de lancement : Auffray. Pas une minute à perdre !

À Auffray, le chef de gare, René, est un membre du groupe Agir. La « livraison » se trouve dans un hangar, tout près de son bureau. Mais ce hangar est gardé par une sentinelle.

« Je dois absolument voir cet engin. Ne serait-ce que quelques minutes », dit Michel.

Il convoque l'un de ses copains, Pierre, un bon vivant qui a toujours un franc succès quand il raconte ses histoires drôles un peu salaces.
– Voilà ce qu'on va faire. Toi, Pierre, ce soir, tu t'approcheras de la sentinelle, tu lui proposeras de boire un coup et tu lui raconteras une de tes histoires ; la plus longue que tu connaisses. Pendant ce temps, j'entrerai dans le hangar. Laisse-moi dix minutes.
– Dix minutes ? C'est long !
– Pour toi, ce n'est rien. Tu nous fais marrer pendant des soirées entières. Tu veux bien devenir comédien ?
– Oui.
– Alors c'est le moment de le montrer. Débrouille-toi. Dix minutes !

La nuit est très froide en cette fin novembre. Il gèle et le ciel annonce de la neige. Ne sont dehors que ceux qui y sont obligés. La sentinelle du hangar bat la semelle lorsque se présente Pierre avec une casquette de la SNCF et une bouteille Thermos à la main. Il passe devant la sentinelle comme s'il allait aux toilettes, puis se ravise et se tourne vers le soldat :
– Fait froid, hein ?
– *Ja.* Froid, beaucoup.
– Tu veux un peu de café ? Café ! Bien chaud. Ça remonte les testicules.
– Testicules ? répète l'autre sans comprendre.
– Oui. Ça chauffe les burettes.
– Ah ! *Ja !* burette. Très bon, café.
Et Pierre lui passe la Thermos. La sentinelle boit deux ou trois longues rasades et semble apprécier le breuvage revigorant.
– *Sehr gut !*

– Eh oui, mon vieux. Tu connais l'histoire de la bonne femme qui fait réchauffer le café trois fois ?
– Histoire ?
– Oui. Histoire drôle.
– Drôle ?
– Rigolote. Comique.
– Ah ! *Komik ! Du ?*
– *Ja, ich. Sehr komik !*

Les deux hommes s'esclaffent. Et Pierre enchaîne plaisamment :
– C'est l'histoire d'une femme qui ne veut pas coucher avec son mari.
– Coucher ?
« Ça va pas être de la tarte », pense l'amuseur, qui continue :
– Oui, coucher, l'amour ! *Liebe…*
– Ah ! *Ja, ja !*
– Alors, le soir, chaque fois qu'elle doit passer à la casserole, elle fait du café bien fort, bien chaud, et elle en refile une tasse à son mari. Compris ?
– *Ja.* Café bien chaud. Le mari.
– Mais le café, ça endort le mari. Parce que la caféine, ça lui fait l'effet contraire. Alors il s'endort, il ronfle… Ronfler ? *Verstehen ?*
– *Ja,* ronfler : *sägen.*

Il imite le porc.
– C'est ça, oui.

Pendant ce temps, Michel Hollard est entré dans le hangar au milieu duquel se trouve une énorme caisse à claire-voie. « Une bombe ! Une énorme bombe ! » À grandes enjambées, il en mesure la longueur approximative ; « 7 ou 8 mètres ! » Dans une autre caisse se trouvent des éléments plats, rectangulaires, comme une petite voilure d'avion. Et aussi une sphère de 0,85 mètre, une tubulure évasée d'un côté et resserrée de l'autre. Pas de doute, ce sont les pièces détachées d'un engin volant. Michel relève soigneusement les cotes.

Dehors, Pierre tient toujours le crachoir à la sentinelle, qui visiblement a décroché et donne des signes d'impatience. Pierre doit précipiter la fin de son histoire.

– Alors comme le mari roupille profondément et ronfle comme un sonneur, la femme s'approche et siffle dans ses oreilles, comme ça !

Il lance un coup de sifflet strident.

Dans le hangar, Michel a entendu l'appel. Il ressort au plus vite et se fond dans la nuit.

À l'ambassade de Grande-Bretagne à Berne, l'attaché militaire regarde avec une grande attention les plans que Michel Hollard vient de lui apporter. « Nous ne connaissions que le profil d'un prototype par les observations de terrain faites dans un centre de la Baltique, mais, grâce à vos renseignements, nous avons maintenant le portrait de l'engin de série prêt à être utilisé. »

De fait, la base expérimentale située à 100 kilomètres de Berlin, sur les rives de la mer Baltique, a été construite en 1936 et est dirigée par Wernher von Braun et Walter Dornberger. Ce centre immense qui emploie plus de 12 000 personnes était, au début de la guerre, le plus moderne de la planète *(voir le chapitre « Le passé douteux du père du programme spatial américain »)*.

Un premier prototype de V1 a pris son envol le 24 décembre 1942. Il a parcouru une distance de

3 kilomètres. Le 26 juin 1943, avec le lancement du soixante-cinquième engin, la bombe V1 a parcouru 234 kilomètres.

Hitler en veut 50 000 pour raser Londres et anéantir l'Angleterre. Mais la production ne peut guère commencer, en cette fin d'année 1943, car les nouvelles militaires ne sont pas bonnes pour le Reich conquérant. En Italie, le général italien Badoglio se range du côté des Alliés. À l'Est, l'Armée rouge passe à l'offensive. Hitler ne peut envoyer de renforts, craignant un débarquement à l'Ouest. À la conférence de Téhéran, Staline, Roosevelt et Churchill partagent déjà la future Allemagne vaincue. Les directives suivantes sont données à l'aviation alliée : « Les principaux objectifs de nos raids demeurent la destruction et l'élimination progressive du système militaire, industriel et économique allemand, ainsi que les voies de communication essentielles d'Allemagne. »

Des villes entières sont rayées de la carte. Dès lors, comment une industrie lourde devant produire des quantités de V1 pourrait-elle exister ? De modestes unités cachées ne peuvent que travailler « à la petite semaine ». La production massive ne pourra pas commencer en 1943.

Fin novembre 1943

À présent, l'attaché militaire britannique est en mesure de donner des explications détaillées à Michel Hollard.

– Vos plans et votre dessin de l'engin sont très clairs. C'est ce que Hitler appelle la *Vergeltungswaffe*, l'« arme

de représailles », l'arme secrète que le Reich veut utiliser en ultime recours pour retourner la situation.
– Ce sont donc des bombes volantes ?
– Des bombes autopropulsées à grand rayon d'action.
– Et Londres est bien l'objectif ?
– Oui. Ces engins de 5 tonnes sont lancés sur les rampes que vous avez repérées puis stabilisés par gyroscope et mis en piqué sur l'objectif grâce à un système de compte-tours à hélice réglé avant le départ. Ce dernier, en stoppant le propulseur et en interrompant l'arrivée du carburant au gicleur, produit la chute de l'engin. Et le contact au sol déclenche les 500 kilos d'explosif. Cette arme peut faire des dégâts considérables. Toutefois, nous pensons qu'elle a quelques faiblesses. D'abord, elle ne peut pas dépasser 500 ou 600 kilomètres/heure de croisière ; c'est la vitesse à laquelle volent nos avions de chasse, qui peuvent donc l'abattre. Ensuite, elle ne peut dépasser 1 000 mètres d'altitude ; la DCA peut donc l'atteindre. Il n'empêche que notre meilleure défense contre ces engins consiste encore à les détruire au sol avant leur départ. C'est ce à quoi va s'employer l'aviation alliée dès les prochaines semaines. Grâce à vous, beaucoup de cibles sont connues. Si nous gagnons cette guerre, monsieur Hollard, la ville de Londres vous devra beaucoup.

Décembre 1943

D'après les renseignements fournis par le groupe Agir, la Royal Air Force effectue des reconnaissances photographiques et découvre 69 sites, du Pas-de-Calais à Cherbourg.

Winston Churchill déclenche aussitôt l'opération *Arbalète*: tous les sites repérés sont systématiquement détruits. Les forces aériennes alliées ont renoncé provisoirement à s'attaquer à tout autre objectif pour ne s'occuper que des rampes de V1. On serait tenté de penser que l'aviation de reconnaissance aurait pu s'occuper du travail de repérage bien plus tôt; mais la flotte alliée était accaparée par d'autres missions urgentes. N'oublions pas qu'à cette époque l'Allemagne est pilonnée tous les jours; l'aviation de reconnaissance doit photographier les objectifs avant et après tous les bombardements. De plus, les états-majors ne tiennent pas à attirer l'attention des Allemands sur la Normandie par des raids trop fréquents. Enfin, les rampes, souvent dissimulées dans des clairières, dans des fermes, sont difficiles à repérer par avion. Le travail du réseau Agir a donc été capital.

Les Allemands n'ont plus le choix: ils doivent réviser leur stratégie et éviter de construire des bases trop visibles. Alors, très rapidement, ils se mettent à fabriquer des rampes mobiles sur support métallique et montables en quelques heures. Les Alliés appellent ces bases légères les « Belhamelin » – c'est le nom du village du Cotentin où elles ont été repérées par le réseau Agir, le 10 mars 1944. Ces bases sont livrées prêtes à tirer, prémontées dans des centres secrets comme celui d'Yvetot-Bocage, près de Valognes.

Berne, fin décembre 1943

– Monsieur Hollard, vous avez effectué avec votre réseau un immense travail qui porte actuellement ses fruits. Nous possédons maintenant la documentation qui constitue le fondement de notre savoir concernant le nouvel armement ennemi. J'ai le plaisir de vous annoncer qu'en gage de reconnaissance mon pays s'apprête à vous décerner une distinction exceptionnelle. Mais, en observant votre mine, je me demande combien de temps vous résisterez à un régime aussi étourdissant. Il faudrait vous détendre. Veuillez accepter que nous vous offrions un séjour à la montagne.

– Cette proposition me touche beaucoup et m'honore, monsieur, mais je ne puis accepter quoi que ce soit avant que ma mission ne soit achevée. Il m'est impossible d'abandonner mes agents. Mes traits sont peut-être tirés, mais je suis encore valide. Je dois m'assurer que toutes les rampes de lancement ont été détruites.

Ce que Michel Hollard ignore, c'est qu'il a été repéré par les services spéciaux allemands, qui lui laissent une certaine liberté d'action pour connaître l'ampleur de son réseau.

Un jour de janvier 1944, un certain comte de Kergouat, ingénieur aéronautique, et soi-disant inventeur d'un dispositif d'atterrissage d'avion sur terrain court, déclare vouloir en faire bénéficier les Alliés. Une personne plus ou moins bien intentionnée le met en rapport avec Hollard, qui ne mord pas à l'hameçon. Mais, le soir du 5 février 1944, il arrive à son rendez-vous habituel, le *Café des chasseurs*, près de la gare du

Nord, où trois hommes l'attendent. À peine est-il assis qu'il est encadré, embarqué et conduit à la Direction des interrogatoires spéciaux. Après avoir subi les pires tortures, un officier allemand lui fait savoir que son cas a été examiné par un tribunal militaire qui l'a condamné à la peine de mort. Hollard connaît son sort depuis longtemps. Il n'est guère abattu. Il rassemble ses forces pour élaborer un plan d'évasion. Après trois mois de détention, on lui annonce que sa peine a été commuée en déportation dans un camp allemand. Quelques jours plus tard, il arrive au camp de Neuengamme, près de Hambourg.

6 juin 1944

Dans la nuit, 6 697 navires ont quitté les ports britanniques de la côte sud avec pour mission de conquérir la forteresse européenne ; 14 000 bombardiers et avions de chasse les soutiennent. La nouvelle se répand partout en Europe, en quelques heures.

10 juin 1944

Les Alliés sont sur le sol français, mais Michel Hollard sait que la guerre n'est pas finie : les Allemands sont encore en mesure d'atteindre Londres avec leurs avions sans pilote et avec une arme encore plus récente, les fusées V2. En effet, les premières explosions de V1 à Londres ne se produisent que le 13 juin 1944...

Hitler avait donné des ordres pour que l'attaque débute le 15 décembre 1943 et se déroule selon un débit mensuel de 5000 bombes volantes. Si ce plan avait été mis à exécution, Londres aurait reçu au total près de 50000 bombes volantes, alors que 9200 ont été effectivement lancées et que un millier seulement ont atteint leur objectif, du 13 juin au 31 août 1944. Elles ont quand même fait de nombreuses victimes dans la capitale britannique et ailleurs. Les dégâts matériels ont été importants, mais pas suffisants pour créer la panique espérée par le Führer. Il faut dire que la DCA anglaise avait réglé ses batteries sur les trajectoires obligées des engins et pouvait les descendre comme à la foire. De plus, les chasseurs alliés, dont certains volaient à 700 kilomètres/heure, les mitraillaient à bout portant. Une autre tactique consistait pour l'avion de chasse à s'approcher de la fusée V1 jusqu'à toucher son aileron, ce qui était suffisant pour dérégler le pilote automatique et la faire plonger dans la mer.

18 avril 1945

L'étau allié se referme sur le Reich.

À 16 heures, la 69e division de la Ire armée américaine et la 58e division de la garde ukrainienne ont fait leur jonction sur l'Elbe. Les Américains ne sont plus très loin du camp de concentration de Dachau, et les Soviétiques vont pouvoir libérer les déportés de Ravensbrück.

Mais les prisonniers de Neuengamme auront un autre destin. Ils vont être – disent leurs geôliers –

« évacués » par bateau vers la Suède, où la Croix-Rouge les prendra en charge. En réalité, ils sont embarqués dans la cale d'un vieux rafiot, qui est destiné à être coulé, comme les autres bateaux-prisons remplis de déportés. Les bombardiers de la Royal Air Force, apercevant le convoi allemand dans la baie de Lübeck, attaquent et coulent la plupart des bâtiments.

Presque tous les prisonniers sont tués ou noyés. Un petit nombre cependant réussissent à s'accrocher à des épaves et à se laisser porter jusqu'à la côte, où ils sont recueillis par… les Anglais. Les rescapés prennent place dans des camions qui démarrent aussitôt et vont s'arrêter sur un quai le long duquel sont accostés deux navires, le *Magdalena* et le *Lily Mathessen*. En file indienne, les prisonniers montent à bord sans chercher à comprendre et se retrouvent dans des compartiments propres et spacieux. Que s'est-il donc passé ?

Cette tragédie inattendue est le résultat d'un arrangement d'ordre local entre les Suédois et le commandement allemand. Depuis des semaines, le comte Bernadotte négociait avec Himmler pour obtenir la libération de tous les prisonniers politiques. Il avait réussi à sauver presque tous les Scandinaves et avait obtenu aussi la libération des 20 000 détenus de Neuengamme. Malheureusement, la décision de noyer en mer tous les prisonniers avait été prise par les SS. Seul le hasard ou la chance venait de laisser en vie une trentaine de ces sacrifiés, parmi lesquels se trouvait Michel Hollard.

Le lendemain, Mme Hollard reçoit à Paris la visite d'une personnalité britannique, qui lui annonce : « Madame, j'ai l'immense joie de vous annoncer que votre mari est vivant. Il est en ce moment en Suède, et son état nécessite quelques jours de repos. La nouvelle a été portée à la connaissance de Sa Majesté le roi d'Angleterre, qui a décidé de décerner au capitaine Hollard la croix du Distinguished Service Order. »

1980

Une délégation des représentants des Français libres est reçue par Sa Majesté la reine mère en son château de Lancaster. Michel Hollard est parmi les invités alignés sur le parcours que doit emprunter la reine. Le chef du protocole a recommandé à Michel Hollard d'épingler à son revers la croix du Distinguished Service Order. Lorsque la Reine passe, elle s'arrête devant Michel Hollard et dit simplement :

– Merci, monsieur.

– Majesté, c'est à Sa Majesté le roi George VI que je dois l'attribution de cette distinction rare.

Elle le regarde et demande :

– Vous êtes donc le colonel Hollard ?

– Oui, Majesté.

– L'homme qui a sauvé Londres !

Elle hoche la tête doucement et reprend sa marche.

Sources

Doré Christian et Dufour Norbert, *L'Enfer des V1 en Seine-Maritime,* Éditions Bertout, 1993

Hollard Florian, *Michel Hollard, le Français qui a sauvé Londres,* Le Cherche-Midi, 2000

Archives de l'INA
Entretiens de Stéphane Cosme avec Michel Bénichou, Norbert Dufour et Édouard Husson, historien, 2003

LE TRÉSOR
DES RÉPUBLICAINS ESPAGNOLS EN FRANCE

23 décembre 1938

Depuis deux ans et demi, la guerre civile déchire l'Espagne. Les militaires d'extrême droite ont déclenché un coup d'État contre le gouvernement républicain de Madrid. Sous la conduite du général Franco, et avec l'aide des Allemands et des Italiens, les troupes nationalistes ont conquis une grande partie du pays.

Pendant que Hitler annexe l'Autriche et les Sudètes, que Mussolini occupe l'Éthiopie, en Espagne, les nationalistes resserrent l'étau sur la Catalogne. Barcelone est isolé de la capitale, Madrid.

C'est en cette veille de Noël, au moment même où le pape demande une trêve, que la grande attaque commence. On peut estimer les forces nationalistes à 300 000 hommes. Les républicains disposent de 200 000 hommes. C'est en réalité plutôt par le matériel que la supériorité des franquistes est écrasante : leurs blindés anéantissent toutes les lignes de défense.

Dès les premiers jours de janvier 1939, le commandant en chef de l'armée républicaine, Hernandez Sarabia, fait savoir au chef du gouvernement Negrin qu'il ne lui reste plus que 37 000 fusils pour toute la Catalogne. Les renforts envoyés de Valence n'arrivent pas. Le gouvernement républicain appelle sous les drapeaux les hommes de dix-sept à cinquante-cinq ans, mais le cercle se referme : les franquistes s'emparent de Tarragone et, pendant que l'on célèbre la messe de minuit dans la cathédrale, dans les rues la répression commence.

La population s'affole. Le gouvernement français ouvre sa frontière pour permettre la livraison de matériel de guerre, mais il est trop tard. Les places et les rues de Barcelone grouillent déjà de plus de un million de réfugiés qui fuient devant les troupes nationalistes. C'est la défaite, la déroute, le désespoir de tout un peuple qui se croyait invincible. Dans la capitale catalane, bourgeois, ouvriers, soldats, paysans, anarchistes, tout le monde ne pense qu'au moyen de s'enfuir vers le nord, vers la France. Les raids aériens des nationalistes pilonnent le port et coulent les navires prêts au départ. Le front craque de toutes parts. La chute de Barcelone ne fait plus de doute. Negrin et son gouvernement, les leaders communistes, les chefs de l'armée républicaine et les hauts fonctionnaires se transportent d'urgence à Gérone. La ville de Barcelone est méconnaissable : depuis plusieurs jours, on ne ramasse plus les ordures, les rues sont jonchées d'immondices, transformées en cloaques, les rats pointent leur nez, les bandes de pillards cassent les vitrines.

Le 26 janvier au matin, le nord et l'ouest de Barcelone sont investis. À midi, l'occupation de la ville commence. À 16 heures, tous les principaux bâtiments officiels sont occupés. Dans les rues désertes, abandonnées par les républicains, ceux qui ont souhaité la victoire des nationalistes sortent prudemment et applaudissent timidement. Toute la Catalogne est dans la confusion. Le rempart de la république s'est effondré soudainement. Un déplacement de population sans précédent commence ; il semble que la Catalogne entière soit en marche. Toutes les routes, tous les villages sont encombrés d'une population hagarde qui se dirige vers la frontière française. Des êtres humains de tous les âges meurent au bord des chemins. À contrecœur, le gouvernement français permet alors l'ouverture de la frontière, uniquement aux civils.

Fin janvier

En Catalogne, des représailles terribles sont exercées sur les républicains. La France n'a plus le choix : elle doit ouvrir sa frontière aux soldats républicains en déroute, et 250 000 combattants viennent s'ajouter aux 300 000 civils déjà en route. Au poste-frontière du Perthus, on désarme ces hommes. Pour eux, tout est perdu, même l'espoir. Beaucoup tentent de franchir la chaîne des Pyrénées en évitant les postes gardés. Ils se lancent alors dans des marches interminables, dans des vallées enneigées qu'ils ne connaissent pas, la plupart du temps sans guide, allant droit à la mort. Ils sont affamés, en guenilles, mais dignes.

En France, devant cette marée humaine, on établit d'abord un centre de triage au Boulou. Puis les femmes et les enfants sont dirigés vers d'autres coins de France. Les familles se trouvent séparées. Les hommes entrent dans des camps, à Argelès, à Saint-Cyprien, à Barcarès ; dans les dunes, en bordure de mer, derrière les barbelés, cette foule va tenter de survivre. Les réfugiés creusent des trous, comme des bêtes, pour s'abriter. La surveillance des camps est assurée par des tirailleurs sénégalais et des gardes mobiles. Les premiers jours, il n'y a ni vivres ni eau potable. Les blessés ne reçoivent aucun soin, les installations sanitaires font complètement défaut.

On a adressé de véhéments reproches au gouvernement français, qui n'a pas su faire face immédiatement à cet événement. Mais il faut avouer que la tâche qui consiste à pourvoir, au pied levé, à l'arrivée et à l'installation de 400 000 personnes représente un tour de force.

1er février 1939

Aux Cortes, 62 députés, le résidu de l'ancien Parlement, se réunissent dans le donjon du vieux château de Figueras, dernière ville avant la frontière. C'est Diego Martinez Barrio qui préside la séance. L'objectif est de faire cesser la guerre. Mais à quelles conditions ? La première semble déjà irrecevable par Franco. Il s'agit du « droit du peuple à choisir son gouvernement ; pas de poursuites ». Jamais les nationalistes, vainqueurs sur toute la ligne, n'accepteront cela.

– S'ils n'acceptent pas, que faisons-nous ? demande Negrin.
– Nous continuons la guerre.
– Jusqu'où ?
– Jusqu'au dernier village espagnol avant la frontière, et au-delà de la frontière, s'il le faut. Déjà nos compagnons Azana, Aguirre, Caballero et d'autres leaders sont passés en France pour préparer notre arrivée.
– Je dois rencontrer les ministres français et anglais pour tenter une médiation, dit Negrin.
– Et au cas où elle n'aboutirait pas ?
– La République s'installera à Valence.
– Que faire des tableaux du Prado qui ont été transférés ici, à Figueras ? demande un député.
– C'est prévu. Des camions les emporteront, dès demain, à Genève. Nous les confions provisoirement à la Société des Nations pour le compte du peuple espagnol.
– Ainsi s'éloignent nos Goya, nos Vélasquez, nos Titien, nos Rubens !
– Plutôt les savoir loin qu'aux mains des franquistes.

Et des milliers de réfugiés voient passer, sans les identifier, les chefs-d'œuvre d'un des plus beaux musées du monde.

5 février 1939

Gérone, la Venise catalane, tombe aux mains des franquistes. Le 8, ils sont à Figueras. Le même jour, leurs éléments avancés entrent en contact avec l'arrière-garde républicaine. Le 10, des troupes nationalistes se répartissent sur toute la longueur de la frontière française et la bouclent ; les réfugiés ne passent plus en France.

La campagne de Catalogne est terminée ; le monde entier pense alors que la guerre d'Espagne aussi. Le 13 février, Franco promulgue un décret visant toutes les personnes « coupables d'activités subversives » ou qui se sont opposées au gouvernement nationaliste. Ce décret donne pratiquement carte blanche aux autorités pour tirer vengeance des personnes auxquelles il s'applique. C'est le début d'une purge rigoureuse et totale. Comme de nombreux émigrés italiens sont touchés par ces mesures et que l'on demande à Mussolini si certains de ses ressortissants ayant combattu dans les rangs nationalistes méritent l'indulgence, il répond : « Qu'on les fusille tous ! Les morts ne racontent plus rien. »

Il se trompe. Les morts sont parfois bavards.

22 février 1939

Le premier ministre anglais Neville Chamberlain estime que les garanties d'équité des franquistes sont suffisantes pour reconnaître leur gouvernement. De son côté, la France accepte de restituer à l'Espagne nationaliste tous les biens nationaux qui ont été transportés en France : 8 millions de livres sterling en or conservés à Mont-de-Marsan, tout le matériel de guerre, les œuvres d'art et les documents.

Le 27 février, la France et la Grande-Bretagne reconnaissent officiellement le gouvernement nationaliste de Franco. Attlee, en Grande-Bretagne, condamne la manière détournée par laquelle Chamberlain et Daladier se sont inclinés, encore une fois, devant les adeptes du recours à la force. Leur politique d'apaisement en Europe ne témoigne que d'une faiblesse qui encourage Hitler, Mussolini et autres dictateurs à poursuivre leur escalade.

L'effondrement de la Catalogne prive l'ensemble de l'Espagne de 70 % de ses matières premières. Il ne reste plus à l'armée républicaine du centre – qui se bat encore – que 40 avions, peu d'artillerie et encore moins d'armes automatiques, tandis que les nationalistes alignent au sud de Madrid 32 divisions avec des masses de canons et de chars, ainsi qu'une centaine d'avions. Si l'aide allemande et italienne parvient régulièrement aux nationalistes, l'aide de l'URSS aux républicains se fait attendre : 10 000 mitrailleuses, 600 avions et 500 canons se trouvent, dit-on, à Marseille et n'attendent que leur transport par bateau, mais les chefs républicains n'ont qu'une confiance limitée en cette opération, car la Méditerranée ne leur appartient plus.

L'agonie de l'Espagne républicaine va encore durer un mois. Les résistances régionales sont écrasées les unes après les autres. Le 29 mars, Valence, la dernière ville républicaine, se rend. Le slogan *No pasaran* (« ils ne passeront pas ») est remplacé par *Han pasado* (« ils sont passés »).

1er avril 1939

À 23 h 15, la radio nationale espagnole diffuse le communiqué suivant : « Aujourd'hui, après avoir fait prisonnière l'Armée rouge espagnole, les troupes nationales ont atteint leur dernier objectif militaire. La guerre est terminée. Le généralissime Franco. »

La guerre civile espagnole est finie, mais va commencer une autre histoire qui est l'une de ses séquelles.

On se souvient que, lors de l'exode, début février, des flots de réfugiés catalans marchaient sur les routes en direction de la France. On se souvient que, le 22 février, le gouvernement français a accepté de restituer à l'Espagne franquiste tous les biens nationaux qu'elle avait en garde : 8 millions de livres sterling en or, le matériel de guerre et les œuvres d'art. Les 8 millions de livres se trouvaient à Mont-de-Marsan et les tableaux du Prado étaient à l'abri en Suisse. Mais il est fait état d'un autre trésor plus important qui serait passé en France le 7 ou le 8 février dans « plusieurs camions ». Et l'un de ces camions ne serait jamais arrivé à destination.

Lorsqu'on parle de ce « trésor des républicains espagnols », s'agit-il des 8 millions de livres entreposées à Mont-de-Marsan ? Si oui, ce trésor est connu et bien réel. Mais s'il s'agit d'un autre trésor, quel est-il ? Expédié en France par qui et comment ? Si les camions chargés d'or sont partis en même temps que les tableaux du Prado, ils sont partis le 3 ou le 4 février de Figueras, où les tableaux étaient entreposés. Or, le 8 février, les Navarrais de Franco sont à Figueras.

Donc, si un trésor était dans cette ville, il y était du 2 au 7 février, au plus tard. D'ailleurs, le 10 février, la frontière était bouclée sur toute sa longueur.

Essayons de reconstituer la succession des événements.

Le 7 février 1939, on a l'impression que toute la Catalogne est en exode. Certains réfugiés ont préféré prendre la route côtière par Llanca, Cerbère, Banyuls, Port-Vendres, Collioure, Argelès. Les autres, le plus gros de la population, ont passé la frontière au Perthus, provoquant des embouteillages monstres de plusieurs dizaines de kilomètres. D'autres encore, voulant éviter la foule, se sont écartés des routes, ont pris des chemins, des sentiers de montagne, et se sont retrouvés dans des vallées, des cols plus ou moins impraticables en cette saison. Toutes ces scènes pitoyables rappellent les tableaux les plus sinistres de Goya. Une chose est certaine : si un trésor est parti en camion pour la France, il n'a pu passer que par Le Perthus ou par Cerbère, charnières des deux seules routes existantes.

Le gouvernement républicain aurait donc donné l'ordre, le 7 ou le 8 février, de transporter en France un trésor de guerre se trouvant alors à Valence. On parle de « sept camions qui auraient emporté 350 kilos d'or ». Pourquoi *sept* camions ? Pour partager les risques du voyage, peut-être. La manœuvre reviendrait plutôt à les multiplier dans cette panique générale… mais admettons.

Ce trésor devait servir à payer le matériel de guerre livré par l'URSS. Il est question, on l'a vu, de 10 000 mitrailleuses, de 600 avions et de 500 canons ; 8 millions de livres, même en or, semble une somme trop modique pour payer la facture…

Diverses versions de l'histoire et le temps passé ont passablement modifié les données. Dans un livre de Robert Charroux[1], le trésor a considérablement augmenté : « Le trésor de guerre de la République espagnole était de 586 tonnes d'or contenues dans 7800 caisses, et représentait 600 milliards de francs anciens. Ce trésor était stocké au début de 1939 dans les caves de Valence. » Diable ! Nous passons de 350 kilos d'or à 586 tonnes !

Robert Charroux nous propose la version qui lui a été livrée par un témoin espagnol de l'époque : « En mars 1939[2], un camion chargé de 9 à 12 tonnes d'or enfermé dans des caisses cerclées réussit à passer la frontière à Cerbère, sans être inspecté. À bord avaient pris place un officier et deux soldats qui réussirent à conduire le véhicule sur la route d'Argelès à Perpignan. À Elne, ils prirent la D40, passèrent par Latour-Bas-Elne puis à Saint-Cyprien, s'engagèrent sur la D22, revinrent sans s'en rendre compte vers le sud jusqu'à un mauvais chemin de terre qui menait à la côte, dans un endroit marécageux. Ils contournèrent une ferme, continuèrent leur route vers la mer et, ne pouvant aller plus loin, s'arrêtèrent à environ 800 mètres du rivage. La nuit était venue et ils n'avaient aucune idée de leur position géographique, sauf qu'ils se trouvaient en territoire français, dans une zone sableuse et marécageuse. C'est là qu'ils décidèrent d'enterrer leur butin, après avoir, tant bien que mal, effectué un repérage. Ils passèrent une grande partie de la nuit

1. *Trésors du monde,* Éditions Fayard, 1972.

2. Février 1939 en réalité.

à transporter les caisses et à creuser une tranchée presque en bordure du rivage. Chaque caisse contenait trois lingots de 24 kilos. Le travail terminé, les trois soldats conduisirent le camion loin dans la campagne, l'abandonnèrent et, au petit jour, se présentèrent aux autorités et se laissèrent interner à proximité de leur cache, en attente de jours meilleurs. »

Voilà ce qu'aurait raconté l'un des soldats républicains espagnols, Vicente, à Robert Charroux, le 13 mai 1957.

Pourquoi avoir confié son histoire à un chercheur de trésors ? Peut-être parce que Vicente, l'un des voleurs du camion, est le seul parmi eux qui ait survécu à la guerre de 1939-1945. Lorsqu'il revient sur les lieux, l'endroit a considérablement changé. Il ne reconnaît plus rien. Ses points de repère ont disparu. De plus, Vicente ne tient pas à réveiller cette histoire, qui a alors presque vingt ans : il craint de voir surgir les « ayants droit » de l'affaire – l'Espagne franquiste, l'URSS et la France. Vicente veut récupérer son trésor sans alerter les pouvoirs publics. Encore faudrait-il savoir où ce trésor est enterré. C'est pour cette raison que Vicente confie son histoire à des hommes qui savent tenir un secret et qui sont bien équipés pour la recherche : ils possèdent des détecteurs de métaux et peuvent passer la plage au peigne fin.

Donc, en juillet 1957, une petite équipe de chercheurs de trésors arrive sur les lieux. Les détecteurs permettent de trouver rapidement des tas d'objets, des boîtes de conserve, des petits bijoux perdus sur la plage, des obus même, mais point de caisse d'or.

En 1958 et 1959, Vicente vient rejoindre l'équipe de chercheurs et se décide à raconter une version un peu différente de son histoire : en réalité, le camion contenant le trésor aurait été volé non pas par trois hommes, mais par huit, qui, après avoir enterré les caisses et avant de se séparer, ont fait le serment solennel de se retrouver à Argelès quelques années plus tard, et de ne déterrer le trésor que lorsque tous les protagonistes seraient présents. Malheureusement, quatre d'entre eux disparurent à la guerre ; un autre émigra au Mexique, le sixième fut tué en attaquant une banque, et le septième avait trouvé une belle situation, il avait fondé une famille et ne voulait plus parler de cette affaire dangereuse. Vicente se retrouvait donc seul. Les chercheurs de trésors lui demandèrent alors de rassembler tous ses souvenirs et de bien reconstituer les faits de cette nuit de février 1939.

« Nous étions en bordure de mer, dit-il. Nous creusions avec une main dans le sable et l'autre quasiment dans l'eau. » Cela est certainement inexact : un sous-lieutenant chargé du maintien de l'ordre dans les camps d'internement d'Argelès et de Saint-Cyprien a précisé qu'une bande d'une trentaine de mètres à partir du bord de mer était interdite aux réfugiés, car réservée à la circulation des patrouilles de surveillance.

Une question préalable doit être posée : en 1939, où se situait exactement le bord de mer ? Car le rivage se modifie en permanence. Renseignements pris auprès des spécialistes et des marins de Saint-Cyprien, la mer recule dans cette zone de 1,60 mètre par an en moyenne. Donc, de 1938 à 1958, elle aurait reculé de plus de 33 mètres. Le profil des dunes évolue. Le trésor, si trésor il y a, était peut-être enfoui à 2 mètres de profondeur. Révélation plus décourageante encore pour les chercheurs : les bulldozers venaient régulièrement chercher du sable, et plusieurs villas étaient en voie de construction…

La belle histoire du trésor des républicains espagnols aurait pu se terminer là. Mais quatorze ans plus tard, en 1972, Radio France me confia[1] la production d'une série d'émissions sur les chercheurs de trésors. C'est avec eux que je découvris le terrain historique de Saint-Cyprien, où les détecteurs se remirent en marche durant plusieurs nuits. En vain. Mais la déception et le découragement sont des sentiments qui n'existent que rarement chez les chercheurs de trésors…

Octobre 1997

Vingt-cinq ans ont encore passé. Le reporter Stéphane Cosme me propose un sujet d'émission : le « trésor des républicains espagnols ». C'est un électrochoc dans ma tête ; le compteur de ma mémoire se rembobine rapidement. Y aurait-il du nouveau ? Cinquante-huit ans après les faits ? « Peut-être ! » me dit Stéphane. Et il part pour le Roussillon.

Tâchons de retrouver le fil, non pas du mythe, mais du récit, plus ou moins historique.

Fin 1938, ce qui reste du trésor de guerre des républicains espagnols se trouve à Valence ou à Barcelone. Mais Barcelone va tomber. Le gouvernement de Negrin

1. C'est l'auteur de ces lignes qui parle.

transfère le trésor à Figueras. Et c'est à une quinzaine de kilomètres de cette ville, à La Vajol, un petit village, que l'on va cacher le trésor dans une ancienne mine où l'on a aménagé un bunker. (Ce sont des faits tangibles puisque notre reporter sera conduit sur les lieux par un témoin direct de l'époque.)

Le trésor arrive donc dans cette mine dans les premiers jours de février 1939. Mais les événements se précipitent : les villes catalanes tombent les unes après les autres. Le gouvernement n'a plus le choix : il faut évacuer le trésor en France.

Des camions viennent donc chercher le trésor à La Vajol. Direction : Figueras. Là encore nous avons une certitude, car nous nous appuyons sur le témoignage d'un des hommes qui ont escorté les camions dans ce court trajet. C'est après Figueras que tout s'obscurcit : les camions auraient bien tous franchi la frontière, sauf un ! On ne sait pas ce qu'il est devenu.

Les témoins de 1997 avancent une autre hypothèse : « Le septième camion ne s'est pas arrêté sur la plage de Saint-Cyprien, en France ; il n'a même pas franchi la frontière, pour la simple raison qu'il n'y avait pas de septième camion. Le trésor des républicains espagnols – ou une partie – a passé la frontière sur les petits sentiers, par les cols de Llias, de Maureillas, pour arriver au Boulou ; ou bien par le col de la Brousse pour arriver à Céret. Les émigrés sont passés partout. »

Si des hommes chargés d'or ont emprunté ces sentiers, lesquels exactement, et où sont-ils arrivés ? Eux seuls pouvaient le dire… et encore !

Le témoin qui nous accompagnait en 1997 a fait toute la guerre d'Espagne comme artilleur, du côté républicain. Il a combattu jusqu'à la chute de Barcelone, puis, comme beaucoup, il est parti et a passé la frontière au Perthus et s'est retrouvé dans le camp d'internement d'Argelès, où il a vécu des mois. Or, dans ce camp, on ne parlait pas du tout du trésor de guerre. Les prisonniers enterraient leurs petits magots personnels, mais ils ne pensaient pas avoir un immense trésor sous les pieds.

Faut-il en conclure qu'il n'y a jamais eu de trésor républicain espagnol sur cette plage ? Peut-être. Mais alors, comment se fait-il que circulent encore des rumeurs sur certaines personnes qui se seraient brusquement enrichies ? On parle d'un certain douanier, on parle des 76 officiers de la brigade républicaine Lister basée à Banyuls qui, en 1939, auraient volé 130 kilos d'or et 125 kilos de bijoux. Pourquoi ont-ils été condamnés à deux ans de prison et à 18 millions de francs d'amende, puis blanchis par la cour d'appel de Montpellier ?

C'était il y a soixante-dix ans. La guerre civile espagnole s'achevait ; la Seconde Guerre mondiale commençait.

Sources

Archives de l'INA, émission « Histoires possibles et impossibles » Entretiens de Stéphane Cosme avec Guy Hermet, professeur à l'Institut des sciences politiques de Paris, Alberto Scadala, Vincent Arbiol, Honoré Prats et Girald, maire de La Vajol

L'AFFAIRE GUINGOUIN

17 juin 1940

Le maréchal Pétain fait entendre sa voix chevrotante à la radio : « C'est le cœur serré que je vous dis aujourd'hui qu'il faut cesser le combat. »

18 juin 1940

À Londres, la BBC diffuse un message du général de Gaulle : « J'invite les officiers et les soldats français qui se trouvent en territoire britannique ou qui viendraient à s'y trouver, avec leurs armes ou sans leurs armes, à se mettre en rapport avec moi… »

Que croire ? Qui croire ? Le vieux vainqueur de Verdun ou le fougueux général inconnu qui appelle à la rébellion ?

Sur son lit d'hôpital, à Moulins, Georges Guingouin a-t-il entendu ces deux appels ? Il semblerait que non.

Georges Guingouin est un jeune homme de vingt-sept ans, instituteur à Saint-Gilles-les-Forêts (Haute-Vienne). Il vient d'être blessé à l'arcade sourcilière. L'hôpital militaire de Moulins est relativement calme, mais on se bat encore dans certains secteurs. Ce sont les derniers sursauts d'une armée en déroute. Les Allemands sont à Paris. Les attaques de la Luftwaffe terrifient les populations.

Que choisir ? La soumission ou la révolte ? Georges Guingouin réfléchit. Son père, sous-officier de carrière, a été tué en 1914. Sa mère, directrice d'école, lui a permis de faire des études qui l'ont conduit à son tour à l'enseignement. Mais, dès 1935, il a choisi sa voie politique : il a adhéré au PCF, et son action l'a hissé jusqu'au bureau régional du parti. Cependant, depuis presque un an, l'Allemagne et l'URSS sont alliées. Staline a croqué la moitié de la Pologne et la Finlande. L'image du communisme est passablement flétrie. Les communistes de tous les pays occupés sont dans une position délicate. De plus, malgré les accords germano-soviétiques, les autorités nazies les pourchassent sans pitié. Le Parti communiste a intérêt à faire profil bas. Pourtant, certains militants suivent leurs convictions intimes plutôt que les directives de leurs chefs. La France est dans l'expectative. Une majorité des Français accordent encore leur confiance au maréchal Pétain, le chef prudent, le vieillard expérimenté, en qui ils reconnaissent leur sauveur. De quel passé glorieux peut se prévaloir ce de Gaulle pour prétendre prendre en main le destin de la patrie ? La France fait le dos rond. Les guides, Pétain et Weygand, estiment que la guerre est perdue. Mais si la France baisse la tête, que va-t-il lui arriver ? Son territoire, en tout ou partie, sera occupé. Les troupes françaises seront désarmées, démobilisées. Peut-on imaginer une telle situation ?

Georges Guingouin, en tout cas, écarte cette idée : « Jamais ! La France n'est pas vaincue ! C'est de Gaulle qui a raison. Il faut continuer le combat. La guerre n'est pas finie. Elle ne peut pas finir comme ça, alors que je suis là, moi, sur mon lit d'hôpital. Je dois participer. Si je ne sors pas d'ici dans deux heures, je serai prisonnier. Impensable. Je dois sortir de cet hôpital, en vitesse ! »

Il s'évade, en effet, assez facilement et regagne Saint-Gilles-les-Forêts, où il reprend ses activités de militant communiste.

1er août 1940

Hitler engage la « bataille d'Angleterre ». La Luftwaffe doit détruire la RAF dans le plus court délai possible. Le gouvernement de Vichy condamne le général de Gaulle à mort par contumace le 2 août.

15 août 1940

Le jour le plus long de la bataille d'Angleterre : la Luftwaffe effectue 1 790 sorties au-dessus de l'Angleterre et perd 75 avions, contre 34 côté britannique.

25 août 1940

La RAF effectue son premier raid sur Berlin. Goering avait assuré Hitler que la Luftwaffe rendrait impossible une telle opération. Les pertes allemandes en avions de bombardement et de chasse sont plus lourdes de jour en jour, car les Britanniques ont mis en place une arme de protection nouvelle : le radar.

Septembre 1940

La Résistance française naît lentement. Quelques hommes en sont les pionniers. Parmi eux, le général d'aviation Gabriel Cochet, homme de droite mais imprégné d'une véritable mystique de l'« union sacrée ». Il rassemble quelques adhérents et entreprend une action encore floue. Le 6 septembre, il signe de son nom le premier tract d'une longue série, intitulé « Veiller, résister, s'unir ».

17 septembre 1940

La Luftwaffe subissant de plus en plus de pertes, Hitler ajourne l'opération *Otarie*, qui prévoyait l'invasion de l'Angleterre.

Guingouin rédige un « appel à la lutte », si bien qu'en septembre il est révoqué de ses fonctions d'enseignant. Il devient alors secrétaire général du Parti communiste de la Haute-Vienne. Il exerce un droit de regard sur le bulletin *La Vie du Parti*, qui vient d'imprimer un article déclarant: « Nous devons être sans haine vis-à-vis des soldats allemands. Nous sommes contre de Gaulle et le clan capitaliste dont les intérêts sont liés à Vichy. » Guingouin s'oppose à la diffusion de ce bulletin. Personnellement, il serait même favorable à une action à l'extérieur, mais il pense que la lutte contre l'occupant peut être plus efficace si elle est menée de l'intérieur.

Les Français ne sont pas habitués à vivre sous le joug d'un occupant. La liberté pour eux est une seconde nature. Ils ont l'habitude de s'exprimer librement, ils ne savent même pas se taire. Ils vont donc découvrir les règles de l'action passive ou de la guerre subversive. Ils vont découvrir la résistance. La résistance est à la fois un réflexe patriotique, une lutte idéologique et une aspiration de lutte politique. Ces trois facteurs varient en importance selon le lieu et l'époque. Les méthodes varient d'un pays à l'autre, mais aussi à l'intérieur d'un même pays. Les mouvements de résistance n'ont qu'un dénominateur commun: ils sont toujours clandestins.

La résistance en France prend les formes les plus diverses. Au début, elle n'est qu'une résistance passive: le fonctionnaire ralentit volontairement la marche de son service, l'ouvrier, l'ingénieur commettent des erreurs, s'absentent fréquemment, écoutent la BBC. Cette mauvaise volonté devant l'autorité allemande ne semble pas gêner l'occupant outre mesure. En tout cas, dès 1941 les résistants les plus motivés pensent qu'il faut en venir à la résistance active. La distribution de tracts incitant à l'opposition sous toutes ses formes est l'une des premières manifestations de ce changement.

Georges Guingouin réunit une petite équipe qui distribue des tracts. Mais ces tracts circulent mal. Alors, Guingouin prend une décision :

– Nous allons faire des distributions massives dans les grands rassemblements du monde rural, sur les marchés, les foires.

– C'est très risqué !

– Et alors ? Nous sommes là pour quoi ? J'ai déjà rédigé le premier tract ; le voici : « Camarades paysans ! Ils ont assassiné la République française, celle que t'avaient donnée en héritage tes ancêtres quand ils prenaient les châteaux des seigneurs. »

Bientôt, sous l'impulsion de Georges Guingouin, une résistance civile s'installe dans le Limousin. Les autorités de Vichy s'en inquiètent, car le secteur de Limoges est le cœur même de la zone libre.

Le 11 mars, le gouvernement de Vichy envoie un télégramme à tous les préfets de la zone non occupée : « Prière rechercher très activement le nommé Guingouin Georges. Objet : mandat d'arrêt pour faux en matière carte d'identité et bulletin état civil. En cas d'arrestation, aviser extrême urgence ainsi que juge d'instruction. »

Le 12 avril 1941, le maréchal Pétain, à la radio, fustige ces « voyous qui cherchent à semer le doute dans les esprits et à provoquer l'occupant ». Cette intervention conforte Guingouin dans l'idée qu'il a choisi la bonne méthode de lutte. Il faut continuer à alerter la population, à dénoncer le régime de Vichy, il faut aller plus loin. Il faut organiser la lutte armée !

– Une armée ?
– Oui, une armée que l'ennemi ne pourra jamais déloger parce qu'elle sera mobile, rapide, invisible. Ces hommes s'appelleront les « francs-tireurs » en souvenir de ceux de 1870 immortalisés par Victor Hugo. Chacun d'eux portait un nom de guerre. Choisissez le vôtre.

Ainsi, peu à peu, le groupe Guingouin prend forme autour d'un chef toujours à l'écoute de ses hommes, mais d'une volonté farouche et d'une indépendance totale. Il fait partie de ceux qui estiment que la liberté n'a pas de prix. Il a décidé que sa résistance serait active, son parti dût-il en être choqué. Il s'entoure de compagnons déterminés comme lui, mais ne laisse à personne le soin de prendre le commandement. Il constitue l'un des premiers maquis armés de la zone sud et baptise ses hommes les « francs-tireurs »[1]. Pour le dirigeant du Parti communiste Gabriel Roucaute, Guingouin est allé trop loin, et il le somme de cesser son action. Mais Guingouin est un homme que l'on n'arrête pas. Ses relations avec le parti commencent à se dégrader, car il refuse de se soumettre. Son groupe opère en Haute-Vienne. Son QG se trouve dans la forêt de Châteauneuf-la-Forêt. Le personnage est très vite connu dans la région ; les paysans l'appellent « Lou Grand » (« le grand »). Il est vrai que Guingouin est un homme longiligne, sec et dur comme un cep de vigne. Ses actions autoritaires l'ont aussi fait surnommer le « préfet du maquis ».

1. À cette époque, les FTPF ne sont pas encore créés.

Avril 1941

En attendant d'avaler l'Angleterre, Hitler se fait les dents sur la Grèce et la Yougoslavie. Quant à la France, elle n'est plus « une et indivisible » : la ligne de démarcation coupe le pays en deux zones, la zone nord, la plus riche et la plus peuplée, avec Paris, soumise à un régime rigoureux et occupée par les vainqueurs, et la zone sud (non occupée), où siège le gouvernement de Vichy avec les attributs apparents de la souveraineté, mais sous un régime de liberté provisoire. Le maréchal Pétain, par ses discours radiodiffusés, par ses tournées fréquentes dans les centres industriels, rassemble de nombreux sympathisants qui pensent sincèrement servir la cause la plus sage. Dans les villes, les hameaux, les sections de la Légion des combattants, animées par les anciens de 1914, bérets basques sur la tête et « Marseillaise » aux lèvres, créent la mystique du maréchal.

22 juin 1941

Hitler a pris sa décision : il préfère croquer d'abord l'URSS avant de s'attaquer à l'Angleterre. La conquête de l'Est ne sera qu'une formalité. L'opération *Barberousse* lance les blindés allemands en terre soviétique le 22 juin 1941. Cent vingt-neuf ans plus tôt, Napoléon commettait la même erreur.

Dès lors, la Russie n'est plus l'ennemie des Alliés mais vient, au contraire, renforcer leur camp. Le Parti communiste français, soudain soulagé, peut s'engager hardiment dans la résistance contre l'occupant.

Mais, dans sa région, Guingouin tient absolument à conserver son autonomie et sa liberté d'action : il n'entend plus obéir aux ordres de son parti, qui pourtant veut reprendre en main l'ensemble de ses troupes.

Dans la nuit du 30 septembre au 1er octobre, le groupe de Guingouin récupère les armes à la main le stock de cartes d'alimentation préparées par l'Administration. Les polices civiles et politiques de Vichy ne peuvent tolérer de tels actes. Georges Guingouin est jugé par un tribunal militaire et condamné par contumace aux travaux forcés (ce qui fait bien rire les maquisards).

L'agression allemande contre l'URSS a donné une impulsion nouvelle à la résistance : les Alliés prennent conscience de l'aide qu'elle peut leur apporter. En août 1941, quand Roosevelt et Churchill se rencontrent à Argentia, dans l'île de Terre-Neuve, ils font inscrire dans le programme des Alliés « l'aide aux organisations de résistance dans tous les pays occupés ».

Février 1942

Après l'arrestation de plusieurs membres du réseau de résistance Combat et l'ouverture du procès des résistants du musée de l'Homme, on vient d'apprendre celle de résistants à Paris. On cite le nom de Jacques Decour, agrégé d'allemand et professeur au lycée Rollin ; écrivain, ancien journaliste, il a fondé l'année précédente le journal du Front national des écrivains, *Les Lettres françaises.* Georges Politzer, également sous les verrous, est un philosophe marxiste, collaborateur de *L'Humanité.* Ces arrestations illustrent la part que prennent les communistes dans la Résistance.

Mars 1942

Les communistes, désormais franchement engagés dans la lutte armée, opèrent principalement dans les centres urbains. Le responsable du parti pour la zone sud vient voir Guingouin dans son maquis.

– Tu es dans l'erreur, camarade, dit le chef. Ce n'est pas dans les champs et sur les chemins que la lutte armée doit se faire ; c'est dans les villes.

– Les villes ? Avec la police ? Impossible pour l'instant. C'est au contraire dans les campagnes qu'on va pouvoir constituer les forces importantes qui libéreront les villes.

– Jacques Duclos est formel.

– Jacques Duclos a commis des erreurs en 1940 ! coupe Guingouin. Je n'étais pas d'accord avec lui.

– Soit. Voyons les choses autrement. L'ordre t'est donné de cesser immédiatement ton travail d'organisation.

– Ce qui veut dire ?

– Que tu n'as plus de responsabilité dans la région.

Le ciel tombe sur la tête de Guingouin. Ses camarades lui recommandent d'être prudent et même de fuir.

– Me voilà donc hors-la-loi pour les deux camps !

– Pars. Va rejoindre de Gaulle.

– Ce serait un abandon de poste vis-à-vis de ceux que j'ai engagés dans la lutte. Non. Je reste. Je continue mon combat dans la région limousine. Mes francs-tireurs vivent dans les bois comme les « routiers » du Moyen Âge, agissant par surprise, au coup par coup, dans les lieux les plus inattendus. Ma place est avec eux.

Guingouin poursuit donc son combat, mais il sait qu'il est désormais seul avec ses hommes et que le danger peut venir de plusieurs côtés. Un jour, sa voiture est attaquée – pas du tout par la police de Vichy, mais par des hommes qu'il a déjà vus dans les réunions du parti…

16 juillet 1942

Une gigantesque rafle a lieu à Paris. Vers 3 heures du matin, 9000 policiers français ont réveillé les Juifs mis en fiche par la préfecture de Police. Les femmes enceintes, les enfants n'ont pas été épargnés. Ils ont été dirigés, par autobus, vers le Vél' d'Hiv', où ils ont été rassemblés sur la piste cyclable, devenue le cercle de l'Enfer. Malgré cette démonstration de force, l'action clandestine ne ralentit pas.

8 novembre 1942

Le haut commandement allié a ouvert un deuxième front en Afrique du Nord. Le Maroc et l'Algérie ont vu débarquer plus de 100000 GI. Le général Eisenhower reconnaît l'amiral Darlan comme seul représentant français en Afrique du Nord, à l'indignation des Forces françaises libres, qui voient là l'instauration d'un régime vichyssois sur les terres encore libres de l'empire français.

12 novembre 1942

Il n'y a plus de zone libre : la Wehrmacht franchit la ligne de démarcation pour occuper tout le territoire national. Désormais, les réseaux de résistance de la zone sud auront affaire non seulement à la police de Vichy, mais à l'armée allemande et à la Gestapo. Qu'importe ! Ce n'est pas ce qui va faire reculer les hommes du groupe Guingouin. Si les Allemands veulent traquer les francs-tireurs, il faudra qu'ils n'aient pas peur de marcher…

27 novembre 1942

Toute la zone sud est occupée, sauf une petite enclave, Toulon, où mouille la flotte de haute mer française, immobilisée là depuis l'armistice, selon les conventions. Mais 230 000 tonnes de bâtiments représentent un irrésistible appât pour les belligérants. Hitler a même mis au point le plan *Attila* dans le but de s'approprier la flotte française. Mais l'amiral Darlan a prescrit le sabordage « si l'ennemi ou un étranger » tentait de s'en emparer.

À 4 h 40, ce matin du 27 novembre, les Allemands investissent l'arsenal. L'amiral Laborde ordonne alors le sabordage. Toute la flotte française ou presque sombre. Les équipages présentent les armes aux navires en flammes.

Le gouvernement de Vichy est désormais entièrement soumis aux Allemands. La France est sous le joug de l'occupant et semble accepter son destin humiliant. Seuls, les Résistants, inégalement organisés et souvent mal regroupés, mènent le combat.

Le réseau Guingouin distribue des tracts dans les campagnes : « Paysans ! Ne livrez pas votre fourrage aux Allemands et aux collaborateurs de Vichy ! » Facile à dire, mais que faire ? « Puisqu'on ne peut pas confisquer les bottes de foin aux Allemands, on va saboter les machines qui les fabriquent », annonce Guingouin.

En quelques semaines, toutes les botteleuses de la région sont hors d'état de fonctionner. Les Allemands sont furieux. L'« armée des bois » harcèle l'ennemi quotidiennement. Elle touche directement l'économie de guerre allemande.

30 janvier 1943

Le gouvernement de Vichy vient de créer la Milice française, dont le chef est Pierre Laval et le secrétaire général, Joseph Darnand. Cet homme a déjà dirigé le Service d'ordre légionnaire, qui s'est souvent substitué aux autorités policières pour réprimer les activités qualifiées de « terroristes ». Les clandestins doivent redouter la Milice autant que la Gestapo.

Pour les réseaux cachés dans les bois, les montagnes, les nouvelles des divers fronts constituent la nourriture quotidienne. En cette fin janvier, elles sont plutôt bonnes : la 6e armée allemande, enfermée à Stalingrad, vient de capituler. Le bruit court que son chef, le maréchal Paulus, s'est suicidé. En Tunisie, l'armée de Rommel est presque encerclée. Mais les Allemands sont loin d'être vaincus et font sentir le poids de leur occupation.

16 février 1943

Le gouvernement de Vichy institue le Service du travail obligatoire (STO) pour fournir de la main-d'œuvre aux usines du Reich. Beaucoup de jeunes concernés préfèrent rejoindre les maquis, ce qui cause parfois des problèmes de sureffectif.

13 mars 1943

L'unité Guingouin détruit le viaduc de Bussy-Varache sur la ligne Limoges-Ussel.

9 mai 1943

La régénération du caoutchouc est importante pour l'armée d'occupation, et seules deux usines en France la pratiquent : l'une à Colombes, qui a été bombardée deux fois par la RAF, qui n'avait pas réussi à épargner la population civile. C'est pourquoi le haut commandement allié a demandé à la Résistance française de détruire l'autre usine, à Palais-sur-Vienne. C'est le groupe Guingouin qui en est chargé, et son chef ne laisse sa place à personne pour accomplir cette mission dangereuse.

Avec son camarade René Duval, il quitte son camp de base. Les deux hommes doivent parcourir 45 kilomètres à bicyclette, de nuit, avec deux bombes dans leurs musettes. Ils arrivent en vue de l'usine.

– Il y a des gardes dans la baraque.

– Ils jouent aux cartes. Il faudrait qu'ils aillent faire leur ronde très vite ; les crayons-retard de nos explosifs sont de six heures. S'ils tardent trop, tout explosera à l'arrivée des ouvriers.

– Il faut aller placer les charges maintenant. Toi, cette chaudière… Moi, celle à côté du poste de garde.

– Attention ! Tu dois traverser une bande de lumière.

– Je passerai en rampant. Allons-y !

L'opération réussit : les deux chaudières explosent, et l'usine doit arrêter sa production. Les Allemands fulminent.

Les dirigeants du Parti communiste sont presque toujours en désaccord avec Guingouin, qui prend des initiatives personnelles. Ce trublion qui agit sans ordres, à sa guise, et fait sa guerre à lui, commence à devenir gênant. Il va même jusqu'à critiquer les décisions de Londres ! « À mon avis, dit-il, de Gaulle a commis une grave erreur. Il prétend que les forces de l'intérieur ne doivent agir que le jour J du débarquement. Il dit que les armes parachutées doivent être stockées en attente. Résultat : 80 % de ces armes sont récupérées par les Allemands. Heureusement que, parallèlement aux services gaullistes, il existe le service anglais du SOE. J'ai pris contact avec lui, et les premières armes vont arriver. Nous allons pouvoir faire du bon travail. »

9 juin 1943

À la suite d'une trahison, le général Delestraint, chef de l'Armée secrète, est arrêté à Paris *(voir le chapitre « Qui a trahi le général Delestraint ? »)*.

21 juin 1943

Jean Moulin, président du Conseil national de la Résistance, est arrêté à son tour à Caluire, où les principaux dirigeants des diverses organisations devaient se réunir : un traître a prévenu la Gestapo.

Après celle de Delestraint, l'arrestation de Moulin porte un coup très dur à la Résistance française.

Les États-Unis livrent par mer du matériel à la Grande-Bretagne. Les meutes de sous-marins allemands sont à l'affût dans les bases françaises de l'Atlantique. Les renseignements de livraison sont fournis par l'état-major de la *Kriegsmarine* grâce à un câble souterrain qui passe dans la région d'Eymoutiers.

« Qu'à cela ne tienne. Nous sommes là ! dit Guingouin. Nous exécuterons l'opération dans la nuit du 14 juillet. Nous célébrerons la fête nationale à notre manière. » Les explosions ébranlent toute la région. Le câble souterrain est coupé. Les Allemands sont furieux. Le préfet régional de Limoges doit fournir des explications. Il plaide le manque d'effectif des forces de l'ordre. Le secrétaire général de la police comparaît devant le général commandant les SS, qui hurle : « Nous devons briser l'action de cette poignée de terroristes ! Cette région du Limousin est devenue une "petite Russie" ! »

15 escadrons de la Garde, 12 escadrons de GMR (Gendarmerie mobile) et des forces supplétives sont envoyés pour maintenir l'ordre sous le commandement du général Dubois. Mais les « unités volantes » de Guingouin se sont évanouies dans la nature.

En URSS, les événements tournent plutôt mal pour les Allemands : l'offensive de Koursk s'est transformée en débâcle. En Italie, Mussolini vient d'être renversé. En France, les maquis sont de plus en plus nombreux, de plus en plus audacieux. La témérité de Guingouin frôle la provocation. Il va jusqu'à donner ses propres instructions aux paysans : « Les meuniers de notre région doivent revenir à un taux normal de blutage. Ainsi, alors que partout ailleurs on mange du pain infect, le pain blanc reviendra sur la table de nos paysans. » Signé : « Le préfet du maquis. »

Août 1943

La 1re brigade de Guingouin reçoit les premiers parachutages d'armes du SOE anglais.

Janvier 1944

Au château de Ribérie, 120 volontaires clandestins bénéficient d'une formation militaire. Une division allemande commandée par le général Brehmer attaque le fief de Guingouin, qui refuse le combat et disperse ses troupes pour éviter de lourdes pertes.

1er février 1944

Le général de Gaulle a décidé le rassemblement de toutes les forces de la Résistance sous le nom de Forces françaises de l'intérieur (FFI). La liaison entre les FFI et le Conseil national de la Résistance est assurée par la création d'une commission d'action en France, le Comac, où sont représentés l'Armée secrète (gaullistes), les Francs-tireurs et partisans (communistes) et l'Organisation de résistance de l'armée (giraudistes). Cette unification ne se fera pas sans grincements de dents et sans cahots : des chefs comme Guingouin ne sont pas prêts à abandonner toutes leurs prérogatives, et les « préfets du maquis » ne rentreront pas facilement dans le rang. Affrontements, guerres de chefs, diplomatie seront nécessaires pour rallier les groupes les plus « indépendants ».

22 mars 1944

Pierre Brossolette, conseiller politique du général de Gaulle, venu en France pour travailler à l'unification des réseaux de résistance, était depuis un mois prisonnier de la Gestapo. Pour être sûr de ne pas parler, il se jette du cinquième étage de l'immeuble où il était enfermé.

26 mars 1944

Le maquis du plateau des Glières, au nord-est d'Annecy, a été attaqué par des forces considérables réunissant la Wehrmacht, la Luftwaffe et la Gestapo. Environ 12000 hommes, dont des Français de la Milice, sont engagés dans l'opération, alors que le maquis est constitué de 450 volontaires qui ont tous été tués ou emmenés pour être torturés et massacrés.

28 mars 1944

Tout près de la Celle, en Corrèze, un groupe volant de Guingouin capture la commission d'armistice franco-allemande de Limoges. Cette fois, c'en est trop pour Hitler. Il ordonne à la division *Das Reich* de faire mouvement vers la région de Montauban pour prendre à revers les francs-tireurs du Limousin. En donnant cet ordre au lieu de renforcer le front de Normandie, où ne veillent que trois divisions blindées, Hitler commet une erreur stratégique très grave.

Dans les maquis, on sent que la victoire est proche, que le débarquement allié est imminent. Le Comité militaire de la zone sud des FTPF juge possible de déclencher l'insurrection générale. Mais l'unification officielle de toutes les forces de la Résistance, l'organisation commune des structures, reste confuse. Des unités comme celle de Guingouin n'ont pas renoncé à une certaine autonomie.

Le parti, par la voix de Léon Mauvais, ordonne aux communistes de prendre certaines villes stratégiques. Georges Guingouin doit investir Limoges. Mais « Lou Grand » repousse cette idée :

– L'action est prématurée et dangereuse.

– Vous craignez pour vos hommes ?

– Non. Pour la population.

– Ce qui veut dire que vous refusez de prendre Limoges ?

– Pour l'instant, oui. Les représailles seraient terribles. La division *Das Reich* est dans la région. Nous courrions à la catastrophe. Mais le jour n'est pas loin où nous pourrons mener cette action sans effusion de sang. J'en prends l'engagement.

– C'est un ordre.

– Désolé.

Encore un acte d'insubordination. Le « préfet du maquis » pense qu'il n'a de comptes à rendre à personne, même pas à son parti. En cette circonstance, les événements des jours suivants vont lui donner raison.

6 juin 1944

« Les sanglots longs des violons… »

Le message tant attendu de la BBC est enfin diffusé : le débarquement aura lieu dans les prochaines heures.

Dans la nuit, 6697 navires ont quitté les ports britanniques et se sont lancés à l'assaut de la forteresse européenne ; 86 divisions sont rassemblées. Pour endiguer ce déferlement, les Allemands disposent de 59 divisions. Rommel a réclamé des renforts de blindés qui ne lui ont pas été accordés. La division *Das Reich* lui serait bien utile en Normandie, mais elle est occupée à nettoyer le Limousin. En effet…

7 juin 1944

Le commandant du maquis FTP de Corrèze, Jacques Chapon, dit « Kléber », dirige l'opération de la libération de Tulle. La ville est défendue par une garnison allemande de 700 hommes, auxquels il faut ajouter 700 gardes mobiles et miliciens. Les maquisards disposent de 1350 combattants. L'offensive est déclenchée à 5 heures du matin. Les combats sont très violents. Tulle est libéré le lendemain. Mais, à 21 heures, les chars de la division *Das Reich* font leur apparition. Les maquisards quittent alors la ville, refusant de livrer le combat au milieu de la population. Les Allemands rentrent dans Tulle. Les représailles vont être terribles : une centaine d'hommes sont pendus aux balcons de la ville, et 150 partent en déportation.

9 juin 1944

À 18 heures, les blindés allemands qui se trouvent devant Limoges reçoivent l'ordre de Rommel de rejoindre, au plus vite, la Normandie. Mais, une heure plus tard, le commandant Kämpfe est capturé par la 1re brigade de Guingouin. La rumeur laisse bientôt penser que cet officier aurait été fusillé par les maquisards dans le petit village d'Oradour-sur-Glane. Le lendemain matin, un détachement de la division *Das Reich* fait irruption à Oradour, rassemble la population, emmène les hommes dans une grange et les fusille. Les femmes et les enfants sont enfermés dans l'église, à laquelle les SS mettent le feu. Six cent quarante-deux personnes sont ainsi massacrées.

11 juin 1944

Le général allemand Lammerding propose à la Résistance d'échanger son fidèle commandant Kämpfe contre 40 prisonniers français qui doivent partir en déportation. Mais le drame d'Oradour a changé toute la donne, et Guingouin refuse de négocier avec les hommes qui ont commis un tel crime.

12 juin 1944

La division *Das Reich* quitte le Limousin à 5 h 30 du matin et se dirige vers la Normandie. Elle arrivera trop tard : le premier choc est passé, et les Alliés ont établi une solide tête de pont. Le général Eisenhower reconnaîtra plus tard que l'absence de la division *Das Reich* a été déterminante dans la bataille, et que cette absence est due au travail de harcèlement de la Résistance du Limousin.

Juillet 1944

Les Allemands ne sont pas encore vaincus. Hitler dévoile son arme secrète : les V1, des bombes volantes d'une portée de 600 kilomètres, dont les rampes sont installées dans la région de Calais et font pleuvoir sur Londres un déluge de feu *(voir le chapitre « L'homme qui a sauvé Londres des V1 »).*

15 juillet 1944

La brigade allemande du général von Jessen, forte de 2500 hommes avec canons et escadrille d'appui, associée aux garnisons de Tulle et de Limoges ainsi qu'à la 2e cohorte de la Milice, prépare une opération d'encerclement contre le réseau Guingouin. Les combats commencent le surlendemain sur le mont Gargan ; 3000 combattants se font face. Il y aura 342 tués chez les Allemands et 97 chez les Français. C'est une victoire pour une forme de combat, la guérilla, à laquelle beaucoup de responsables de la Résistance ne croient pas.

« Camarades, nous ne pouvons pas rester sur cette victoire ! dit Guingouin à ses hommes. Il est temps d'enchaîner sur un coup d'éclat : Limoges doit être libéré. » L'enthousiasme s'empare des rangs. « Attention ! précise Guingouin. Le chef de la Gestapo de cette ville a promis qu'avant de partir il ferait fusiller tous les résistants emprisonnés. Donc, au lieu de mener une attaque frontale, nous allons nous livrer à un encerclement. »

27 juillet 1944

Il n'y a pas que dans le Limousin que la Résistance joue, à présent, pleinement son rôle. Depuis la mi-juin, 3500 maquisards ont convergé vers le Vercors, véritable forteresse naturelle protégée par de hautes falaises. Le 3 juillet, Yves Farge, membre du Front national, l'organisation de résistance animée par le parti communiste, a adressé un message à la population : « La République française a été restaurée dans le Vercors à dater de ce jour. Les décrets de Vichy sont abolis. »

Les routes menant au plateau du Vercors sont sous bonne garde. Mais les Allemands, qui ne veulent pas abandonner leurs lignes de communication avec l'Italie, donnent l'assaut le 27 juillet. En trois jours, ils tiennent le plateau ; 650 maquisards y laissent leur vie. Là encore, les représailles dans la région sont terribles. Les nazis aux abois se livrent à des actes de barbarie de plus en plus sauvages.

21 août 1944

Les maquisards de Guingouin encerclent la ville de Limoges et obtiennent la capitulation des troupes du général Gleiniger. Guingouin est nommé lieutenant-colonel des FFI. Comme promis, Limoges a été libéré sans effusion de sang. On ne peut pas en dire autant des représailles exercées sur les « collaborateurs » et de la période d'« épuration », qui pèseront lourd, plus tard, dans ce qu'il est convenu d'appeler l'« affaire Guingouin ».

25 août 1944

« Paris outragé ! Paris brisé ! Mais Paris libéré par lui-même, libéré par son peuple avec le concours des armées de la France ! » proclame le général de Gaulle.

La libération de Paris n'était pas une priorité pour les Anglo-Américains, mais aujourd'hui les cloches de toutes les églises de la capitale sonnent à toute volée.

Octobre 1945

Hiroshima met un point final à la Seconde Guerre mondiale.

En France, les procès de Pétain et de Laval ont eu lieu. Il faut maintenant choisir les hommes qui doivent préparer la future Constitution. Aux élections législatives, les communistes triomphent. Les souhaits du pays vont vers une politique sociale, la nationalisation des grands secteurs de l'économie et un élargissement des libertés individuelles.

Aux élections municipales de Limoges, la liste d'Union républicaine patriotique et antifaciste passe facilement, et Georges Guingouin est élu maire. Mais ses relations avec le Parti communiste n'ont pas cessé de se détériorer : il n'a pas été désigné pour siéger au Comité central ni proposé à la députation. Le 12 novembre 1945, à l'assemblée des élus municipaux communistes de France, il fait l'objet d'une attaque de la part d'Auguste Gillot, un proche de Maurice Thorez et de Jacques Duclos : on lui reproche d'avoir augmenté le tarif des tramways de Limoges. La séance est levée avant qu'il puisse répondre. Guingouin comprend qu'il devra affronter les accusations les plus injustes et parer les coups les plus sournois.

Décembre 1945

Guingouin est démis de ses fonctions au sein de la fédération communiste de la Haute-Vienne. En 1947, il perd la mairie de Limoges.

Il n'a pas eu le temps de se reposer sur sa gloire. Certes, le général de Gaulle l'a fait compagnon de la Libération, il est chevalier de la Légion d'honneur, il a la rosette de la Résistance, la croix de guerre avec palme, la médaille pour actes de courage du roi d'Angleterre, le diplôme de la reconnaissance de la Nation américaine. Il est incontestablement le premier maquisard de France. Mais tout cela ne le met pas à l'abri des attaques de ceux qui ne pardonnent pas la désobéissance.

Le journal *L'Époque* titre : « Banditisme et lâcheté. Le Soviet limousin. » Au cours du procès qui s'ensuit, Guingouin découvre qu'il a beaucoup plus d'ennemis qu'il ne le croyait, et pas seulement parmi les hommes de Vichy. La cour d'appel de Grenoble condamne *L'Époque* dans des termes particulièrement sévères, mais les dirigeants du parti maintiennent leur position vis-à-vis de ce militant récalcitrant.

Maurice Thorez vient lui rendre visite et lui dit :

– Tu n'ignores pas, camarade que tu fais l'objet d'une suspicion de la part des hauts dirigeants du parti.

– De quoi m'accuse-t-on ?

– De beaucoup de choses. Par exemple d'avoir fait bander les yeux des émissaires de notre direction quand ils sont venus te voir au maquis.

– Je prenais toujours ces précautions avec tous les visiteurs. C'est à ce prix que nous avons souvent évité le désastre. Est-ce une raison pour avoir donné de telles instructions ?

– Quelles instructions ?

– Celles de me supprimer. Ces instructions ont été confirmées par Guy Serbat, commissaire militaire en second des FTPF de la zone sud. J'ai là un rapport.

Maurice Thorez, très gêné, finit par répondre :

– Je vais soumettre ce rapport à la commission politique, qui l'étudiera. Tu seras convoqué. Mais sois patient.

Il le sera : il attendra deux ans.

Le 5 janvier 1952, Waldeck Rochet, au cours d'une assemblée générale du parti, lance un véritable ultimatum : « Il n'y a jamais eu de décision d'abattre Georges Guingouin. Mais une question lui est posée : accepte-t-il la décision du parti ? Accepte-t-il de considérer que toutes les questions se rapportant à cette période de la clandestinité et de la libération sont tranchées et ne doivent plus être remises en cause ? »

Non. Il n'accepte pas un pardon indulgent. Il ne se sent nullement coupable et refuse l'autocritique que l'on attend de lui. Guingouin n'a pas fini de vider son sac. Il intente un procès en diffamation contre *L'Écho du Centre* et *L'Humanité*. Des milliers de personnes sont prêtes à le défendre.

En remuant le passé, Guingouin va compromettre son avenir. À partir de ce moment-là, une véritable cabale va se dresser contre lui. Il sait qu'il touche à l'intouchable. Mais qu'est-ce qui peut faire reculer le « préfet du maquis » ? Ce qu'il ne sait pas, c'est que, désormais, tous les coups sont permis.

28 décembre 1953

Deux policiers viennent rendre visite à Guingouin et l'interrogent sur une affaire qui remonte au mois de novembre 1945. Deux paysans, Parrichout père et fils, auraient été assassinés par un groupe de maquisards sous les ordres de Guingouin. Huit ans plus tard, un témoin s'est présenté et a affirmé avoir assisté, la veille du meurtre, à une sorte de conseil de guerre condamnant les deux paysans, conseil présidé par Guingouin. Ce témoignage semble peu fiable, car l'homme se perd dans ses explications. Néanmoins, Guingouin est arrêté ! Et arrêté par qui ? Par le commissaire de police de Vichy qui, en 1943, a mené l'enquête contre le sabotage du viaduc de Bussy-Varache, et par l'inspecteur qui, à la même époque, a mené l'enquête sur le vol d'explosifs à la mine de Saint-Léonard. Tous deux sont les ennemis irréductibles de cet homme qui les a maintes fois ridiculisés.

L'affaire Guingouin commence.

Il est incarcéré, d'abord à la prison de Tulle, puis à celle de Brive. La population suit évidemment avec intérêt les nouvelles aventures du « préfet du maquis ».

Un matin, la porte de sa cellule s'ouvre, deux gardiens entrent et le matraquent au point de lui faire perdre la raison. Inconscient, il est transféré à la prison Saint-Michel de Toulouse. Il arrive dans un état physique et psychologique pitoyable. Le bruit court qu'il a voulu se suicider. Les journaux s'emparent de l'affaire. Les anciens de la Résistance, regroupés en un comité départemental, s'émeuvent. Sous la pression, le juge d'instruction charge trois médecins experts d'examiner Guingouin du point de vue mental. Leur rapport fait état de traces de sévices, et ils notent que l'état de Guingouin inspire de réelles inquiétudes pour sa vie. Tout cela évidemment est suivi par les journaux, qui commencent à poser des questions embarrassantes comme celle-ci : la Résistance communiste est-elle mise en cause ?

L'enquête est ordonnée. Elle tournera court. Le 13 novembre 1959, à Lyon, le magistrat chargé de requérir déclare : « En mon âme et conscience, je ne comprends pas que des poursuites aient pu être envisagées contre Georges Guingouin. » C'est le non-lieu. Mais c'est aussi un enterrement de première classe pour une affaire trouble qui dès lors retombe dans le silence.

En 2003, interviewé par Marie-Louise Baud, Guigouin, n'a pas pu ou n'a pas voulu porter d'accusation quelconque. Il est décédé en 2005.

Pour les uns, Georges Guingouin reste le grand résistant, le bouclier du Limousin ; pour d'autres, il souffrait de folie, et son comportement à la libération de Limoges reste à éclaircir. Le dossier Guingouin est-il soldé ?

Lou Grand est-il parti avec son secret, ou ne faut-il voir là que le déroulement du destin d'un homme qui n'a jamais voulu plier ?

Sources

Guingouin Georges, *Quatre ans de lutte sur le sol limousin,* Éditions Hachette, 1974

Taubmann Michel, *L'Affaire Guingouin,* Éditions Lucien Souny, 1994

Archives de l'INA, « L'affaire Guingouin » (France Inter) Entretiens de Marie-Louise Baud avec Georges Guingouin, Jean Menaud, René Renot (juin 2000)

LE PASSÉ DOUTEUX
DU PÈRE DU PROGRAMME SPATIAL AMÉRICAIN

Wernher von Braun, un brillant savant allemand distingué par l'armée

Né en Posnanie en 1912, Wernher von Braun se révèle un sujet exceptionnellement doué en mathématiques. Tout en poursuivant des études aux instituts technologiques de Zurich puis de Berlin (Kaiser-Wilhelm-Institut), le jeune homme consacre ses loisirs à la réalisation de fusées de petite dimension qu'il expérimente à proximité des ateliers de Reinickendorf, sur un vaste terrain de 150 hectares. Il s'est intégré, pour ce faire, au sein de l'équipe réunie par un autre génie scientifique, le professeur roumain Hermann Oberth. Leur association a été pompeusement dénommée *Raketenflugplatz*, c'est-à-dire « aéroport de fusées ».

Depuis 1929, l'armée allemande s'intéresse aux fusées et a même créé un bureau spécialisé rattaché à la direction de l'armement, que pilote le colonel Karl Becker, assisté du capitaine Horstig, chef du service balistique, et du capitaine Walter Dornberger, un spécialiste de l'exploration spatiale. Becker n'est pas sans remarquer la petite équipe de Reinickendorf. Oberth et von Braun sont invités à mener des essais sur le terrain de l'armée à Kummersdorf, à une cinquantaine de kilomètres au sud de Berlin. Ils y ont implanté un centre expérimental secret de fusées à combustible liquide ; site tenu secret, car les dispositions du traité de Versailles interdisent ce genre de recherche, sauf autorisation préalable des gouvernements des grandes puissances signataires. En 1932, l'armée propose à von Braun un contrat et des moyens scientifiques et financiers importants. Et cela pour deux motifs : parce que son père vient d'être nommé ministre de l'Alimentation et de l'Agriculture par le chancelier von Papen, mais également parce que sa deuxième fusée expérimentale, Mirak 2 bricolée avec les moyens du bord, a déjà atteint une altitude de 400 mètres, avant de retomber intacte grâce à un parachute.

Voilà von Braun porté au rang d'adjoint de Dornberger en octobre 1932, alors qu'il n'a pas vingt ans, au centre d'essais de Kummersdorf-West. Le jeune homme s'attache principalement à la recherche de nouveaux carburants et comburants liquides, tout en suivant à l'université, les cours des plus brillants savants allemands en ce domaine : le général Erich Schumann, Werner Heisenberg, le patron du programme nucléaire allemand, le prix Nobel Max von Laue et Erwin Schrödinger. À l'âge de vingt-deux ans, von Braun achève sa thèse sur son sujet de prédilection, un travail exceptionnel demeuré confidentiel, à la demande de l'armée, sous un titre technocratique à souhait : « Solutions théoriques et expérimentales au problème des fusées propulsées par des carburants liquides. Techniques des fusées et recherche dans le domaine du vol spatial. » Le voilà docteur !

De Borkum à Peenemünde

L'équipe du major Dornberger à Kummersdorf s'est largement agrandie : elle comprend désormais 90 collaborateurs.

En 1934, en coopération avec le Dr Thiel, von Braun conçoit un moteur de fusée à propergol liquide. Après avoir mis au banc d'essai une première fusée dite « A1 » (*Aggregat 1*), il lance deux spécimens d'une fusée dite « A2 » (*Aggregat 2*) sur l'île de Borkum. Ces derniers s'élèvent à plus de 2 000 mètres d'altitude en développant une poussée de 1 tonne. En 1936, Becker et Dornberger parviennent à convaincre von Frisch, le chef suprême de la Wehrmacht, qu'il est possible de transformer cette fusée en arme de guerre. Et ils obtiennent 6 millions de marks pour développer leur moteur. Il faut, alors, trouver un autre centre d'essais. Ce sera Peenemünde, en Mecklembourg-Poméranie-Antérieure, près de l'estuaire de la Peene, sur l'île d'Usedom, en mer Baltique.

Dès 1936, la construction du centre d'essais est entreprise : l'armée allemande lui consacrera plus de 500 millions de marks.

C'est le 3 septembre 1939 que le général von Brauchitsch classera le projet V2/A4 parmi les programmes prioritaires de l'armée allemande, osant s'opposer à Hitler (sans le révéler), qui a déclaré, après sa victoire éclair en Pologne : « Je n'aurai pas besoin de fusées dans cette guerre. D'ailleurs vous savez combien je suis sceptique vis-à-vis de ces expériences. » Une phrase qu'il regrettera amèrement quelques années plus tard.

Adhésion au Parti nazi, le NSDAP

C'est en 1937 que, désireux d'obtenir des moyens supplémentaires, Wernher von Braun adhère au Parti nazi. Le voilà aussitôt nommé directeur technique du centre d'essais de Peenemünde. Considéré comme un savant d'exception, tant par Himmler que par Hitler, il aurait été, bien que civil, promu dans la SS, avec un dernier grade connu de *Sturmbannführer*, c'est-à-dire de commandant. Cette information nous semble très suspecte et pour tout dire peu crédible, comme on le verra plus loin.

C'est à Peenemünde que sont mis au point les fameux V1 et V2, puis les versions dérivées du V2. Toutefois, il n'y a aucune comparaison possible entre les V1 et les V2 ; certes, leurs appellations proviennent toutes deux de l'allemand *Vergeltungswaffe*, c'est-à-dire « arme de représailles » – bien que la lettre « V » ait, jusqu'alors, toujours été employée au sens de *Versuch*, c'est-à-dire « prototype ». Nous en verrons l'explication… Mais disons-le dès à présent, les V1 sont des bombes volantes, alors que les V2 sont des fusées ou missiles balistiques.

Le V1 ou Fi-103

Le V1 est conçu par deux hommes : un motoriste, Fritz Gosslau, de la société Argus Motoren, et surtout Robert Lusser, du groupe Fieseler. Cette bombe volante, l'ancêtre du missile de croisière, dispose d'un pulsoréacteur attaché à un fuselage contenant 550 kilos de carburant, environ 800 kilos d'explosif classique et une centrale à inertie pour un guidage assez approximatif. D'une longueur de près de 8 mètres, le V1 pèse plus de 2 tonnes et se déplace à une vitesse ne dépassant guère les 600 kilomètres/heure, avec une portée limitée à environ 230 kilomètres. Il devient opérationnel en 1943 mais n'est utilisé qu'en 1944, à partir de rampes de lancement fixes ou depuis un bombardier Heinkel 111 spécialement aménagé.

Le V2 ou *Aggregat 4*

Le V2 est conçu en totalité par l'équipe conduite par le professeur von Braun à Peenemünde. Il s'agit d'un engin totalement révolutionnaire, une fusée géante de 14 mètres de haut et de 1,65 mètre de diamètre, conçue pour atteindre une cible située à 270 kilomètres. Son premier vol réussi intervient le 3 octobre 1942, à la quatrième tentative. Le V2 est parvenu à atteindre une altitude de 85 kilomètres, à la vitesse de Mach 5. Le Heinkel 111 de l'ingénieur Steinhoff repère très rapidement une immense tache sur la mer à 200 kilomètres de Peenemünde ; une preuve indubitable qu'il s'agit de la fusée, car elle a été dotée de sacs de fluorescéine, un colorant vert.

Toutefois, les V2 ne deviennent véritablement opérationnels qu'à partir de 1944 et prennent la suite des V1. Le V2, d'un poids total de 13 tonnes, ne transporte qu'environ 800 kilos d'explosif, comme le V1. Son pouvoir de destruction demeure donc, si l'on ose dire, assez faible. On imagine qu'il en eût été autrement si les équipes de savants atomistes allemands, dotés d'eau lourde *(voir le chapitre « La première bataille de l'eau lourde »)*, avaient pu mettre au point une bombe nucléaire avant 1945. Alors le V2, équipé d'une charge nucléaire, serait devenu l'arme absolue, permettant à Hitler de renverser le cours de la guerre. Le monde est passé bien près de l'apocalypse ! C'est Hitler lui-même qui s'est condamné en refusant de croire au potentiel des armes nouvelles…

La nouveauté du V2 tient à sa vitesse de croisière, qui dépasse la vitesse du son, à Mach 3,5, avec des pointes jusqu'à Mach 5,4. Il est donc parfaitement silencieux et frappe les populations sans prévenir, à la différence du V1, au bruit de moteur de motocyclette si caractéristique *(voir le chapitre « L'homme qui a sauvé Londres des V1 »)*. Bien plus, la vitesse du V2 interdit toute interception, à la différence du V1 ; de fait, aucun V2 n'est abattu pendant la guerre. Enfin, les V2 peuvent frapper des cibles un peu plus éloignées, jusqu'à 300 kilomètres. Toute la différence entre le V1 et le V2 tient au moteur et aux carburants et comburants : le moteur à propergol liquide utilise du méthanol et de l'oxygène liquide, ce qui lui permet de développer une poussée au décollage de 25 tonnes.

Le 7 juillet 1943, Hitler convoque le général Dornberger et von Braun en son repaire de Prusse orientale, le Wolfschanze, alors que la bataille de Koursk, le plus grand affrontement de chars de l'histoire, paraît bien mal engagée en URSS et que la Luftwaffe n'existe plus que sur le papier.

Von Braun le trouve totalement brisé. Pourtant le Führer, pour la première fois, se montre conscient que les fusées peuvent constituer l'arme décisive. Et il fait deux déclarations à Dornberger. La première consiste à exiger que le programme des V2 soit exclusivement dirigé vers un objectif militaire : « Je vous remercie. Pourquoi ai-je douté du succès de vos travaux ? Si nous avions eu cette fusée en 1939, nous n'aurions plus eu à faire la guerre. Devant semblable fusée, il faut reconnaître que l'Europe et le monde sont désormais trop petits pour une guerre. Ces armes rendent toute guerre insoutenable pour l'humanité... Est-il possible que la charge utile soit, non plus de 1 tonne, mais de 10 tonnes ? »

Puis, à la fin de l'entretien, lui serrant la main, il avoue : « Je dois demander pardon à deux hommes. L'un est le *Feldmarschall* von Brauchitsch : je ne l'ai pas écouté quand il me répétait sans cesse combien vos recherches sur les fusées étaient importantes. L'autre homme, c'est vous. Je n'ai pas cru que vos travaux puissent aboutir. »

Le 23 juillet 1943, Hitler donne la priorité absolue au développement du programme V2.

Les dérivés du V2

Malgré les impératifs de la guerre, von Braun entend développer des versions spatiales dérivées du V2, avec deux objectifs : accroître la vitesse et allonger la portée. Sous la contrainte, il y ajoute la multiplication du pouvoir destructeur. La défaite militaire allemande ne lui laisse pas le temps de la mise au point.

L'*Aggregat 4b* permet de dépasser Mach 5, avec une portée de 800 kilomètres, et transporte 1 tonne d'explosif, de l'amatol. Mais le poids total de la fusée ne dépasse pas 16 tonnes.

L'*Aggregat 9*, invulnérable, dépasse Mach 10 et surtout peut toucher des cibles distantes de près de 5 000 kilomètres, et donc l'Amérique, grâce à un second étage.

Enfin, l'*Aggregat 9* dispose d'un statoréacteur permettant d'allonger le vol en expédiant l'engin à une altitude de près de 100 kilomètres.

Le bombardement des 16-17 août 1943

Les Britanniques ne sont point ignorants des projets d'armes spéciales développés par Hitler : avions à réaction, bombes volantes, fusées, mortiers géants, engins air-air. Au printemps 1943, le général Ismay prévient Churchill et recommande la nomination de Duncan Sandys (le gendre du Premier ministre) à la tête de toutes ces enquêtes. Très vite, Sandys avertit Churchill de tout ce qui se trame autour de Peenemünde. Il ne sait pas tout, mais la découverte en

France, face à l'Angleterre, de rampes de lancement en forme de skis lui permet de comprendre l'essentiel. Curieusement, Sandys obtient des informations sur le programme de fusées V2 de von Braun, pas véritablement sur celui des V1. L'adjudant anglais Constance Babbington-Smith, interprète émérite de photos aériennes, et l'espion Hollard, adepte du vélo dans la campagne française, ont tous deux repéré ces étranges rampes que les Allemands dressent dans le nord de la France *(voir le chapitre « L'homme qui a sauvé Londres des V1 »)*.

Aussi, dans la nuit du 16 au 17 août 1943, est déclenchée l'opération *Hydra*. Près de 600 bombardiers anglais, ayant 4000 hommes à bord, vont pilonner les installations de Peenemünde. Von Braun en personne parvient à sauver tous les documents sur les A4/V2. L'attaque britannique fait environ 730 victimes, dont une majorité sont des prisonniers du camp de travail intégré de Trassenheide. À l'époque, environ 12000 hommes travaillent à Peenemünde, dont les deux tiers aux A4. Le général von Chamier-Glisenenski, directeur des différents programmes, est lui-même tué, ainsi que plusieurs savants, alors que des ateliers de montage et des laboratoires sont en ruine. Toutefois, il faut à peine six semaines pour réparer des dégâts somme toute assez légers, en raison de l'étendue des installations.

Les Allemands réagissent avec célérité : ils déplacent l'usine de montage de fusées, alors embryonnaire, dans les montagnes du Hartz, au centre de l'Allemagne, plus précisément à Dora, au sud de Magdeburg et à l'ouest de Leipzig – tout en maintenant laboratoires et centre d'essai à Peenemünde.

Dora

Entre Nordhausen et Ellrich, au flanc du Kohnstein, une usine souterraine de montage des fusées et des bombes volantes est aussitôt édifiée par les nazis. Le camp de Dora, en quelque sorte intégré à l'usine, est placé administrativement sous la surveillance de celui de Buchenwald. Il s'agit de transformer d'anciennes mines en un gigantesque complexe souterrain comprenant des laboratoires de production ainsi qu'une usine d'assemblage des V1 et des V2. Von Braun y devient responsable de la qualité de la production des fusées V2. Il n'y réside pas mais vient effectuer ses contrôles, tout en continuant de travailler au développement et au perfectionnement des fusées à Peenemünde.

L'usine de Dora-Mittelbau (c'est l'entreprise Mittelbau qui est chargée des travaux) ouvre progressivement à partir du mois d'août 1943. Elle s'implante dans deux grands tunnels parallèles d'environ 3 kilomètres de longueur. Ces tunnels sont reliés entre eux par une quarantaine de galeries qui s'étalent, chacune, sur 200 à 250 mètres. De véritables chemins de fer permettent d'approvisionner les chaînes de montage et de déplacer les fusées au fur et à mesure de leur fabrication. Puis les fusées sont acheminées vers un centre ferroviaire pour expédition.

Le camp de concentration contigu de Dora abrite plus de 32000 prisonniers, travaillant tant dans l'usine que dans les gares de triage. Environ 10000 d'entre eux sont affectés au creusement permanent des tunnels, indispensable à l'extension des chaînes de fabrication. Les premières fusées sortent à partir de février

1944, mais le percement des tunnels se poursuit pour développer encore la capacité de production de fusées. Des militaires, russes et français pour l'essentiel mais également belges, polonais, hollandais, tous prisonniers, sont contraints de travailler sur les chaînes au montage des fusées.

À l'abri des bombardements alliés, l'usine de Dora est un véritable enfer pour les hommes qui creusent la roche et travaillent à l'usine. Mais c'est également une prison pour les savants et techniciens qui participent à l'organisation de la production des V1 et des V2 : ils sont sévèrement surveillés par les nazis en raison du caractère hautement stratégique de cette activité. La fabrication des fusées est placée sous la responsabilité directe du ministère de l'Armement, alors que les SS supervisent les travaux de creusement des tunnels. Un fanatique, le colonel Hans Kammler, est responsable de la surveillance de la zone interdite de Mittelbau, qui s'étend de Göttingen à Bad Langensalza et Eisleben. En effet, Dora se trouve au centre d'un vaste complexe comportant une quarantaine de camps secondaires.

Les prisonniers travaillant sur le chantier et dans l'usine sont enfermés jour et nuit dans les tunnels. SS et Kapos[1], spécialement motivés, se montrent d'une rare brutalité. À partir de mai 1944, le régime, soucieux d'accélérer la production des armes nouvelles, ultime espoir de victoire, améliore le quotidien des détenus : installation de lavabos, nourriture plus abondante, implantation d'une infirmerie… Au printemps 1944, un baraquement est enfin construit à l'air libre pour

1. Personnel d'encadrement, parfois choisi parmi les prisonniers.

le repos nocturne ; le site devient un véritable camp, avec ses miradors. Mais, dès octobre 1944, les conditions de vie redeviennent déplorables : repliée sur elle-même avant l'assaut final des Alliés, l'Allemagne doit rationner ses propres ressortissants. Violences et restrictions sont le lot quotidien des prisonniers, lesquels sont de plus en plus tentés de saboter ces armes très sophistiquées – surtout à partir de 1945, lorsque des informations filtrent sur les défaites allemandes. Mais la surveillance nazie est de tous les instants et les sanctions, sauvages. Plus de 300 détenus seront pendus à des filins d'acier au cours des derniers mois. Pourtant près du cinquième des fusées sortant de Dora présentent des vices techniques : défauts de soudure, absence de micro-accessoires indispensables, intégration de systèmes simplistes de déclenchement de pannes.

On estime que, sur les 60 000 détenus qui ont travaillé à Dora, près de 20 000 prisonniers sont morts d'épuisement et de maladie, quand ils n'ont pas été exécutés (à la suite de tentatives de fuite ou de sabotage).

L'impact des V1 et des V2 sur la guerre

À l'évidence, les lancements de V1 et de V2 interviennent trop tard dans le conflit. À l'été 1944, le Reich ne peut plus gagner la guerre. Pourtant, Hitler continue de vouloir punir la Grande-Bretagne. Il s'acharne sur Londres, mais aussi sur le centre de l'Angleterre. Disposant de 55 rampes de lancement de V1, principalement en France, il ordonne les premiers tirs le 13 juin 1944. Hitler cherche ainsi à plonger Londres dans la terreur, mais sans doute également à ralentir la production de guerre britannique. De façon connexe, de nombreuses missions de bombardement alliées vont se trouver détournées de leurs objectifs en Allemagne pour tenter de repérer et de détruire les bases de lancement des V1. Avec une efficacité toute relative, car les Allemands sont passés maîtres dans les techniques de déplacement et de camouflage ainsi que dans l'art de la préfabrication, l'assemblage des pièces détachées se faisant sur place au tout dernier moment, juste avant le tir.

Environ 35 000 V1 sont assemblés par les Allemands. Une bonne moitié est détruite au sol avant l'envol, dans les aires de stockage et sur les bases de lancement, par les bombardements alliés. Il semble que plus de 9 200 V1 aient été lancés depuis des rampes spéciales et 6 500, largués à partir d'avions, des Heinkel 111. La plupart cherchent à atteindre Londres, mais Anvers et Liège sont également visés. Leur lenteur relative explique que la DCA – surtout dès lors que le réglage automatique du tir par radar est mis au point par les Britanniques –, les barrages de ballons, enfin l'interception par la chasse aérienne permettent d'en abattre à peu près la moitié en vol. On ne doit pas exagérer les exploits des chasseurs britanniques en la matière, bien qu'ils aient tout de même éliminé près de 1 600 V1 sur les 8 000 détruits en vol – plus souvent en les mitraillant de côté qu'en glissant leur aile sous l'ailette du V1, comme on l'a trop souvent prétendu !

Certaines attaques allemandes se révèlent particulièrement meurtrières, comme celle qui touche le ministère de l'Air à Londres (198 morts) et celle sur Chelsea (124 morts) au mois de juillet.

Dès le 8 septembre 1944, les V2 prennent le relais des V1. Le recul de la Wehrmacht ne permet plus de tirer de France, mais il est encore possible d'atteindre l'Angleterre depuis la Belgique et la Hollande. Un premier V2 est tiré depuis Gouvy, en Belgique, vers Paris : il atteint Maisons-Alfort, où l'on relève une trentaine de morts. La deuxième et la troisième fusée, également tirées le 8 septembre, atteignent Londres (Chiswick) et Epping (nord-ouest de Londres) : 21 morts et blessés sont enregistrés. Environ 4 000 V2 sont construits à Dora. Un millier, semble-t-il sont détruits au sol. Près de 1 600 sont lancés entre septembre et la fin de l'année 1944, depuis la Hollande, la Belgique, puis la Rhénanie et Coblence. Les premières fusées visent l'Angleterre (environ 500 de septembre 1944 à mars 1945), puis, au fur et à mesure du retrait des troupes nazies, la Belgique (principalement Anvers et Liège : près d'un millier) et même Paris (une vingtaine).

En 1945 et jusqu'à la fin mars, les Allemands parviennent encore à lancer 1 500 fusées, vers Londres, puis sur Anvers.

Au total, les victimes civiles anglaises, belges et néerlandaises s'élèvent à environ 10 000 personnes. Un bilan élevé mais qui ne représente que la moitié des pertes subies par les malheureux prisonniers affectés à la construction des tunnels de Dora et à l'assemblage des fusées !

Von Braun était au courant des pratiques nazies

Dans un ouvrage autobiographique, von Braun s'est défendu d'être au courant de la souffrance des déportés de Dora et de leurs conditions de travail au cœur des tunnels et de l'usine de production de fusées. Il prétend qu'il n'occupait qu'une position modeste, ce qui est manifestement faux. À l'évidence, il est l'un des patrons du programme V2, certes placé sous l'autorité de Hermann Oberth et de Walter Dornberger. Mais il est vrai qu'il passe l'essentiel de son temps à Peenemünde et non pas à l'usine de Dora.

Il y vient cependant régulièrement contrôler la qualité des productions – il se rend pour la première fois à Dora en janvier 1944, juste avant que les premières fusées ne sortent de la chaîne. L'historienne américaine Linda Hundt souligne son engagement nazi, son rang dans la SS (à prouver) et sa fidélité à Hitler ; l'un des survivants du camp de Dora, le Hollandais Alberty van Dijk, plaide dans le même sens.

Quant au français Charles Sadron, professeur à la faculté des sciences de Strasbourg, arrêté en 1943, il apporte dans un ouvrage paru aux Presses universitaires de Strasbourg, *De l'université aux camps de concentration : témoignages strasbourgeois*, un témoignage personnel : déporté à Buchenwald en janvier 1943, il est affecté à Dora, qui en dépend, en février 1944. Il faut, en effet, remplacer les morts. Voici ce qu'il écrit, et qui prouve que von Braun examinait bien les listes de prisonniers, qu'il savait parfaitement qu'ils étaient maltraités et soumis à des horaires insupportables au point de mourir en grand nombre – car, à Dora, on travaille jour et nuit :

« Je dois, cependant, satisfaire à la vérité, en signalant que j'ai rencontré un homme qui a eu, vis-à-vis de moi, une attitude presque généreuse. Il s'agit du professeur von Braun, l'un des membres de l'état-major technique qui mit au point les "torpilles aériennes". Von Braun est venu me voir dans l'atelier. C'est un homme jeune, d'aspect très germanique et qui parle parfaitement le français. Il m'a exprimé en termes courtois et mesurés son regret de voir un professeur français dans un tel état de misère. Puis il m'a proposé de venir travailler dans son laboratoire. Certes, il ne peut être question pour moi d'accepter. Je refuse brutalement. Von Braun s'excuse et sourit en s'éloignant. J'apprendrai plus tard qu'en dépit de mon refus il aura essayé quand même plusieurs fois d'améliorer mon sort, en vain d'ailleurs. »

A-t-il des excuses ?

Jusqu'en octobre 1944, von Braun ne paraît pas avoir douté de l'avenir du régime nazi. Mais à l'automne un homme informé et clairvoyant comme lui ne peut avoir qu'une certitude : Hitler a perdu la guerre.

Revenons quelques mois en arrière. Bien qu'il soit très difficile de distinguer la vérité parmi les différents témoignages dont nous disposons. Il est certain que Himmler n'a plus, fin 1943, aucune confiance dans le trio de têtes scientifiques de Dora – Oberth, Dornberger et von Braun –, au point qu'il décide d'imposer un nazi, scientifiquement incompétent, le terrible colonel SS Kammler, pour diriger les opérations. Il pense que les savants allemands font traîner volontairement leurs recherches. Deux thèses s'opposent. La première, suivant la biographie de von Braun écrite par le professeur Rainer Eisfelf, historien allemand de renom, affirme que von Braun aurait cherché à rencontrer Hitler pour lui proposer d'écraser l'Angleterre et même l'Amérique sous les fusées chargées d'explosif. La seconde, pour expliquer l'adhésion de von Braun au Parti nazi, soutient au contraire que Himmler a voulu sanctionner von Braun en lui ordonnant de prendre une fonction de responsabilité au sein du NSDAP.

Ce qui est certain, c'est que von Braun a rencontré Hitler début juillet 1943, étant fort bien accueilli par un dictateur en plein doute. Et qu'il a été convoqué par Himmler, seul, le 25 février 1944. C'est à ce moment précis que le patron de la SS lui propose d'en devenir membre. Face à son refus, Himmler rassemble un dossier contre lui, totalement absurde : le savant y est accusé de trahison et de sabotage du projet des A4/V2. Ne poursuit-il pas des travaux en recherche spatiale ? Himmler le fait arrêter par la Gestapo début mars. Déjà, à cette époque, le chef de la SS soupçonne en fait von Braun de vouloir fuir en Angleterre. Dornberger parvient à le faire sortir de geôle.

Ajoutons que les Américains eux-mêmes ont été embarrassés par l'affaire du camp de Dora lorsqu'ils ont récupéré von Braun. Quant à Dornberger, les Anglais l'ont emprisonné deux ans à la Libération…

Von Braun ne fait travailler personne de façon directe à Dora. Naturellement, il exprime ses critiques sur les processus de production et le niveau de qualité atteint. Et il n'a aucune possibilité de faire preuve de compassion, en raison de la surveillance dont un savant comme lui, essentiel pour le Reich, fait l'objet. Jusqu'au bout, en effet, Hitler croit que les armes secrètes vont le sauver. Il sait que les Allemands ont pris trop de retard dans le domaine de la bombe nucléaire. Seules les fusées peuvent produire le miracle attendu… Aussi toute tentative de fuite d'un savant allemand serait-elle immédiatement sanctionnée par la SS, au mieux par la déportation, plus vraisemblablement par une exécution immédiate. En 1944, von Braun ne peut donc que s'incliner et travailler d'arrache-pied pour un régime qu'il déteste sans doute désormais, après l'avoir porté au pinacle.

L'opération *Paperclip*

À l'hiver 1944-1945, von Braun a choisi son camp : il se livrera aux Américains. Pas aux Britanniques, qui n'ont plus de moyens, ni aux Russes, qui l'enfermeraient à vie dans un laboratoire secret…

En février 1945, von Braun se trouve à Peenemünde, entouré de plus de 4300 scientifiques, ingénieurs et techniciens, lesquels vivent tous avec leur famille. L'Armée rouge est proche quand parvient l'ordre du général SS Kammler, validé par Himmler : évacuation immédiate vers Nordhausen et Dora. Mi-mars, l'évacuation est achevée. Von Braun et ses compagnons en sont ravis : les voilà dans une région allemande qui ne devrait pas manquer de tomber aux mains des Américains.

Les Américains, lancés dans la course à la bombe nucléaire, ont mis sur pied l'opération *Paperclip*. L'idée est de rafler le maximum de savants allemands de haute volée, avec leurs équipes, fussent-ils de fieffés nazis, pour conforter l'effort de recherche américain, certes dans le nucléaire, mais plus encore dans celui, plus prometteur, des missiles balistiques et des fusées spatiales. Au total, ils feront traverser l'Atlantique à près de 2 000 savants et techniciens nazis. Trois officiers américains ont établi des listes de savants, les colonels Gervais W. Trichel, Holger Toftoy et le major Robert Staver. En tête de leur « liste noire », recensant les éléments les plus précieux, se trouvent von Braun et Dornberger.

À Dora, von Braun et ses hommes tentent de poursuivre leurs recherches, mais ils manquent de moyens, Dora étant avant tout un site de production. Von Braun a installé à Leuchtenburg un laboratoire démuni de tout ; il décide de se rendre à Berlin pour acquérir des appareils de chauffage. Son chauffeur s'endort, et il est victime d'un grave accident : son épaule est brisée, son bras gauche, cassé en deux endroits. Huit jours plus tard, il est de retour, le bras plâtré, et fête son trente-troisième anniversaire.

Cependant, le général Kammler veut déporter dans les Alpes von Braun et 500 de ses collaborateurs. Sans doute cherche-t-il à sauver ainsi sa peau en transformant les scientifiques en otages et en monnaie d'échange contre sa propre liberté. Au pire, si les choses tournent mal, il les fera fusiller pour éviter qu'ils ne tombent vivants entre les mains américaines. Le 5 avril 1945, les 500 hommes, von Braun en tête, sont transportés à Oberammergau, en Haute-Bavière, dans un véritable camp gardé par des SS. Heureusement pour eux, Kammler est remplacé par un autre SS, le major Kummer. Ce dernier se montre plus compréhensif. Il les autorise à se loger dans les villages environnants.

Cependant, la 3e division blindée américaine s'avance vers Dora. À Remagen, elle affronte des forces SS qui résistent désespérément, avant de découvrir les horreurs du camp de Nordhausen puis de pénétrer dans les tunnels et de parcourir les enfilades de laboratoires et d'ateliers de montage de Dora, enfin de découvrir le stock de V2.

Dornberger et von Braun logent désormais à Oberjoch, au milieu des montagnes alpines autrichiennes, attendant l'arrivée des Américains. Wernher envoie son frère Magnus en éclaireur, parce qu'il parle bien anglais. Parti en vélo, Magnus parvient, le 12 mai 1945, à établir un contact avec le caporal américain Schneiker. Von Braun est sauvé. Plusieurs centaines de collaborateurs finissent par le rejoindre : ils sont tous exfiltrés d'Allemagne. Très exactement 127 d'entre eux, ayant à leur tête von Braun, passent aux États-Unis, rejoignant Fort Bliss, à proximité d'El Paso, au Texas. Puis les Américains déménagent Dora dans son entier, emportant la documentation, le stock de fusées, les fusées en cours de montage et même les machines-outils. Puis ils se retirent, conformément aux accords passés avec les Russes… lesquels ne parviennent qu'en juillet 1945 à Dora. Ils finiront par dynamiter les tunnels en 1949.

L'homme du programme Apollo

Début 1946, von Braun est chargé de lancer les V2 récupérés à Dora dans le désert du Nouveau-Mexique. Il lui faut trois mois pour les remettre en état de vol. Le premier lancement a lieu le 1er mars 1946, et c'est un franc succès. En 1947, von Braun épouse sa cousine, Maria von Quistorp, qui lui donnera deux filles. En octobre, les Russes, qui sont parvenus à s'assurer les services d'un ancien de Peenemünde, Helmut Gröttrup, et de ses collaborateurs, car ils se sont emparés du site, lancent un V2 dans les steppes du Kazakhstan.

Cependant, l'US Army expérimente près de 70 V2 avant de parvenir, en février 1949, à propulser une fusée à deux étages, composée d'une A4 et d'un second étage du type *WAC Corporal*, laquelle atteint une hauteur de plus de 400 kilomètres. Devant le retard pris par les Américains sur les Russes, von Braun est nommé à la tête du projet de missiles guidés de l'armée. Puis, en 1950, le voilà directeur technique du Redstone Arsenal, à Huntsville, en Alabama, pour leur mise au point. C'est la naissance du missile *Redstone*, utilisé pour le lancement des premiers astronautes américains dans l'espace, en 1961.

Naturalisé américain en 1955, von Braun devient directeur des recherches de l'Agence pour les missiles balistiques de l'armée en 1956. À cette époque sont mises au point les fusées *Pershing* et *Jupiter.* On le retrouve comme principal acteur du lancement du premier satellite américain dans l'espace, *Explorer 1*, en 1958.

Après la fondation de la Nasa, il est nommé directeur de centre de vol spatial et poursuit une marche triomphale, avec les programmes de vols habités *Mercury* et *Gemini.* C'est lui qui conçoit la fusée géante *Saturn 5*, à la base du programme lunaire américain. Il devient, couronnement d'une carrière, administrateur de la Nasa en 1970 et responsable de programmes…

Sources

Bar Zohar Michel, *La Chasse aux savants allemands,* Fayard, 1965

Dornberger Walter, *L'Arme secrète de Peenemünde,* J'ai Lu, 1970

Ducrocq Albert, *Les Armes secrètes allemandes,* 1947

Giraud Henri-Christian, *Le Double Destin de Wernher von Braun,* hors série Le Figaro

Hunt Linda, *L'Affaire* Paperclip, *la récupération des scientifiques nazis par les Américains,* Stock, 1995

Kennedy Gregory P., *Le V2, arme de vengeance, traduction de X de Megille,* Éditions du Blockhaus

Mc Govern James, *La Chasse aux armes secrètes allemandes,* J'ai Lu, 1970

Ruby Marcel, *Le Livre de la déportation,* Robert Laffont, 1995

Ruland Bernd, *Wernher von Braun,* Stock, 1970

Sadron Charles, *De l'université aux camps de concentration : témoignage strasbourgeois,* Presses universitaires de Strasbourg

Vader John, « Les V1 », *Historia Magazine 2e Guerre mondiale,* n° 73, 1969

Von Braun et F I Ordway III, *History of Rocketery and Space Travel* 1975 Thomas Y Crowell New York

La Coupole, Centre d'histoire de la guerre et des fusées, Saint-Omer

LA PREMIÈRE BATAILLE DE L'EAU LOURDE

20 février 1940

La France est en guerre depuis six mois. Une « drôle de guerre ». Pendant que l'Allemagne et l'URSS se partagent la Pologne et que Hitler se prépare à envahir le Danemark, la Norvège, la Hollande, la Belgique, la France reste dans l'expectative. On attend une agression « caractérisée ». On chasse toute inquiétude à l'aide des leitmotive « Nous avons une armée invincible » et « Nous vaincrons parce que nous sommes les plus forts ».

Pourtant, le ministre de l'Armement français, Raoul Dautry, n'est pas aussi optimiste. Il a convoqué à son bureau deux hommes qui ne sont pas des officiers d'état-major. Il s'agit de Frédéric Joliot, le célèbre physicien, prix Nobel 1935[1], et d'un inconnu dont on ignore l'identité.

1. Avec son épouse, Irène.

– Monsieur Joliot, dit le ministre, permettez-moi de vous présenter M. Jacques Allier. Asseyez-vous, messieurs, je vous en prie. Monsieur Allier, vous êtes mobilisé à la direction des poudres, n'est-ce pas ?
– Oui, monsieur le ministre.
– Et vous entretenez, par votre position sociale dans le civil à la Banque de Paris et des Pays-Bas, des relations étroites avec la Norvège et plus spécialement avec la Société norvégienne de l'azote.
– C'est exact.
– Avez-vous entendu parler d'un produit appelé « eau lourde », dont cette société a entrepris la fabrication ?
– J'ai eu, il y a quelque temps, un entretien avec M. Aubert, le directeur, qui m'en a touché deux mots.
Le ministre se cale dans son fauteuil :
– Monsieur Joliot, voulez-vous résumer la situation à M. Allier.
Joliot est d'autant plus à l'aise que c'est lui qui a provoqué cette rencontre.
– Vous avez peut-être entendu parler de nos recherches sur la libération de l'énergie atomique, commence-t-il. Dès la déclaration de guerre, nous avons été invités à pousser nos recherches moins vers l'utilisation pacifique de cette énergie que vers la mise au point de son emploi dans la guerre. La libération brutale de l'énergie atomique peut avoir des effets infiniment plus redoutables que ceux des explosions les plus puissantes. Pour obtenir ce résultat, il y a deux moyens : accroître la proportion d'uranium 235 dans l'uranium naturel, ou remplacer l'hydrogène par du deutérium. La première solution exige un investissement considérable. La seconde solution, celle du

deutérium, peut être appliquée plus facilement et plus vite. Il suffit d'avoir une quantité suffisante d'eau lourde. C'est une eau semblable à l'eau ordinaire mais plus dense, puisque les atomes d'hydrogène y sont remplacés par des atomes de deutérium, plus lourds. Pour notre expérience, qui consiste à ralentir la fission pour la contrôler, l'eau lourde est le produit idéal. Il nous en faut environ 200 kilos. Or, la France n'en possède que 50 grammes. Les savants allemands sont dans le même cas que nous. Seule l'usine de Vemork, appartenant à la Norvégienne de l'azote, fabrique ce produit rarissime.

Joliot se tait. Le ministre enchaîne :

– C'est une véritable course de vitesse qui s'engage entre les savants allemands et les savants français. Celui qui fabriquera le premier la bombe atomique gagnera la guerre. C'est pour cela que je vous ai fait appeler, Allier. Vous connaissez bien le directeur de la Norvégienne de l'azote. Nous souhaiterions que vous partiez pour Oslo et que vous fassiez tout ce qui est en votre pouvoir pour convaincre cette société de nous céder son stock. Inutile de dire que cette mission n'est pas sans danger. Les services de renseignement allemands sont sûrement alertés. Il n'y a pas une minute à perdre. Acceptez-vous cette mission ?

– Je l'accepte, monsieur le ministre.

– Merci.

Avant son départ, Jacques Allier a revu Joliot plusieurs fois. Il a appris par cœur le contenu des documents que le savant lui a remis, afin de pouvoir répondre aux questions du directeur norvégien.

Le 26 février, l'agent secret est à la gare du Nord. Il prend le train pour Amsterdam, puis l'avion pour Malmo, et de nouveau le train pour une escale à Stockholm. Cet homme qui passe totalement inaperçu présente un passeport où il apparaît sous le patronyme de « Freiss », du nom de jeune fille de sa mère.

À la sortie de la gare de Stockholm, il est abordé par deux hommes :

– Monsieur Freiss ?

– Oui.

– Je suis le capitaine Muller. Voici le lieutenant Mossé. Nous sommes à votre disposition.

– Merci, messieurs. C'est à Oslo que j'aurai besoin de vous. Rendez-vous à la légation de France.

Le 28 février, Jacques Allier est reçu par M. Aubert. Entre les deux hommes est établie de longue date une solide amitié. C'est donc en toute franchise qu'Allier se confie. Il résume d'abord la situation de cette course à la bombe.

– Cette arme, si elle se trouvait entre des mains malfaisantes, pourrait anéantir notre civilisation. Or, il se trouve que vous possédez, et vous seul, un des matériaux nécessaires à la fabrication de cette arme. Si la France vous demande votre concours, c'est pour mettre le monde à l'abri et non pour l'utiliser à des fins de domination, vous le savez. Si l'Allemagne nazie possédait cette arme la première, que serait le monde demain ?

Monsieur Aubert réfléchit à peine.

– Je vous remercie de la confiance que vous me témoignez en me disant cela. Il y a trois semaines, à la place que vous occupez était assis un représentant de l'IG Farbenindustrie. L'Allemagne se déclare prête à passer une commande de 2000 litres d'eau lourde. Seulement, le représentant allemand n'a pas eu en moi la confiance que vous me témoignez. Alors j'ai refusé. Monsieur Allier, vous repartirez pour Paris avec la totalité du stock d'eau lourde : les 185 kilos que possède notre usine de Vemork. Et toute notre production ultérieure sera réservée à votre pays. Je vais téléphoner au directeur de notre usine pour annoncer votre venue. Vous pouvez avoir confiance en lui : il est aussi peu germanophile que moi.

Le directeur de l'usine se révèle, en effet, tout à fait favorable à ce projet. Le côté mystérieux et sportif de l'opération le séduit.

– Que faut-il faire ?

– D'abord trouver le moyen d'emporter cette eau lourde le plus discrètement possible.

– Pas facile. L'usine est en pleine montagne, sur un piton d'apparence inaccessible. Mais nous trouverons une solution. Comment comptez-vous conditionner le produit ?

– J'ai prévu 26 bidons de 8 litres. Pouvez-vous les charger la nuit dans une seule voiture ?

– C'est possible.

– Quand ?

– Cette nuit. Mais après, à Oslo…

– J'ai avec moi trois camarades qui sont en contact avec les renseignements français. Nous aurons des nouvelles de nos possibilités dès mon retour.

Les Français savent que l'opération doit être menée tambour battant, car les Allemands s'agitent. Lorsque le physicien Heisenberg a remis son rapport de recherches, il a stipulé que les laboratoires allemands ne disposaient pas de suffisamment d'eau lourde pour envisager la fabrication d'une bombe. Mais l'Allemagne est le seul pays qui puisse se prévaloir d'un groupe de recherche sur l'uranium placé sous l'autorité de l'armée. De plus, les principales mines d'uranium européennes se trouvent maintenant entre les mains des Allemands…

Le temps paraît long lorsqu'on a entreposé 185 litres d'eau lourde dans sa chambre et qu'on attend les instructions pour les évacuer.

Jacques Allier est logé dans le petit pavillon situé au fond du parc de la légation de France. Les agents français Muller et Mossé apportent des nouvelles :

– Paris étudie une solution pour faire venir un contre-torpilleur en un point secret de la côte.

– Oui, mais il faut faire vite ! Venez à la fenêtre, dit Mossé. Vous voyez la petite lumière, là-bas ?

– Oui.

– C'est l'appartement du 5e bureau allemand. Ils sont peut-être en train de déchiffrer nos télégrammes. Tous les mouvements de la légation de France sont observés. Ils savent que vous êtes là. Ils étudient un plan pour faire capoter notre entreprise.

Allier réfléchit un instant.

– Vous avez raison, Mossé, il faut faire vite. Je franchirai la mer du Nord par avion. Je passerai par l'Écosse. Demandez à Knall-Demars de me réserver une place sur la ligne Oslo-Perth et aussi sur la ligne Oslo-Amsterdam, et cela pour trois jours consécutifs, afin de brouiller les pistes. En même temps, continuez d'envoyer des messages à Paris. Dites que nous envisageons le voyage par mer.

Allier forme alors deux équipes ; la première est constituée par le lieutenant Mossé et lui-même. Cette équipe doit partir la première. Quarante-huit heures plus tard doivent suivre le capitaine Muller et Knall-Demars. Ces deux hommes sont allés, la veille, à l'aérodrome pour une sorte de répétition générale.

Le 12 mars au matin, M. Freiss (Allier) et M. Mossé se présentent à l'aérodrome, très en avance. Ils ont les mains vides. Freiss tient simplement une serviette contenant les accords signés. Les deux voyageurs se promènent ostensiblement et passent devant les deux avions en partance l'un pour l'Écosse, l'autre pour Amsterdam.

C'est alors que se produit un incident. Un voyageur affolé se présente à la grille de l'enceinte et déclare qu'il ne peut absolument pas rater l'avion d'Amsterdam, qu'il doit embarquer immédiatement. Les employés laissent passer son taxi, qui va se placer entre les deux avions, de sorte que la voiture est masquée aux regards, ce qui permet à des employés de sortir les bidons d'eau lourde du taxi et de les embarquer dans l'avion pour l'Écosse, pendant que le passager exubérant monte ostensiblement dans l'avion pour Amsterdam. Freiss et Mossé montent nonchalamment dans l'avion pour l'Écosse.

Les moteurs sont lancés, l'appareil va se placer sur la piste. Alors, profitant d'un mouvement des employés de l'avion pour Amsterdam, le voyageur affolé saute à terre et se fond dans le personnel. Ce voyageur affolé, c'est évidemment Knall-Demars. Les agents allemands qui surveillent l'aérodrome téléphonent aussitôt à leur service de renseignement pour lui apprendre que l'eau lourde et son accompagnateur se trouvent dans l'avion pour Amsterdam. Cet avion sera intercepté par une escadrille de Messerschmitt et dévié vers Hambourg pour y être fouillé.

Cependant, entre les murs de la légation de France à Édimbourg, les 26 bidons du produit désormais appelé « Z » font l'objet de toutes les surveillances.

Le 14 mars, les bidons passent d'Édimbourg à Londres. Le 16, ils arrivent à Paris et sont immédiatement acheminés au laboratoire du Collège de France. Mission accomplie ; Jacques Allier peut enfin souffler.

Joliot, Halban et Kowarsky veillent sur leur nouveau trésor. De quoi entreprendre l'expérience qui peut donner à la France une avance considérable dans le domaine atomique. Mais il est peut-être temps de présenter les membres de cette équipe qui va jouer un rôle déterminant dans la suite de l'histoire. Revenons quelques années en arrière…

Hans Halban est le fils d'un scientifique autrichien. Il a rencontré Irène et Frédéric Joliot-Curie en 1931 dans le laboratoire de son père à Zurich. Mais c'est en 1933 que Joliot lui a demandé de venir travailler à l'Institut du radium à Paris. Très vite, il s'est consacré à l'étude des neutrons lents.

Lew Kowarski, jeune physicien, est l'auteur d'une thèse appréciée par Jean Perrin. Celui-ci l'a recommandé à Joliot, qui l'a engagé en décembre 1934. Il a rejoint Halban ; les deux chercheurs forment une équipe indissociable.

En 1939, dans tous les pays où travaillent des physiciens nucléaires, les recherches s'accélèrent. En Allemagne, 60 ou 70 savants sont affectés aux investigations sur l'énergie atomique. Leurs premières expériences permettent de penser que concevoir un système opérationnel n'est qu'une question de temps et de quantité de matériaux. L'exploitation de la puissance nucléaire devient réalisable. En Grande-Bretagne, les savants se préoccupent plutôt de la défense nationale ; ils travaillent beaucoup sur le radar. Très peu se consacrent à la fission de l'uranium et à la réaction en chaîne. En 1940, les principaux rivaux des physiciens français sont donc les physiciens allemands.

Jusqu'à la mi-mars, toutes les équipes sont encore sceptiques : elles pensent que la quantité d'uranium 235 nécessaire pour fabriquer une bombe atteindra des tonnes. Un autre problème également insurmontable est celui de la séparation des isotopes chimiquement identiques. Mais, le 19 mars, les rapports d'Otto Frisch et Rudolf Peierls, qui travaillent tous deux en Angleterre, révèlent qu'une bombe atomique dégagerait une énergie semblable à celle produite par l'explosion de 1000 tonnes de dynamite, avec une production de chaleur comparable à celle du centre du Soleil. Ces rapports démontrent aussi que la quantité d'uranium nécessaire pour produire une réaction en chaîne se chiffre non pas en tonnes, mais en kilos. Ce qui change tout.

L'équipe française travaille d'arrache-pied. Joliot a une nouvelle entrevue avec le ministre Dautry.

– Le produit « Z » est en sécurité au Collège de France, lui assure Joliot. On peut aussi être certains que la Norvégienne de l'azote tiendra parole pour les livraisons futures.

– À condition que la Norvège ne soit pas envahie par les Allemands, ce qui est de moins en moins sûr. On sent Hitler prêt à bondir sur de nouvelles proies. Où en êtes-vous de vos recherches ?
– Nous pouvons envisager les conditions de fonctionnement et de régulation d'un réacteur à uranium en utilisant l'eau lourde comme ralentisseur des neutrons.

Le 9 avril, les gouvernements français et britannique demandent à la Norvège l'autorisation d'envoyer un corps expéditionnaire pour occuper les points stratégiques qui seront sûrement visés par l'invasion allemande. Pour la première fois, Oslo perçoit le danger et accorde cette autorisation. Trop tard !

Le 9 avril au matin, les troupes allemandes ont envahi le Danemark et la Norvège. Un régiment allemand qui a pris position à Narvik, dans l'extrême nord du pays, voit sa retraite coupée par la Royal Navy, qui coule les destroyers allemands convoyant les renforts. Notre nouveau président du Conseil, Paul Reynaud, exulte : « La route du fer est coupée ! » s'écrie-t-il à la radio. Il oublie que la presque totalité de la Norvège est déjà occupée par les Allemands…

Joliot prononce, lui aussi, un discours radiodiffusé, et Irène Joliot-Curie écrit à son amie Mary Meloney : « Je ne peux m'empêcher d'éprouver une grande amertume. Les événements de l'an passé ont clairement prouvé que fascisme et communisme sont internationaux. Les fascistes des différents pays s'entraident et les communistes en font autant. Si les démocraties n'élaborent pas un sentiment de solidarité internationale, elles seront certainement détruites. »

De plus en plus de rumeurs circulent à propos des armes secrètes des nazis. Les services de renseignement demandent même à Joliot de dresser une liste des chercheurs allemands chargés de travailler sur le nucléaire en chaîne divergente dans l'uranium. On tremble à l'idée que ces savants aient été regroupés pour accélérer les recherches.

De leur côté, les Britanniques activent leur effort de guerre. Sir Henry Tizard a créé le comité Maud[1].

Le président du Conseil français charge Jacques Allier d'une nouvelle mission : il doit mettre les Britanniques au courant des travaux effectués sur la bombe par l'équipe française. Il doit aussi faire part des craintes relatives aux travaux des Allemands. Enfin, au nom de son gouvernement, il doit proposer une coopération nucléaire à long terme entre la France et la Grande-Bretagne. Le gouvernement français apporte dans cet accord une contribution appréciable : son équipe de pointe de savants et le stock d'eau lourde. Il y a de quoi faire réfléchir le Maud.

Malheureusement, les problèmes s'aggravent, le danger se précise. Le 15 mai, les troupes allemandes percent la poche de Sedan.

Joliot rencontre Dautry. Le savant s'inquiète :

– Si, par malheur, les Allemands parvenaient à Paris, tous nos travaux seraient anéantis. Nous nous sommes donné tellement de mal pour récupérer l'eau lourde !

– Vous avez carte blanche pour évacuer les bidons, Joliot. Partez, vous aussi. Déménagez le laboratoire, les machines.

---

1. *Map Uranium Development.*

– Pour aller où ?
– En Angleterre. Vous y serez les bienvenus.
– Je préférerais mettre les bidons à l'abri en France, en attendant de voir comment évolueront les événements.
– Nous n'arrêterons pas l'avance allemande. Ils seront à Paris dans quelques jours. Vous pensez à un lieu de repli ?
– Oui. Clermont-Ferrand. Mon ami Henri Moureu a tout préparé.
– Alors, allez ! Ne perdez pas un instant.
Joliot appelle Moureu :
– Il faut partir, Henri. Ce soir.
– Je fais charger les bidons dans la voiture. Je partirai après minuit. Tu me suivras avec Irène.
– Pas tout de suite. Je peux être appelé à n'importe quelle heure. N'attirons pas l'attention. Tu as prévenu Boyer ?
– Oui. Il nous attend.

C'est, en effet, M. Boyer, le directeur de la Banque de France de Clermont-Ferrand, qui recevra les bidons dans sa chambre forte.

Le voyage en voiture d'Henri Moureu se déroule sans incident et, dans l'après-midi du lendemain, le produit « Z » se trouve dans le coffre de la Banque de France de Clermont-Ferrand. Tout va bien.

17 mai 1940

Le général Weygand a été rappelé de Beyrouth, où il exerçait les fonctions de chef des armées d'Orient, et s'est vu proposer le poste de généralissime de l'armée française en remplacement du général Gamelin, jugé inapte à trouver une solution dans le drame qui se joue. Weygand, homme de caractère, a accepté cette lourde tâche mais ne peut garantir la victoire. Il découvre, en effet, une situation catastrophique. Quand il croit faire appel aux réserves militaires, on lui répond qu'il n'y en a plus…

Pendant ce temps, Dautry revoit Joliot.

– Vous avez un point de chute en Auvergne pour votre équipe ?

– Nous avons réservé quatre chambres à la pension Bon Accueil.

– Il serait préférable de louer une villa plus discrète.

– Trillat connaît bien la région. Il verra cela avec le notaire.

Me Deteix propose à ces étranges locataires un bail pour le « Clair Logis », à Beaumont. Le lieu est isolé, la maison, relativement confortable. D'ailleurs, il n'est pas question de s'y installer pour longtemps. Un premier contretemps vient perturber l'opération clandestine : le directeur de la Banque de France, M. Boyer, inquiet de la tournure que prennent les événements et ne sachant pas exactement ce qu'est le produit « Z », demande à être déchargé de ce poids. Si les Allemands occupent toute la France, il leur devra des explications. Il appelle donc Joliot pour lui faire savoir que « Z » doit être déménagé.

Joliot renvoie donc à Clermont-Ferrand Henri Moureu et Jean-Jacques Trillat, le spécialiste des rayons X, qui est chargé d'une autre mission non moins importante et secrète relative au radium. En route, les deux hommes réfléchissent à la meilleure façon de cacher le produit « Z ». Dès le lendemain, ils sont chez le sous-préfet.

M. Fontanel peut comprendre l'importance du secret qui va lui être confié. Il fait appel à son homme de confiance, M. Maréchal, de l'arsenal des Gravanches, pour dégotter une cache où le produit « Z » échapperait à la curiosité de l'occupant.

– Il y a bien un endroit où personne n'ira fouiller...

– Où ça ?

– Dans la prison centrale de Riom. Elle est sûre et discrète ; c'est la meilleure protection contre les coups de mains ou l'espionnage. Qui irait chercher « Z » dans une prison ?

L'eau lourde dans une prison ? Pourquoi pas ? De toute façon, il faut agir vite. Moureu et Trillat sont reçus par le directeur, M. Constant, qui leur fait visiter l'établissement. Le choix des deux savants se porte sur une vieille cellule souterraine munie de barreaux de nature à décourager toute tentative d'effraction. Cette cellule, dit-on, a même eu un locataire condamné à mort.

La camionnette arrive dans la cour, et cinq bagnards en treillis rayés déchargent les précieux bidons et les rangent dans la cellule, dont la porte se referme et sur laquelle on pose les scellés.

Le lendemain, Joliot reçoit le message téléphonique suivant : « "Z" a été incarcéré. »

Les hommes politiques et les savants britanniques pensent que l'Allemagne est beaucoup plus avancée qu'on ne le croit dans ses travaux sur l'énergie nucléaire, car le savant allemand Niels Bohr a expédié à son ami anglais Frisch un télégramme où il demandait des nouvelles de « Maud Rey and Kent ». Comme le destinataire ne se souvenait pas d'avoir connu les nommés « Maud » et « Kent », les services secrets anglais ont tenté de décrypter ce message et en sont arrivés à « *radium taken* » (« les Allemands ont pris le radium »). Ce message incite les Alliés à penser que les Allemands travaillent activement à la bombe et que Bohr cherche à le leur faire savoir. D'autre part, le Hollandais Peter Debye a déclaré que le KW Institut a décidé, pour le compte de l'état-major général allemand, de fabriquer des bombes à uranium[1]. Un conseil de guerre est convoqué à l'Élysée.

– J'ai le devoir d'envisager le pire ! dit Weygand. Il ne reste qu'une solution : tenir sur la position actuelle Somme-Aisne et nous défendre jusqu'à la dernière extrémité.

C'est alors que, pour la première fois, le mot qui fait peur est prononcé par Paul Reynaud :

– Il n'est pas dit que notre adversaire accorde un armistice immédiat.

Halban est parti le premier pour Clermont-Ferrand afin de commencer l'aménagement du Clair Logis. Kowarski le suit, à la tête de plusieurs camions militaires contenant le matériel, les 8 tonnes d'oxyde d'uranium et la tonne de graphite. Dans l'esprit de l'équipe du Collège de France, il n'y a aucune ambiguïté : le travail continuera à Clermont-Ferrand. Joliot envisage même de faire fabriquer par Michelin une enveloppe en caoutchouc qui permettra d'éviter les fuites de la sphère tournante immergée dans la cuve d'eau. Dans son esprit, le travail de l'équipe ne sera interrompu

1. Michel Pinault, *Frédéric Joliot*, Éditions Odile Jacob.

que pendant l'aménagement du labo provisoire. Il écrit d'ailleurs à ses collaborateurs qu'Irène doit arriver les jours suivants et que lui-même quittera Paris lorsque tout sera prêt.

Aussitôt arrivés à Clermont-Ferrand, Halban et Kowarski s'attachent à transformer la villa en laboratoire de fortune.

12 juin 1940

Cette fois, il faut partir ! La plupart des ministères et des laboratoires ont été évacués dans le Sud-Ouest. L'Institut du radium est à Clairvivre, près de Périgueux. Joliot et Moureu quitteront le Collège de France les derniers. Il ne faut laisser aucune trace qui pourrait donner des pistes aux Allemands ; les deux hommes passent une partie de la journée à brûler des papiers. Les comptes rendus, les rapports confidentiels ont été expédiés au ministère et sont en sûreté.

Avant son départ, Joliot voit encore le ministre de l'Armement.

– Notre seule consolation, dit Dautry, c'est que le gouvernement britannique connaît désormais notre position. Il ne l'oubliera pas, quoi qu'il arrive.

– J'en suis convaincu monsieur le ministre. Ce qui m'inquiète, c'est le sort de nos amis qui sont en Norvège, et notamment d'Aubert, qui s'est dangereusement fait remarquer en nous livrant l'eau lourde. Que vont faire les Allemands là-bas ?

– Ils vont certainement occuper l'usine de Vemork et reprendre la fabrication de l'eau lourde pour leur propre compte.
– Comment empêcher cela ?
– Ça, mon cher, j'ai bien peur que ce ne soit plus de notre ressort.
Quelques jours plus tard, en effet, l'usine norvégienne occupée reprend la fabrication d'eau lourde pour les laboratoires du Reich.
12 juin 1940. Dans leur Peugeot 402, Frédéric et Irène Joliot-Curie quittent Paris. Ils sont suivis de très près par la 302 d'Henri Moureu.
Ce même jour, à 19 h 45, au Conseil des ministres qui se tient au château de Cangé, Weygand déclare :
– Nous avons atteint la dernière limite. Il faut demander un armistice. Il ne s'agit pas seulement de l'ordre au sein de nos troupes, il s'agit de l'ordre dans la population. Nous avons 6 millions de civils qui déferlent dans un désordre épouvantable, se mélangent aux soldats désemparés, sans munition, sans ravitaillement.
Paul Reynaud réplique :
– La France ne peut ni conclure de paix séparée ni entamer de négociations en vue d'un armistice sans le consentement de la Grande-Bretagne. Agir autrement serait forfaire à l'honneur.
Weygand riposte violemment :
– L'honneur, il est dans ceux qui se battent, beaucoup plus que dans ceux qui sont assis dans leur fauteuil et ne font que regarder !

L'accord est loin d'être parfait.

13 juin 1940

Après un voyage très pénible, c'est un couple épuisé qui arrive au Clair Logis. Irène se couche sur le sol et s'endort. Joliot ne veut pas se laisser entamer ni par la fatigue ni par le découragement. Il parle, il raisonne, il spécule sur l'avenir, tâche de se convaincre lui-même :
– L'Angleterre tiendra le coup. Les États-Unis entreront en guerre. Les Russes se retourneront, car ils savent qu'ils sont les ennemis héréditaires des nazis. La France même se soulèvera et les Allemands quitteront notre pays.
– Tu es optimiste ! dit Moureu.
– Tu connais un autre moyen de survivre ?
– Oui. Travailler.
– Alors, travaillons !

Les ministères en lambeaux quittent Paris et se dirigent vers Bordeaux. Winston Churchill fait un saut en France pour se rendre compte lui-même de la situation. Il refuse d'engager des forces supplémentaires, car il estime que « le moment n'est pas venu de reprendre ce qui a été enlevé ». Les anglophobes pensent que la Grande-Bretagne se battra jusqu'au « dernier Français ». Le vaisseau fantôme France est en pleine tempête. Le peuple sur les routes cherche du pain, de l'eau, des abris. Dans les cortèges de réfugiés, on entend toujours le même refrain : « Qu'est-ce qu'ils attendent pour demander l'armistice ? »

14 juin 1940

À l'aube, les Allemands entrent dans Paris. Ils s'apprêtent à remplacer le drapeau tricolore par la croix gammée, à planter partout leurs propres panneaux indicateurs ; ils réquisitionnent les grands hôtels.

15 juin 1940

Un nouveau Conseil des ministres français se réunit à Bordeaux. On y a convié Weygand, bien que l'on se souvienne de sa dernière intervention et de sa sortie. Le président du Conseil a peut-être à proposer une autre formule que celle de la poursuite des opérations militaires. Il ose avancer :

– Notre armée de terre capitulera, tandis que le gouvernement se transportera en Afrique pour y poursuivre la lutte avec sa flotte et ce qu'on peut sauver de la métropole.

Weygand saute au plafond :

– Je repousse cette proposition avec indignation ! Jamais je n'accepterai de jeter une telle honte sur nos drapeaux ! Je ne peux évoquer sans un frisson de révolte une proposition aussi infamante !

– N'en parlons plus ! intervient Camille Chautemps, ministre d'État.

– Dans ce cas, ajoute Reynaud en s'adressant à Weygand, ainsi que nous en sommes convenus tout à l'heure, vous allez demander la capitulation de l'armée.

Le terme de « capitulation » horrifie Weygand. La capitulation, c'est Napoléon III à Sedan, Bazaine à

Metz, le roi des Belges deux semaines plus tôt ! Mais ce qui le hérisse le plus, c'est le commentaire « ainsi que nous en sommes convenus ». Quelques instants auparavant, en tête à tête avec lui, le président du Conseil a tenu un propos exactement contraire. Que Reynaud dise « Le Conseil des ministres a décidé », et Weygand ne s'inclinera sans doute pas, cependant il ne pourra contredire le président ; mais qu'il prétende avoir son accord sur la capitulation de l'armée représente un mensonge insupportable. Le guerrier se dresse :

– Jamais je n'ai tenu le langage que vous me prêtez ! Jamais on ne me contraindra à un acte que je réprouve. Vous voulez faire occuper tout le pays. L'armée entière sera prisonnière et déshonorée. Je ne ferai jamais cela. Vous pouvez me destituer, me fusiller, mais je ne capitulerai pas. Ce n'est pas une capitulation que je vous demande, mais un armistice. J'en ai assez de tous ces mensonges. Je vais rejoindre mon commandement. J'attends vos ordres !

– Calmez-vous, calmez-vous ! répond Reynaud. C'est simplement une idée que j'avais eue.

– Monsieur le président, vous êtes un menteur ! Avant le conseil, vous m'avez dit que le gouvernement avait décidé que je devais capituler. Maintenant vous dites que c'est une idée à vous. Où est la vérité dans tout cela ? Vous vous êtes trompé en me faisant venir de si loin pour prendre le commandement, vous avez pensé trouver en moi un homme prêt à accepter toutes les besognes. La cessation des hostilités comme l'entrée en guerre sont l'affaire du gouvernement. Que celui-ci sache prendre ses responsabilités.

– Rassurez-vous, il les prendra, affirme Reynaud.

Paul Reynaud convoque le général de Gaulle et lui demande son avis sur l'évolution de la situation. Celui-ci lui répond :
– Je vous ai donné mon concours pour faire la guerre. Je refuse de me soumettre à un armistice. Si vous restez ici, vous allez être submergé par la défaite. Il faut gagner Alger au plus vite. Y êtes-vous décidé ?
– Oui.
– Dans ce cas, j'irai à Londres dès demain pour arranger le concours des Anglais à nos transports.

De Gaulle part pour Brest et le 15, à 16 heures, il s'embarque sur le contre-torpilleur Milan. À 22 heures, il débarque à Plymouth. Le dimanche 16, il est à Londres. Il reçoit dans sa chambre d'hôtel de Hyde Park l'ambassadeur de France Charles Corbin et Jean Monnet, le chef de la mission d'achat franco-britannique. Celui-ci présente au général un projet élaboré avec René Pleven, Arthur Salter, Desmond Morton et Horace Wilson.
– De quoi s'agit-il ? demande de Gaulle.
– D'une proposition de fédération groupant en union les gouvernements français et britannique.
Le général fronce les sourcils :
– Avec les Parlements, les gouvernements des deux pays ?
– Oui, mon général.
– Fondre la Grande-Bretagne et la France ? La proposition est insolite.
– Nous n'avons pas encore l'accord du cabinet britannique. Vous seul pouvez l'obtenir de Churchill.

Quelques heures plus tard, de Gaulle se trouve chez le Premier ministre, qui tient en main le texte de la proposition suivante : « Les gouvernements français et britannique déclarent ne plus faire qu'un seul État. Les citoyens français et anglais auront les mêmes droits et les mêmes devoirs. Les Chambres siégeront et décideront en commun. Le gouvernement sera composé, par parties égales, de ministres français et anglais. Les ruines seront réparées par moitié. L'union ne sera dissoute qu'après la victoire commune. »

– C'est une proposition… De Gaulle hésite.

– Oui. C'est un gros morceau, dit flegmatiquement Churchill en allumant un gros cigare. Tâchez de convaincre votre gouvernement, moi je m'occupe de mon cabinet.

Il est 16 h 50. De Gaulle appelle immédiatement Paul Reynaud. Celui-ci est interloqué par ce qu'il entend :

– La France et la Grande-Bretagne ne seraient plus deux nations mais une seule ? Attendez ! C'est vous qui dites cela ou bien Churchill ?

– Passez-le-moi ! dit Churchill.

Il prend l'appareil.

– De Gaulle a raison. Notre proposition peut avoir de grandes conséquences.

– Laissez-moi quelques heures, bredouille Paul Reynaud.

Il convoque aussitôt le Conseil des ministres. Il annonce l'offre d'union franco-britannique. Les visages se figent.

– C'est un mariage avec un cadavre, murmure le maréchal Pétain.

– Nous ne voulons pas être un dominion britannique ! tranche un ministre.

Le Conseil est immédiatement divisé en trois groupes : un groupe favorable à cette proposition d'union, un groupe qui la repousse et un troisième qui rassemble les indécis. Finalement, avant même d'obtenir une réponse négative, Paul Reynaud présente sa démission ; le président Albert Lebrun l'accepte. Dautry quitte également le gouvernement et se retire à Lourmarin, dans le Vaucluse.

Au même moment, vers la fin de l'après-midi, Joliot et Moureu se promènent sur une petite route dominant Clermont-Ferrand. Le temps est beau, le paysage magnifique ; impossible de croire qu'un drame terrible se noue pour notre pays.

Une voiture arrive et stoppe. Un homme en descend. Joliot reconnaît tout de suite Jacques Allier. Ce dernier se porte à sa rencontre pour lui dire :

– Il est bien difficile de dire bonjour quand nous vivons les plus mauvais jours de notre existence, sans doute. Je suis porteur de tristes nouvelles. Reynaud vient de démissionner. Dautry également. Le maréchal Pétain est en train de constituer un cabinet qui va demander l'armistice. Cela signifie que notre pays sera en partie occupé.

– Donc, l'eau lourde est en danger ici.

– Ici et partout en France. Il faut l'évacuer au plus vite en Angleterre. Et toute votre équipe doit en faire autant, si elle veut poursuivre ses travaux. Les services secrets franco-britanniques se sont mis d'accord : un bateau vous attend à Bordeaux. Prévenez vos familles. Avant l'embarquement, vous serez pris en charge par lord Suffolk. Vous aurez un ordre de mission en règle.

– Repartir ! Encore repartir ! dit Irène, sans force.

Joliot, un instant méditatif, lève la tête et murmure :
– Je crois que je ne partirai pas.
– Je crains que vous n'ayez pas le choix. Ce sont les ordres.
– J'ai l'habitude de désobéir aux ordres quand je les juge contraires à ma raison. Je crois que ma place est en France. Mais j'encourage vivement mes collaborateurs à partir avec l'eau lourde pour mener à bien les expériences en cours avec les Anglais. Les intérêts de notre pays sont entre leurs mains. Ils devront les défendre seuls. Je leur confie les carnets du laboratoire.
– Réfléchissez encore.

16 juin 1940

Ce soir-là, on dort peu au Clair Logis. La décision de partir pour l'Angleterre est longuement discutée. Finalement, Halban et Kowarski, qui ne veulent pas se séparer de l'eau lourde, acceptent de partir. Joliot réserve encore sa décision.

17 juin 1940 – 6 heures

Trois véhicules quittent le Clair Logis et partent en direction de Bordeaux. La 402 du laboratoire et une autre voiture emmènent Halban, Kowarski, leurs femmes et les deux enfants. Dans la poche d'Halban, l'ordre de mission suivant : « MM. Halban et Kowarski, accompagnés de Mmes Halban et Kowarski et de deux enfants en bas âge, monteront à bord du vapeur

Broompark à Bassens (Gironde). Ils sont confiés à monsieur le comte de Suffolk et Berkshire, afin de poursuivre en Angleterre les recherches entreprises au Collège de France, et sur lesquelles sera observé un secret absolu. MM. Halban et Kowarski se présenteront à Londres à la mission française du colonel Mayer, 2 Dean Stanley Street, Westminster House. Pour le ministre et par son ordre, pour le secrétaire général des fabrications, le chef de cabinet, J. Bichelonne. »

La 302 de Moureu, qui suit la camionnette, est remplie d'instruments scientifiques et de documents. La 402 d'Irène et Frédéric ferme la marche. Routes pittoresques, paysage radieux, mais le temps n'est pas à la contemplation.

Arrivés à La Bachellerie, les deux premiers véhicules continuent sur Bordeaux, alors que celle de Joliot remonte la N704 pour atteindre Salagnac, où se trouve Clairvivre, la cité sanitaire française construite dix ans plus tôt. La gestion de cette cité, sorte de sanatorium ouvert, a été confiée à la société La Maison des blessés du poumon. Après avoir accueilli les blessés espagnols de 1937, Clairvivre reçoit maintenant les malades alsaciens et lorrains repliés. C'est dans cette superbe forêt de Born qu'Irène Joliot-Curie souhaite s'arrêter pour se reposer, pendant que son mari règle l'embarquement de son équipe pour l'Angleterre. Après quoi il la rejoindra, et alors… ils verront bien.

17 juin 1940 – 11 heures

La radio fait entendre la voix chevrotante du maréchal Pétain, qui demande l'armistice.

Au même moment, le général de Gaulle s'envole, laissant derrière lui un pays prostré, anesthésié par de vieux chefs qui répètent qu'il faut accepter la défaite. Il arrive à Londres seul et démuni comme un homme au bord d'un océan qu'il prétend franchir à la nage. Il se rend auprès de Churchill, qui met la BBC à sa disposition. De Gaulle s'installe dans le petit appartement de Scamore Place. Il rédige aussitôt ce qu'il lira le lendemain à la radio : l'« appel du 18 juin » !

Halban et Kowarski sont arrivés à Bordeaux à minuit. Au point de rendez-vous, ils ont rencontré le capitaine Bichelonne, qui leur a remis leur ordre de mission. Joliot et Moureu arrivent plus tard et retrouvent Bichelonne, qui leur présente lord Suffolk, celui que ses familiers appellent le « fou boïteux ». Cet homme étrange à l'allure d'un pirate d'opérette est un agent du DSIR (Department of Scientific and Industrial Research), c'est-à-dire le délégué du ministre britannique de l'Armement. Il est chargé de ramener en Grande-Bretagne les savants les plus à la pointe, le radium et l'eau lourde. C'est l'un des Anglais qui connaissent le mieux les travaux de l'équipe Joliot. Il sait ce que représentent ces hommes et leur détermination. Il se précipite sur Joliot.

– Joliot ! Il faut me suivre immédiatement en Angleterre. Ne vous souciez pas de votre femme et de vos enfants, je m'en charge. Dès demain, ils passeront de l'autre côté de la Manche. Tout est réglé pour

Halban et Kowarski ; ils sont, en ce moment, à bord du Broompark avec « Z ». Il n'y a pas une minute à perdre. Venez !

Il veut entraîner Joliot, qui reste immobile et pensif.

– Vous hésitez ?

– J'ai le sentiment que partir serait déserter.

– Mais au contraire ! Ce n'est qu'en Angleterre que vous pourrez continuer le combat.

Joliot est envahi par des sentiments opposés : il doit poursuivre les recherches sur l'énergie nucléaire, certes, mais aussi envisager l'avenir de son labo, de son équipe, de sa femme, de ses enfants. Si au moins il était certain que la bombe atomique soit réalisable par les Alliés dans un délai qui abrégerait la guerre ! Mais personne ne peut garantir cela. Au contraire, tout laisse croire que les formidables moyens exigés par ce projet feront reculer tous les pays, y compris les États-Unis.

Joliot n'arrive pas à prendre sa décision. Suffolk s'énerve. Il comprend mal ces atermoiements. Frédéric voudrait pouvoir encore converser avec Halban et Kowarski, mais impossible de les retrouver, car le *Broompark* a changé de quai pour éviter les bombardements de l'aviation allemande.

Joliot s'approche de son ami Moureu :

– Dois-je accepter l'offre de lord Suffolk, Henri ? Continuer là-bas, bien sûr… Mais il va bien falloir faire quelque chose ici aussi. On ne peut pas abandonner notre pays.

– Oui. C'est bien difficile.

– Que ferais-tu à ma place ?

– Tu n'es pas dans la même situation que nous. Toi, tu es un porte-drapeau.

Joliot reste silencieux.

– Partir ! C'est si facile ! Il n'y a que quelques pas à faire pour franchir la passerelle de ce bateau. Continuer là-bas, avec l'équipe ! Rejoindre les physiciens venus de toute l'Europe ! Participer à l'avenir nucléaire ! Oui, mais… je parle mal l'anglais. Et si l'on ne me donnait pas les moyens de poursuivre mon travail ? En France, je n'ai pas grand-chose, mais je suis chez moi au Collège, c'est mon matériel. D'ailleurs, Irène ne veut pas partir. Mes enfants sont en Bretagne ! Langevin, à Toulouse ! Dans quel état laissons-nous la France ? C'est un naufrage. Les rats doivent-ils quitter le navire ?

Et soudain sa décision est prise :

– Tu as raison, Henri. Je dois rester. Halban et Kowarski continueront sans moi.

Ce qu'il ne sait pas, en s'éloignant, c'est que le *Broompark* vient d'échapper de justesse à l'aviation allemande : deux bateaux qui naviguaient avec lui ont été coulés. Mais l'eau lourde, encore une fois, reste en possession des savants français et poursuit son odyssée.

À peine le *Broompark* a-t-il accosté qu'un groupe de militaires anglais viennent « arracher » les bidons d'eau lourde aux savants français et les placent sur un radeau afin d'éviter les accidents pendant le transfert.

23 juin 1940

Après trois jours sur le *Broompark*, vingt heures dans un cinéma de Falmouth transformé en centre d'hébergement de réfugiés et une nuit dans un train bondé, les chercheurs français arrivent à Londres. Halban et Kowarski sont longuement interrogés par les membres du Maud, qui leur demandent d'établir un rapport complet sur les recherches qui ont été faites en France. Lorsque James Chadwick[1] lit ce rapport, il note sur l'enveloppe : « Ce texte est tel qu'il n'est pas opportun de le publier en ce moment. » Dieu sait en effet ce que l'ennemi pourrait développer à partir de la réaction en chaîne mise au point par les Français !

On installe donc Halban et Kowarski dans un vieux laboratoire en briques où, avec quelques techniciens, ils se mettent au travail à partir du 14 juillet. Ils sont désormais complètement coupés de leur patron, Frédéric Joliot. Ils n'ont plus qu'à poursuivre leur tâche, selon leur programme et selon leur conscience. Quant à Joliot et à Irène, que peuvent-ils faire à Clermont ou à Clairvivre ? L'inactivité devient pour eux de l'inutilité. Loin de leur laboratoire, ils se trouvent isolés, sans moyens. Pourquoi avoir décidé de rester si c'était pour ne rien faire ? Tout, plutôt que d'être un spectateur. Ils doivent retourner à Paris, reprendre leur poste. Même si les Allemands les empêchent de poursuivre leurs recherches, ils seront au moins dans leurs murs. Allons ! C'est décidé ! Frédéric remonte à Paris ! Irène le rejoindra plus tard, selon l'évolution de la situation.

Le laboratoire de chimie nucléaire du Collège de France constitue, en raison des découvertes qui y ont

1. Physicien britannique, découvreur des neutrons, prix Nobel. Il est l'un des premiers à avoir envisagé la possibilité de fabriquer la bombe atomique. Pendant la guerre, il préside la Commission d'études nucléaires à Londres.

été faites, un des premiers points d'attraction pour les autorités allemandes. Dès les premiers jours de juillet, des militaires de la Wehrmacht, accompagnés du physicien Bothe, se font ouvrir le laboratoire fermé depuis le départ de Joliot et de Moureu. Ils espèrent bien trouver l'uranium, l'eau lourde et les résultats des expériences des savants français. Mais tout est parti. Le cyclotron, qui, lui, n'a pas pu être déménagé, est minutieusement examiné. Les autorités d'occupation posent les scellés aux portes du laboratoire de synthèse atomique d'Ivry.

3 juillet 1940

En revenant à Clermont, Joliot apprend que son laboratoire du Clair Logis a été déménagé tout de suite après son départ, le 17 juin. « Déménagé ? Mais où ? Pourquoi ? »

On retrouvera plus tard l'ordre de cette mission dans les archives du Commissariat à l'énergie atomique : « Ordre du ministre de l'Armement à l'ACF. Il existe à la villa Clair Logis, 85, rue Étienne-Dolet à Clermont, 8 tonnes d'uranium appartenant au Collège de France. Le mettre en camion pour l'apporter d'urgence à Bordeaux, 56 bis, rue du Commandant-Arnoud (École supérieure de garçons). Si on ne peut enlever les 8 tonnes, charger le maximum possible mais au moins 1 tonne. C'est très important. Le chef d'escadron (signature illisible) au parc Clermont. »

Où sont passées les 8 tonnes d'uranium ?

Sur l'ordre de Weygand, Serge Gorodersky s'est embarqué à Bordeaux sur un cargo en partance pour le Maroc. L'uranium doit être caché dans une mine de potasse de Khouribga pour échapper aux recherches de la Commission d'armistice allemande.

Joliot est un peu désemparé. A-t-il pris la bonne décision en restant en France ? Il a cherché à obtenir des instructions de Vichy, et Vichy a répondu : « Attendez les ordres. » Sans laboratoire, sans sa femme, sans ses enfants, sans ses amis, que peut-il faire ? Son devoir n'est-il pas de regagner Paris ? Une lettre de Charles Maurain, le doyen de la faculté des sciences, le lui confirme : « Il semble y avoir intérêt à ce que les laboratoires soient occupés par des membres du personnel pour des raisons de sécurité, et pour la reprise du travail. »

L'administration du Collège de France, de son côté, adresse une lettre-circulaire similaire aux professeurs. Paul Valéry estime qu'il y a un « intérêt national de première grandeur à affirmer aussi tôt et aussi énergiquement que possible la volonté de vie et de puissance intellectuelle du pays, en dépit des événements les plus désastreux et des circonstances les plus critiques qu'il ait jamais connus ».

10 juillet 1940

La IIIe République a vécu ! Au casino de Vichy, le Parlement vote l'article unique du projet de loi créant l'« État français ». La francisque devient l'emblème national. Le nouvel État se propose d'instaurer l'ordre moral, prônant le retour aux valeurs traditionnelles. Le président du Conseil est le maréchal Pétain. Ministre d'État et vice-président : Pierre Laval. À la Défense nationale siège le général Weygand.

On se souvient de Jean Bichelonne, le chef de cabinet de Raoul Dautry, et de son rôle dans l'épisode de l'escamotage de l'eau lourde, au mois de février précédent. Il a été l'un des responsables de la Commission d'armistice, a exercé les responsabilités de secrétaire général à la Production industrielle. Mais, quelques semaines plus tard, il est arrêté par la Gestapo. On l'accuse d'avoir signé l'ordre qui a permis à Halban et Kowarski de quitter la France en emportant l'eau lourde. Ceux qui viennent au secours de Bichelonne ne manquent pas d'arguments : « L'ordre a été signé en mai 1940, avant l'armistice. Peut-on reprocher à un haut fonctionnaire de faire son devoir, en temps de guerre ? » Bichelonne est relâché.

Août 1940

Jacques Allier a été chargé de présenter au Conseil des ministres de Vichy un rapport concernant les travaux français sur la fission. Ce conseil est réuni pour étudier l'application de l'armistice. Le groupe comprend le général Weygand, l'amiral Darlan et Pierre Laval.
– Comment se fait-il que ce stock d'eau lourde ait quitté la France ? demande brutalement Laval.

– Il s'agissait de le sauver pour le cas où les hostilités continueraient, monsieur le ministre.
– Dommage. Ces fournitures auraient pu être utiles à l'Allemagne.

Tel un coq de combat, Weygand se dresse sur ses ergots :
– Comment la France aurait-elle pu trahir son allié en donnant aux Allemands des renseignements sur la fission ?
– Qui parle de trahison ? Il s'agit d'échange d'informations scientifiques.

Darlan sent que le climat devient électrique et doit intervenir :
– Je vous rappelle, messieurs, que nous sommes réunis pour mettre en place la commission chargée de s'occuper des exigences allemandes en matière de fourniture de guerre.
– Cette eau lourde est certainement une « fourniture de guerre », puisqu'elle est si précieuse que l'on est allés la chercher, à prix d'or, en Norvège ! D'ailleurs, y a-t-il un rapport sur cette mission ? Connaît-on les hommes qui en ont été chargés ?

Allier reste impavide.
– Ne perdons pas de temps, et passons à l'ordre du jour ! coupe Weygand.

5 septembre 1940

À peine Joliot a-t-il réintégré le Collège de France que se présente une délégation allemande dirigée par le général Erich Schumann, responsable de la

Wehrmacht pour les questions scientifiques, et le physicien Wolfgang Gentner, qui, lui, n'est pas un étranger pour Joliot, car les deux hommes ont travaillé ensemble à l'Institut du radium avant la guerre. Leur collaboration fut très amicale. De plus, Joliot connaît les sentiments antinazis de Gentner. Mais il ne peut guère manifester son plaisir de retrouver son collègue allemand.

– Ce que nous aimerions savoir, monsieur Joliot, dit le général Schumann, c'est ce que sont devenus l'uranium ainsi que l'eau lourde dont disposait votre laboratoire.

– Comme vous le savez, mon général, j'ai été absent trois mois. C'est le gouvernement précédent qui s'est occupé de tout cela, au moment du repli du laboratoire, après mon départ. Je crois que l'eau lourde a été embarquée à Bordeaux sur un bateau anglais. Je crois même que ce bateau a été coulé avant son départ, lors d'un bombardement par votre aviation.

– Le nom de ce bateau ?

– Ah… Je ne me suis pas occupé de cette opération.

– Et l'uranium ?

– Replié par les soins du ministère de l'Armement sur une destination inconnue ; inconnue de moi, en tout cas.

Le général Schumann n'en croit pas un mot et dit à Gentner :

– Tout a dû partir pour l'Afrique du Nord. C'est là que nous devons lancer une mission.

Puis, se tournant vers Joliot :

– Nous ne demandons qu'une seule chose, monsieur Joliot : que votre laboratoire reprenne le travail sous notre contrôle. Trois scientifiques allemands seront admis à poursuivre ici des recherches qui, je vous le garantis, ne pourront prêter à aucune utilisation pratique pour la guerre.

– Si je refuse ?

– Les scientifiques allemands travailleront seuls, en attendant des jours meilleurs. Signerez-vous cet ordre de reprise du travail pour vos équipes ?

– Permettez-moi d'y réfléchir.

– Comme vous voudrez. Quant à vos travaux personnels…

– Ils se résument à peu de chose, car nos archives ont été évacuées, et j'avoue ne pas savoir où elles se trouvent en ce moment.

Le général sourit.

– Elles se trouvent, en partie, entre nos mains. Nous avons intercepté le wagon qui les emportait à La Charité-sur-Loire. Nous reprendrons cette conversation dans quelques jours.

Pendant que la délégation visite le Collège et envisage la remise en état du cyclotron, Gentner se rapproche de Joliot et lui dit tout bas :

– Ce soir, à 18 heures, aux *Deux Magots*.

Dans la soirée, Joliot est exact à son premier rendez-vous clandestin. Cette fois, il serre chaleureusement la main de Gentner.

– Écoutez bien, mon ami, je ne peux rester qu'un instant, dit le savant allemand. Le commandant militaire de Paris a réquisitionné votre laboratoire, qui restera en activité mais qui sera contrôlé en permanence. C'est le professeur Diebner qui doit organiser les tâches scientifiques et les essais avec le cyclotron. Les résultats des travaux appartiennent à l'État occupant.

Mais ces résultats sont accessibles à un représentant de l'État français, le directeur du laboratoire, c'est-à-dire vous. Vous choisissez vos collaborateurs et tout le personnel avec l'accord du professeur Diebner. Mais celui-ci peut faire appel à des collaborateurs de nationalité allemande. Rassurez-vous, chaque équipe travaillera de son côté. Et, pour coordonner tout ça, il faut un scientifique allemand qui connaît le Collège. Mes titres me permettent de briguer cette fonction. Je serai donc votre interlocuteur.

– Les militaires vous chapeauteront.

– Nous signerons, tous les deux, un engagement précisant que vous restez le directeur du laboratoire mais que seule la recherche fondamentale y sera effectuée, sous mon contrôle. Si cet accord vous agrée, faites-moi un signe de la tête. Merci. Je viendrai demain pour vous apporter le contrat.

Joliot a l'impression d'entrer dans une nasse. Pourra-t-il en ressortir ? Il ne peut abandonner son laboratoire à l'occupant. Il doit donc composer pour limiter les exigences de ces messieurs. Faut-il s'adresser à Vichy pour obtenir un appui quelconque ? Il écrit. Le ministre de l'Instruction publique lui répond : « Si l'ordre de l'autorité allemande est donné, MM. Faral et Joliot s'inclineront devant le fait accompli et resteront au Collège avec les Allemands parce qu'ils ne peuvent pas faire autrement. »

Ce n'est pas l'avis de Frédéric. Il écrit à Irène qu'il est prêt à quitter Paris et peut-être la France. Mais la présence de Gentner au Collège de France est pour Joliot la garantie d'une relative sécurité. Alors le patron réunit son personnel et lui explique pourquoi il accepte ce modus vivendi :

– Nos futurs travaux ne seront certainement pas ce que nous avions imaginé. Mais, pour nous, un autre combat commence : celui de la préparation de l'après-guerre. Malgré toutes les difficultés, nous devons essayer de former de nouveaux chercheurs en physique nucléaire, car quelle que soit l'issue de la guerre la France aura besoin, pour regagner son indépendance, de physiciens et de chimistes qualifiés dans ce domaine.

15 septembre 1940

Paul Harteck, directeur de l'Institut de physique-chimie de Hambourg, en compagnie de Karl Wirtz et de l'ingénieur Erhard Schoepke, se rend en Norvège à l'usine de Vemork. Il demande l'augmentation de la production d'eau lourde *via* l'installation d'une unité supplémentaire. Le directeur de l'usine ne peut pas faire autrement que d'accepter, et annonce qu'il sera en mesure de produire désormais 1,5 tonne d'eau lourde par an.

30 septembre 1940

Irène est de retour à Paris. Les Joliot se retrouvent dans leur maison de Sceaux, et le Collège peut reprendre une certaine activité. À toutes les visites de contrôle, Joliot s'efforce de prouver que le laboratoire ne s'intéresse qu'aux recherches médicales. L'essentiel pour lui est que le cyclotron fonctionne. C'est un peu pour ça qu'il a refusé de quitter la France. Il attendra des jours meilleurs pour lui donner sa véritable fonction.

Certains universitaires se demandent quel jeu joue Joliot avec « ses trois Allemands dans son labo ».

Paul Langevin qui est remonté à Paris, n'est pas perdu de vue par les autorités allemandes et par celles de Vichy. Un rapport de surveillance dit ceci : « Le non-Juif Paul Langevin a aussitôt repris publiquement son activité, juste après son retour. » Une perquisition chez lui se révèle éloquente : « Chez Langevin, on a trouvé des écrits antiallemands et proanglais qui exhortaient les Français à se tenir aux côtés des Anglais et à ne pas respecter les mesures allemandes. »

Le savant est arrêté le 30 octobre et conduit à la prison de la Santé. C'est un électrochoc dans toutes les universités et dans tous les laboratoires français. Les milieux intellectuels, scientifiques, les étudiants se mobilisent. Dans les universités, on distribue des tracts : « Étudiants ! Contre l'arrestation du Pr Langevin, le premier de nos maîtres en prison ! Contre la censure exercée sur nos livres ! Contre la présence de la Gestapo dans nos salles de cours ! Contre l'asservissement de la culture française ! Rendez-vous vendredi 8 novembre à 16 heures au Collège de France où le professeur Langevin aurait dû faire son cours inaugural. Conservez votre calme. N'offrez pas de prétexte à la répression. »

Des quatre coins du monde, les protestations parviennent aux autorités allemandes. Certains pays offrent même l'asile au savant. Joliot multiplie les démarches. Il demande à Maurice de Broglie d'intervenir auprès du maréchal Pétain. La réponse de celui-ci est courtoise, mais c'est une fin de non-recevoir.

Octobre 1940

Étant donné que lord Suffolk avait pour mission de transférer une cinquantaine de savants français en Angleterre, Halban et Kowarski pensaient qu'ils pourraient facilement s'intégrer dans une structure française déjà existante. Il n'en est rien. Les quelques scientifiques qu'ils ont rencontrés en arrivant à Londres, Henri Laugier et Henri Longchambon notamment, sont sur le point de repartir, et André Labarthe, proche du général de Gaulle, avoue que la France libre n'a, pour l'instant, aucune équipe de recherche. Il ne reste plus aux deux chercheurs français qu'à se joindre aux chercheurs britanniques.

George Thomson, le patron du comité Maud, répartit le travail entre les universités. Il connaît le travail d'Halban et Kowarski. Tout est consigné dans les archives de la Royal Society sous la forme de documents contenus dans cinq enveloppes scellées. Un de ces documents, intitulé *Aspects technologiques des réactions nucléaires en chaîne utilisées comme source d'énergie*, décrit les composants nécessaires à la construction d'un réacteur nucléaire. Il retrace également le processus d'obtention de plutonium à partir de l'uranium. Enfin, ce manuscrit documente diverses expériences utilisant le fer, l'aluminium, le soufre, le graphite et l'eau lourde pour stabiliser les réactions en chaîne, afin de générer une énergie constante et non une explosion massive. Halban et Kowarski insinuent que la future industrie nucléaire pourrait dépendre de l'uranium.

Vers la fin novembre, ils mesurent la courbe de distribution des densités. Ils prennent une sphère d'aluminium de 60 centimètres de diamètre, tournant très vite, et remplie du mélange oxyde d'uranium-eau lourde. Puis ils placent au centre 1 gramme de radium dans un bloc de béryllium comme source de neutrons et plongent le tout dans une cuve. Le 16 décembre, les résultats se précisent : il sort plus de neutrons de la sphère quand elle contient l'uranium qu'en l'absence de celui-ci, ce qui prouve que la réaction en chaîne est possible. Pour réaliser un réacteur critique[1], il suffit donc d'une sphère plus grosse et de matériaux en plus grande quantité.

Cette expérience, la première au monde à donner pareil résultat, devance les autres de plus de un an. C'est seulement à ce moment-là que beaucoup de chercheurs commencent à pressentir le potentiel militaire que représente un réacteur nucléaire. Mais ils envisagent encore cette puissance comme exploitable seulement à long terme, en aucun cas utilisable dans la guerre en cours.

Quant aux chercheurs français, ils pensent qu'avec un réacteur opérationnel ils pourraient peut-être produire un « superexplosif ». Mais ils ont calculé que, pour produire une quantité suffisante de plutonium, il leur faudra un réacteur énorme, et Halban ne voit pas comment l'empêcher de fondre sous

1.Un réacteur assez puissant pour réaliser la fission.

l'effet de son propre dégagement de chaleur. Sans doute arrivera-t-on à mettre au point une machine générant des centaines de kilowatts thermiques, tout en restant froide, mais ce sont des dizaines de milliers de kilowatts qu'il faudra pour obtenir du plutonium pour des bombes.

Pour l'instant, Halban et Kowarski ne pensent pas à la bombe, mais plutôt à la création d'une nouvelle énergie industrielle. Ils connaissent approximativement le moyen de construire un réacteur, mais ne peuvent le faire sans eau lourde. Pour en produire des tonnes, il faudrait y consacrer des ressources considérables, et les Britanniques hésitent à s'engager parce qu'ils jouent sur un autre tableau, celui de la séparation de l'uranium 235. De plus, en Grande-Bretagne, l'urgence est à l'armement, à l'heure où Hitler s'apprête à envahir l'Angleterre. Le comité Maud accepte comme une réalité le potentiel d'une superbombe, mais une réalité trop lointaine et trop chère. Pour travailler sur la fission, il faut des moyens que seuls les États-Unis peuvent offrir. Alors on encourage Halban et Kowarski à poursuivre leurs travaux en Amérique du Nord, au Canada par exemple. La bataille de l'eau lourde est loin d'être terminée.

Le 8 novembre est la date à laquelle Paul Langevin aurait dû donner la leçon inaugurale de son cours annuel. Mais les autorités allemandes ont fait fermer l'amphithéâtre de physique. Alors Joliot va chez l'administrateur, se fait remettre les clés et ouvre l'amphithéâtre, où prennent place les élèves et les amis du savant emprisonné. Joliot monde en chaire, s'installe à la place du maître devant le tableau noir et s'adresse à l'auditoire : « Le Pr Paul Langevin est en prison. C'est un attentat commis contre un grand Français et contre la science ! En conséquence, j'ai décidé de fermer le laboratoire du Collège de France jusqu'à la libération de notre grand homme. »

Wolfgang Gentner, responsable allemand du Collège de France, comprend que ce qui n'est encore qu'un fait divers peut prendre de l'ampleur et anéantir le climat sinon de confiance, du moins de tolérance instauré dans ce laboratoire hautement symbolique. Il cherche à faire admettre aux autorités allemandes qu'une mesure de clémence vis-à-vis de Langevin serait de nature à améliorer les relations présentes et futures. Et il obtient l'adoucissement du sort de Langevin, qui sera libéré et partira en résidence surveillée à Troyes. Pour Joliot, cet épisode est sans doute plus important qu'il n'y paraît, car, d'une position de compromis avec l'occupant, il passe au statut de militant camouflé. Il sait que cet exercice de funambule présente tous les risques. Peut-être est-il encore temps de reculer, de partir ! Les États-Unis lui ouvrent les bras. Non, non ! Trop de choses l'attachent ici ! La décision de Joliot de rester en France occupée a sûrement été prise après une longue discussion entre lui-même et sa conscience…

Pour les autorités d'occupation, le Collège de France commence à prendre l'allure d'un bastion de la gauche ; les professeurs juifs sont remplacés ou priés d'interrompre leurs cours. Les Allemands sont de plus en plus méfiants envers l'Université française. Les cibles sont nettement désignées. Le Janus incarné par Joliot pour la survie de son laboratoire, de ses équipes, de l'avenir de la recherche française s'engage dans une voie où il risque d'apparaître, tant pour ses collègues que pour les autorités d'occupation, comme un personnage ambigu : collaborateur ? Résistant ? Agitateur ? Est-il engagé dans la clandestinité ? Même Gentner, qui connaît bien Joliot, n'arrive pas à le savoir.

Angleterre, avril 1941

Kowarski[1] prend contact avec Jules Guéron. À mots couverts, il lui fait savoir que des progrès énormes ont été accomplis, mais que pour s'amplifier la recherche devra sans doute continuer au États-Unis ou au Canada, et qu'il faudra des physico-chimistes en renfort. Est-il libre ? Jules Guéron pose quelques questions pratiques auxquelles Kowarski ne peut encore répondre.

Paris, 15 mai 1941

Un tract du Parti communiste clandestin est en circulation dans les universités. Il appelle à la création de comités du Front national[2] pour lutter contre l'occupant par tous les moyens, y compris la constitution de groupes armés.

L'architecte Roger Ginsburger, dit Pierre Villon, membre du Parti communiste, rend souvent visite à

1. Physicien nucléaire, professeur à l'Université de Strasbourg.

2. À ne pas confondre naturellement avec le parti de J.-M. Le Pen.

Frédéric Joliot. Son influence est-elle suffisante pour faire basculer Joliot ? Certainement pas. Pourtant…

29 juin 1941

La police française arrête Joliot et le remet à la Gestapo. Un officier SS l'interroge :
– Vous êtes accusé de faire partie du Komintern, d'être inscrit à la IIIe Internationale et d'être un membre influent du Parti communiste.
– Tout cela est faux !
– Un officier allemand important répond de vous et je ne peux donc vous retenir, mais nous savons que vous êtes communiste.
– Prouvez-le.

Au moment où il dit cela, il est bien tranquille, et personne ne pourra prouver qu'il est communiste : il ne l'est pas – pas encore. Mais le surlendemain, à la demande de son ami Pierre Villon, il accepte la présidence du Front national universitaire.

Alors commence la véritable lutte clandestine : les réunions dont les lieux doivent être changés, les rencontres furtives, les messages codés… La vie de Joliot n'est plus celle d'un physicien de laboratoire mais celle d'un élément important de la Résistance française.

Juillet 1941

Les travaux sur la fission entrepris un peu partout sont passés en revue par les Américains. Tout compte fait, l'expérience Halban-Kowarski avec l'eau lourde est encourageante. Pourquoi ne pas la poursuivre ? Les industriels américains sont prêts à financer la création d'une usine en Louisiane. D'un autre côté, les résultats obtenus par l'équipe américaine Fermi-Szilard sur le réacteur au graphite sont tout aussi prometteurs.

En Allemagne le matériau fissile utilisable pour fabriquer une bombe est envisageable à condition de posséder un réacteur de grande taille.

Si les Américains se posent des questions à propos de l'avancement des travaux du côté allemand, les Allemands se posent les mêmes questions à propos des Américains. Heisenberg dira : « Si, à cette époque-là, 12 personnes s'étaient mises d'accord, elles auraient pu empêcher la construction de bombes atomiques. »

C'est sans doute à ce sujet qu'il va rendre visite, le 18 septembre à son maître danois Niels Bohr. Mais le grand savant croit flairer un piège et répond évasivement.

Fin septembre 1941

Winston Churchill et les chefs de l'état-major estiment que la Grande-Bretagne doit essayer de mettre au point la superbombe. Halban et Kowarski sont convoqués. Halban se sent parfaitement à l'aise, alors que Kowarski est importuné par tout ce qui ne touche pas directement à sa recherche. Peu à peu, les deux savants empruntent des voies divergentes : Halban passe son temps en démarches, négociations avec les personnalités scientifiques, industrielles ou gouvernementales, alors que Kowarski reste dans son laboratoire. Dès lors, c'est Halban qui assume la responsabilité d'ensemble du projet français. Kowarski en prend ombrage et se persuade qu'il est rejeté au second plan.

Octobre 1941

Le président Roosevelt écrit à Winston Churchill pour exprimer son espoir que sera mis sur pied un programme sur la fission mené en étroite collaboration, voire conjointement, par les deux pays. Mais l'équipe britannique partie aux États-Unis rencontre un accueil mitigé dans les laboratoires américains travaillant sur la fission. Halban refuse catégoriquement de travailler sous les ordres du grand savant Fermi. Kowarski, au contraire, souhaiterait collaborer avec lui.

Si aux États-Unis le projet nucléaire est l'affaire des hommes politiques et si en Grande-Bretagne il devient l'affaire du Premier ministre, en Allemagne, seuls les spécialistes semblent s'y intéresser. Alors que l'équipe de von Braun ne manque pas une occasion de faire savoir en haut lieu combien ses recherches sur les V2 peuvent être déterminantes sur le cours de la guerre, les scientifiques qui travaillent l'uranium restent discrets, pour ne pas dire secrets. Une forme de résistance passive s'établit contre un régime qui ne veut pas s'intéresser à leurs travaux.

En France, Irène Joliot-Curie a pu obtenir un laissez-passer pour aller se soigner sur le plateau d'Assy, en Haute-Savoie, car sa santé ne s'améliore pas. Pendant ce temps, Frédéric et les deux enfants font du camping et de la pêche à la ligne à Soisy-sur-Seine. C'est là que Frédéric se détend le mieux.

Entre le 10 et le 11 novembre, les arrestations se multiplient parmi les membres de l'Académie des sciences ; c'est encore Gentner qui intervient pour les faire libérer. Ce chercheur allemand, ami de Joliot, prend décidément beaucoup de risques.

La situation militaire dans le monde bascule. À la suite de l'attaque de la flotte américaine par les Japonais à Pearl Harbor, les États-Unis entrent en guerre. D'autre part, après être parvenues aux portes de Moscou, les armées du Reich piétinent puis reculent rapidement. Des généraux de la Wehrmacht donnent leur démission.

Dès lors, les décideurs allemands commencent à envisager un programme adapté à la perspective d'une guerre longue. Mais seuls les projets militaires efficaces et livrables dans des délais prévisibles sont pris en considération ; les travaux sur l'uranium sont donc considérés comme moins urgents. Les responsables politiques et militaires croient l'arme atomique réalisable, mais pas avant la fin de la guerre, et la considèrent donc comme « non pertinente ».

Le programme de recherche dans ce domaine est ainsi mis en sommeil. Quelques chercheurs obstinés travaillent presque par leurs propres moyens. Et des résultats sont obtenus, notamment dans des programmes pour la production d'eau lourde et d'uranium 235. Mais ces programmes restent théoriques ; en fait, les chercheurs allemands ont compris le principe de base du fonctionnement d'un réacteur nucléaire et d'une bombe atomique, mais ils n'ont ni les moyens ni le feu vert pour les réaliser.

Fin 1941, la réaction en chaîne dans un système à uranium naturel et eau lourde est considérée comme acquise, grâce aux méthodes françaises et au stock d'eau lourde apporté par Halban et Kowarski, qui pourtant ne se trouvent pas très à l'aise dans cette organisation anglaise. La mésentente entre les deux chercheurs eux-mêmes devient de plus en plus évidente, si bien que Kowarski restera à Cambridge avec une partie de l'équipe, alors qu'Halban partira pour Montréal avec les autres.

Février 1942

Hiver terrible en France. Il fait très froid dans la maison des Joliot. Les enfants sont malades, et Irène traîne une vilaine toux qui va certainement au-delà de la bronchite. Elle doit encore se séparer de sa famille pour se soigner.

L'activité clandestine de Joliot arrive-t-elle à lui faire oublier ses soucis familiaux ? Il multiplie les réunions du comité directeur du Front national, les contacts avec les représentants de la France libre, les rendez-vous pour organiser l'action, le recrutement.

Le laboratoire du Collège de France est le creuset où va se forger une partie de la Résistance française. Les activités de ce laboratoire sont de moins en moins scientifiques : on y fabrique des faux papiers, des postes émetteurs. La présence de chercheurs allemands dans l'établissement est plutôt dangereuse, mais l'action clandestine est tellement discrète que l'occupant ne soupçonne rien. Il est vrai que les trois savants allemands qui travaillent au Collège ne sont guère encombrants : chaque équipe travaille dans son coin, sans relations même professionnelles. Gentner n'est pas dupe, mais il sait qu'il ne peut rien contre le manque de moyens, les appareils malencontreusement défectueux au moment de tenter certaines expériences et la mauvaise volonté courtoise des techniciens français.

À deux reprises au moins, Joliot est sollicité pour rejoindre les chercheurs de la France libre. S'il décidait de « rallier », il renforcerait considérablement le prestige et l'autorité des équipes françaises travaillant en Angleterre et au Canada. Mais Joliot estime que son devoir est de ne pas quitter son labo. Il est là pour entretenir la flamme de la recherche française. Et puis il est maintenant complètement immergé dans la clandestinité. À Paris, le danger se précise de jour en jour : les arrestations, les enlèvements, les assassinats d'universitaires se multiplient. Tout le monde, y compris l'occupant, sent bien que se joue un épisode crucial de cette longue guerre.

La lutte n'est pas finie, loin de là. Une deuxième bataille de l'eau lourde s'engagera deux ans plus tard. Mais cette bataille-là a fait l'objet de plusieurs livres, et d'un film très connu (*La Bataille de l'eau lourde*, Jean Dréville).

Sources

Dréville Jean, *La Bataille de l'eau lourde,* scénario de Jean Marin, 1947

Pinault Michel, *Frédéric Joliot,* Éditions Odile Jacob, 2000

« Les grandes heures du XXe siècle » (émission radiophonique de M. Godard et R. Arnaut), 1963

MEURTRES
AU MAQUIS DU PUY

Si vous allez au Puy-en-Velay, on vous parlera des pèlerinages de Saint-Jacques-de-Compostelle et de la Vierge noire qui protège ce haut lieu depuis le Moyen Âge. On vous parlera moins de toutes les manifestations pétainistes que la ville a connues durant l'Occupation, et on ne vous dira rien sur le drame du maquis de Wodli.

Prenez alors la RN88, en direction d'Yssingeaux, puis, à 4 kilomètres à droite, la D15, qui conduit à Saint-Julien-Chapteuil, la patrie de l'écrivain Romain Rolland. De là, montez jusqu'à Gueyrières, arrêtez-vous, et regardez le point de vue. Un paysage éblouissant de forêts et de monts s'élevant jusqu'à 1 400 mètres d'altitude. Au loin, au-delà du col du Pertuis, la Loire s'échappe vers le nord.

Vous marchez sur un tapis d'aiguilles de sapins. Dans les clairières, des troupeaux en liberté et, par ci par là, une ferme, une grange et des terres, des terres qui ne demanderaient qu'à être éventrées avec le soc de la charrue. Mais *té*! C'est trop loin, trop haut, trop pénible ! Les hommes ne viennent plus. Pourtant, si vous arriviez jusqu'au hameau de Raffy, peut-être un vieux vous dirait-il de marcher prudemment en lisière du bois, car des hommes y sont enterrés, depuis soixante-sept ans. Les genêts, les ronces, la bruyère recouvrent la terrible histoire des meurtres du maquis de Wodli.

3 septembre 1943

La conférence secrète entre Churchill et Roosevelt, à Québec, a débouché sur une décision qui satisfait l'Union soviétique : l'ouverture de nouveaux fronts à l'Ouest fera diminuer la pression allemande à l'Est.

La Ve armée américaine est en Calabre, Mussolini est en fuite, et Giuseppe Castellano a signé la capitulation de l'Italie. Les résistants corses neutralisent les éléments fascistes et constituent autour d'Ajaccio une tête de pont destinée à protéger un débarquement allié. À l'Est, l'armée allemande cède du terrain : la Wehrmacht compte plus de 1 million d'hommes hors de combat. La propagande nazie a beau affirmer que le Grand Reich est la « forteresse de l'Europe », c'est plutôt une peau de chagrin qui rétrécit de jour en jour. En Asie, la situation s'est modifiée. MacArthur l'avait promis : il reviendrait, et il est revenu. Les Japonais abandonnent peu à peu toutes les terres qu'ils ont conquises.

Bref ! Le vent tourne. Mais l'arrogance et le délire de Hitler ne faiblissent pas.

En Europe, le poids de l'occupation allemande est de plus en plus lourd à supporter. En France, Darnand a créé la Milice, aussi redoutable que la Gestapo.

Il est vrai que tous les Français n'écoutent pas la radio de Londres et la voix du général de Gaulle. Beaucoup considèrent que la guerre a été perdue et acceptent leur situation de vaincus. Tous les Français ne sont pas résistants, loin de là. Dans certaines régions, on est même très pétainiste. En mai 1941, lors de sa visite au Puy, le maréchal a été longuement acclamé. Il a annoncé la création d'une fête pour les mères françaises et leur a dit dans son discours : « Vous êtes les inspiratrices de notre civilisation chrétienne. » Les anciens combattants se sont mis au garde à vous, les enfants ont beuglé « Maréchal, nous voilà », les scouts ont posé un genou à terre, les miliciens ont salué à l'hitlérienne. Tout laisse croire que la région est inconditionnellement favorable à la collaboration.

Pourtant, les maquis ne sont pas loin. Il y a de plus en plus de réfractaires au STO[1]. On recense de plus en plus de sabotages, d'usines qui sautent, de trains qui déraillent ; mais aussi de plus en plus d'arrestations et de déportations…

L'un des réseaux de résistance les plus actifs est celui des FTP[2]. C'est le bras armé du Parti communiste, dirigé par Charles Tillon.

Dans la zone auvergnate du Puy, région montagneuse, boisée, mais proche de centres urbains de résistance comme Lyon et Saint-Étienne, les polices allemande et française sont très actives et ne font pas de quartier. Depuis six mois, la prison du Puy affiche complet. Cette maison d'arrêt est située à 300 mètres

1. Service du travail obligatoire (en Allemagne).

2. Francs-tireurs et partisans.

du centre-ville et à 400 mètres de la gare. Avant la guerre, elle accueillait surtout les détenus en attente de jugement et les condamnés qui n'avaient plus que quelques mois à purger. Cette bâtisse massive entourée de murs de 5 mètres de haut a une capacité d'une cinquantaine de places, mais en septembre 1943, en plus des quelques condamnés de droit commun, elle abrite 80 détenus politiques. Dans la cour, quatre GMR[1] veillent, nuit et jour, avec leurs fusils-mitrailleurs. Par le carré grillagé des cellules, certains prisonniers peuvent apercevoir le « rocher Corneille » dominant la ville, et Notre-Dame-de-France, avec sa statue géante fondue dans le bronze des canons pris à Sébastopol.

La prison comporte un rez-de-chaussée et un premier étage. Sur la galerie supérieure, deux fusils-mitrailleurs couvrent toutes les cellules en enfilade. Dans une salle de repos, quatre hommes sont prêts à intervenir, tandis qu'un brigadier de gendarmerie et deux gardiens de la paix surveillent le greffe. Les effectifs du service ordinaire ont été doublés.

Parmi les détenus politiques, tous communistes, on compte quelques trotskistes : Maurice Sieglmann, alias « Pierre Salini », alias « Maurice Ségal », Abram Sadek, dit André Lefèvre, Jean Reboul et Pietro Tresso, dit Blasco. Ce dernier est le plus connu d'entre eux, car son passé politique est lourd : dirigeant du Parti communiste italien, il en a été exclu en 1930, victime du stalinisme. Il a alors rejoint la « Nouvelle Opposition » italienne puis l'opposition de gauche. Traqué en Italie, il s'est réfugié en France, où il est devenu militant

1. Groupe mobile de réserve (ancêtre des CRS).

du Parti ouvrier internationaliste puis membre du Secrétariat international trotskiste. Et c'est en 1942 qu'il a été arrêté par les nazis et enfermé à la prison du Puy, où il a retrouvé trois autres militants trotskistes et Albert Demazière, dirigeant du Parti ouvrier internationaliste, condamné à perpétuité en 1942.

Les prisonniers politiques sont assez mal traités si l'on en croit un extrait du journal laissé par l'un d'eux : « Nous sommes parqués comme des bêtes, à quatre par cellule, avec un peu de paille sur le ciment. La nourriture est infecte ; quelques raves, le matin, des rutabagas et des pois chiches le soir ; le dimanche, un petit morceau de viande. De constantes brimades, l'isolement de la cellule coupé de dix minutes de sortie, par groupes de dix, dans le préau. L'absence de journaux, de nouvelles, tout concourt à nous rendre la vie pénible. »

Quant aux trotskistes, ils ont fait l'unanimité contre eux, car ils sont considérés, aussi bien par le personnel que par les détenus communistes, comme des gens dangereux et capables de toutes les traîtrises. Ils ont été isolés dans des cellules à part et on évite qu'ils entrent en contact avec les autres détenus.

On ne pratique pas la « quarantaine carcérale », mais presque. La quarantaine est une mesure terrible appliquée par les détenus eux-mêmes. « Lorsqu'un prisonnier est mis en quarantaine, plus aucun détenu ne lui adresse la parole. Il n'existe plus. Si un parent, un ami veut lui rendre visite, les codétenus lui barrent le chemin des corridors de la prison. En cellule, il n'arrive même plus à faire ses besoins car la tinette est systématiquement occupée. Il lui est difficile de s'alimenter, car sa gamelle est délibérément renversée. La vie du prisonnier devient impossible et les suicides se multiplient. Mais à la prison du Puy, la quarantaine collective est impossible, car les trotskistes forment un groupe qui leur permet de briser l'isolement individuel et de préserver leur santé mentale[1]. »

Le fiel de la haine s'est répandu chez tous les militants communistes au point qu'ils semblent préférer les nazis aux trotskistes. Pour comprendre cette haine des communistes staliniens à l'encontre des trotskistes, il faut résumer un point d'histoire : Staline et Trotski étaient en opposition depuis les années 1920. Trotski n'a cessé de lutter contre la dictature de Staline. Finalement, il a dû s'exiler, mais les agents staliniens l'ont rattrapé et exécuté au Mexique en 1940.

Cependant le trotskisme existe toujours. Il ne cesse de dénoncer la politique de Staline, si bien qu'aux yeux des partis communistes d'Europe les trotskistes apparaissent comme des chiens galeux, parce qu'ils osent dire, comme Pietro Tresso, des choses terribles sur le régime stalinien : « Le stalinisme se présente lui-même dans le monde comme la seule force luttant de façon résolue contre le fascisme. Quiconque n'est pas disposé à lui reconnaître ce titre, à se soumettre à ses déclarations, quiconque aura l'audace de lui arracher son masque et de le montrer aux masses tel qu'il est, avec sa dépravation et son hypocrisie révoltante, tombe inexorablement sous les coups de sa haine sans bornes et de ses calomnies effrontées. La menace pèse alors sur lui d'être mitraillé au coin d'une

1. Pierre Broué et Raymond Vacheron, *Meurtres au maquis*, Éditions Grasset.

rue, ou kidnappé, ou porté disparu. On s'aperçoit de plus en plus que le stalinisme avec son idéologie, sa politique, son gangstérisme, ses provocations et ses assassins, bien loin de constituer une barrière au fascisme, en facilite l'emprise sur les masses et devient un auxiliaire de ses victoires. »

Comment, après avoir écrit cela, Pietro Tresso pourrait-il échapper à la haine des communistes pour qui Staline reste le « Petit Père des peuples » ?

En Haute-Loire, dans l'Allier comme un peu partout en France, les réseaux de la Résistance sont à présent à peu près structurés, les maquis sont organisés. Mais ces maquis ont besoin d'hommes, car, à l'heure du débarquement allié, c'est tout un peuple qui devra surgir des bois et des maisons. Mais où trouver des hommes sûrs et déterminés, prêts à l'action ? Il y a bien les 80 prisonniers politiques de la maison d'arrêt du Puy, qui feraient de fameuses recrues !

Alors, les résistants FTP de la région, en accord avec les services secrets anglais, proposent de faire évader les communistes incarcérés. Ce projet un peu fou semble réalisable grâce à certaines complicités et notamment à celle d'un jeune homme de vingt-quatre ans, un coiffeur, qui, pour échapper au STO, a préféré devenir gardien de prison. Il s'appelle Albert Chapelle. En voyant sa silhouette de séminariste, l'Administration pénitentiaire ne pouvait pas se douter qu'elle avait affaire à un farouche patriote. Ce garçon est membre des Jeunesses socialistes depuis l'âge de dix-sept ans. Recruté par l'Administration, il a d'abord été affecté à Riom, puis à Châteauroux. C'est là qu'il est entré en contact avec deux détenus britanniques pour lesquels il faisait le « facteur ». « Les deux Anglais me donnaient des messages que je glissais sous la poubelle de la prison. Le gardien-chef, en sortant la poubelle, sortait sans le savoir les messages. En face de la prison habitait un fromager résistant qui les récupérait pour les faire passer à Londres.[1] »

Albert Chapelle croit qu'il est alors en contact avec l'Intelligence Service[2]. Il est chargé de préparer une évasion collective. Il se met aussitôt au travail avec application. Il observe, il repère ceux qui, peu ou prou, sont susceptibles de l'aider. Il étudie les moindres recoins de la prison. Il minute tous les actes de la journée, les mouvements des relèves. Il connaît par cœur la liste des gardiens, leur emploi du temps, leurs habitudes. Le coiffeur règle tout cela comme un chef d'état-major ; il ne laisse rien au hasard. Les détenus politiques flairent en lui un sympathisant, et il est « branché » sur l'un des responsables des détenus, Augustin Ollier, qui, avec un « homme de l'extérieur », va mettre au point tous les détails de l'évasion : « Les besoins en armes, transports, le ravitaillement, la date et l'heure. Je me rappelle qu'il m'a dit d'aller vite, que nous avions peu de temps pour réussir. C'est lui qui préparera l'évacuation à l'extérieur. »

Toute l'action va reposer sur le sang-froid et l'intelligence d'Albert Chapelle. En distribuant le repas du soir, il fait ses comptes rendus à Augustin Ollier. Ils échangent furtivement quelques mots, couverts par

1. Théo Vial-Massat, *Les Petit Poucet de la nuit du 1er octobre*.
2. Il s'agit plutôt du SOE (Special Operations Executive) britannique.

le bruit des gamelles: « Attention ! Dans la nuit du 1er au 2 octobre ! »

La nouvelle s'est répandue dans les cellules grâce au téléphone carcéral, le code en morse tapé sur les tuyauteries.

Le soir du 1er octobre, il est arrivé en criant plus fort dans le couloir: « La soupe ! »

Chacun a tendu sa gamelle, en attendant autre chose. Et en vidant sa louche, Chapelle a soufflé à Ollier:

– Ce soir. À 11 heures. Tenez-vous prêts !

Le prisonnier a demandé:

– Qui doit partir ?

– Tous.

– Même les trotskistes ?

– Tous ou personne ! C'est ma condition. D'accord ?

– D'accord[1].

La porte s'est refermée et les pas du libérateur se sont éloignés en résonnant. Le silence s'alourdit dans les cellules. On ne discute plus. Chacun fait son misérable paquet et se chausse de son mieux.

22 h 40

Dans la salle de repos, où se trouvent trois gendarmes, Chapelle entre, le visage retourné:

– Vous avez entendu la radio ?

– Non, dit le brigadier.

– Ça y est ! La Corse est libérée. Le débarquement en France est imminent.

1. Entretien avec Albert Chapelle, le 10 mai 1991 (Raymond Vacheron).

– C'est la radio anglaise qui dit ça ?
– Non, non, Radio Paris. Les chansonniers chantent ces nouvelles ironiquement, mais ils savent que c'est vrai. Messieurs, je crois que nous devons réfléchir. Il ne faudrait pas se trouver dans le mauvais camp.

Les gendarmes sont tétanisés. L'un d'eux trouve la force de dire :
– Nous ne faisons que notre devoir.
– Dites plutôt « notre métier », ça passera mieux. Le devoir est peut-être ailleurs pour ceux qui vont arriver.
– Que faire ?
– Boire un coup, en attendant. Tenez ! Un verre de vin !

Il fait la distribution du breuvage additionné d'un somnifère. En deux minutes, les gendarmes sont avachis et ronflent. Avec un sang-froid étonnant, Albert Chapelle coupe les fils du téléphone, puis il monte à la passerelle et offre à boire aux deux gendarmes qui commandent les fusils-mitrailleurs en batterie et qui s'endorment à leur tour. Chapelle ouvre alors la cellule 28, où est bouclé Augustin Ollier. Les deux hommes libèrent leurs camarades et distribuent les armes des dormeurs. Même opération dans le poste central.

Les prisonniers et leur guide glissent ensuite comme des ombres et ouvrent une grille derrière laquelle se trouve la salle des armes.
– Il y a deux hommes à l'intérieur, prévient Chapelle. On les neutralise, mais on ne tire pas ! Sinon, nous foutons toute l'opération en l'air. Attention ! J'ouvre ! Un, deux… trois !

Il enfonce la porte d'un coup d'épaule et braque les gendarmes :
– Désolé, messieurs !

– Albert ! dit l'un des gendarmes en souriant.
– Il n'y a plus d'Albert ! C'est la Résistance. On ne bouge plus !
– Mais qu'est-ce que tu veux ?
– Les armes. Toutes les armes.
– Et ceux-là, qu'est-ce qu'ils foutent avec toi ? demande l'un des gendarmes en désignant les prisonniers.
– Ceux-là… C'est justement la Résistance. Allez ! Dépêchons-nous ! Ouvrez les cadenas. Retirez vos baudriers.

Pendant que les prisonniers s'emparent des armes, Chapelle enferme les gendarmes dans la cellule des prisonniers.
– Croyez-moi, messieurs, vous serez mieux là que dans le couloir, tout à l'heure. Bonne nuit.

Puis il s'adresse à Tresso :
– Rassemblez les hommes dans le couloir ; je reviens dans trois minutes.

Il va jusqu'au poste central et place son revolver sous le nez du greffier.
– Désolé, mon vieux, mais il me faut le contenu du coffre. Ne discute pas.

Le coffre contient 32 000 francs.

À minuit, la prison est aux mains des résistants : 18 gendarmes, GMR et matons, le surveillant-chef et son adjoint, tous ont été mis hors d'état de nuire, et sans un coup de feu, sans un cri.

La porte du bâtiment s'ouvre, et Chapelle fait sortir son cortège de 80 personnes armées dans la cour. Il ne reste plus qu'à neutraliser le poste de garde de la porte d'enceinte, ce qui est fait facilement. Il est presque

1 heure du matin, et les prisonniers se retrouvent dans la rue. Il s'agit maintenant de se disperser en vitesse.

C'est le maquis Gabriel-Péri qui a été chargé d'acheminer les véhicules nécessaires au transport des évadés. Mais, comme dans un film à suspense, l'un des camions est tombé dans un fossé, au bord de l'Allier, et l'autre n'a pas pu démarrer : panne de gazogène. Et les 80 évadés sont plantés là, dans la nuit, en pleine ville.

L'un des chefs du maquis Gabriel Péri a fait venir rapidement une camionnette qui entreprend des navettes pour faire sortir de la ville les prisonniers ; dès qu'ils sont dans la campagne, on les débarque pour aller chercher les autres.

– Que faire ?

– Débrouillez-vous !

Une quinzaine d'hommes s'entassent dans la camionnette. Les autres partent à pied. Deux ou trois d'entre eux volent des vélos. Et les colonnes s'égarent dans la nuit, le brouillard, au point de se retrouver, au petit jour, presque à leur point de départ, dans la banlieue du Puy. Certains prisonniers sont furieux, critiquent l'organisation de cette opération et l'incompétence de leurs guides. Finalement c'est la débandade, et ceux qui le désirent ont l'autorisation de partir individuellement.

Alors les hommes, par petits groupes, se mettent en marche, au hasard ou presque, sans connaître la région, sans savoir où ils vont ; ils s'éloignent de la ville. Ils marchent toute la nuit, ils marchent le lendemain et le surlendemain sur les sentiers, sur les pentes, en discutant, en se disputant, car les avis sur l'orientation divergent. Ils découvrent de magnifiques paysages, des défenses naturelles remarquables où certains maquis ont trouvé refuge, mais où sont-ils ? Ils passent non loin d'une cabane de berger, d'une grange ; ils n'osent pas approcher. La liberté prend des allures de calvaire. Les évadés, les pieds en sang, entreprennent l'ascension des gorges de la Loire. L'équipée est d'autant plus dangereuse qu'elle se fait sur des sentiers escarpés, dans la caillasse. Peu à peu, les hommes abandonnent leurs bagages. Ils franchissent des gués sans trop savoir pourquoi, ils évitent d'approcher des fermes isolées mais se risquent dans les champs pour chaparder quelques betteraves. Finalement, c'est un paysan qui les rencontre et les ramène vers le maquis du Wodli. Ce sont des fantômes qui arrivent au camp. Du Puy à Gueyrières, il y a environ 40 kilomètres, à vol d'oiseau, mais les fuyards ont accompli une odyssée de 120 kilomètres au moins.

Beaucoup de ces évadés ne sont plus très jeunes, n'ont pas marché depuis trois ans, prison oblige. Ils sont tous épuisés, dépenaillés, affamés, et quand les premiers guetteurs du camp les interpellent, ils sont prêts à répondre à n'importe qui, amis ou ennemis. Ces 80 hommes offrent un spectacle affligeant. Un paysan qui a assisté à cette arrivée se souvient : « C'était pas beau à voir. Ils avaient la barbe longue et les pieds en sang. Ils étaient passés par des détours escarpés, très dangereux. J'ai été très étonné quand j'ai vu les jeunes du maquis les accueillir le revolver au poing ; c'était une drôle de façon de recevoir des amis ! »

Ce qu'ignorait ce paysan, c'est que les FTP du camp savaient que parmi les évadés se trouvaient des trotskistes réputés dangereux.

Le maquis du Wodli doit son nom à un communiste alsacien assassiné par les nazis le 2 avril 1943. Ce maquis est donc relativement récent. Il est commandé par Giovanni Sosso, qui n'est là que depuis peu de temps, puisqu'il est l'un des évadés de la prison Bellevue à Saint-Étienne. Sosso est un personnage ambigu dont on a du mal à cerner le rôle exact. C'est un homme de cinquante ans, très grand, sec, avec des lunettes posées sur un visage sévère en lame de couteau. Il fait partie du « triangle de l'interrégion A », qui gouverne les noyaux de la Résistance urbaine et les maquis en formation sur les départements de la Loire, de la Haute-Loire, du Puy-de-Dôme, de l'Allier et du Cantal. C'est lui qui a sinon créé, du moins structuré le maquis du Wodli. Le « capitaine Jean » n'a peut-être jamais occupé un poste de premier plan au sein du PCF avant la guerre, mais il joue à présent un rôle essentiel. De son passé, on ne sait rien. Il est peut-être un homme de Moscou ou même un agent du KGB, rien n'est certain. Il a installé son camp près du village de Raffy, dont la position stratégique est idéale. Il semble que la région soit faite pour la guérilla : points dominants pour l'observation, failles, falaises, cours d'eau difficiles à franchir, grottes pour se cacher, terrain impropre aux blindés et à l'artillerie lourde.

Les évadés sont répartis dans trois fermes abandonnées, en lisière du hameau. Mais, à peine arrivés, les trotskistes sont mis à part et parqués comme du bétail. Ils s'indignent. Tresso écrit : « Pourquoi nous avoir fait sortir de prison si c'est pour nous boucler de nouveau ? » Demazière, plus optimiste, entrevoit la situation autrement. Il écrit : « Que de chemin parcouru depuis notre incarcération ! Le sentiment qui nous unit les uns aux autres pour un même combat a été plus fort que les calculs mesquins et odieux de certains bureaucrates. Au coude à coude avec les camarades du PC, notre vie de partisans commence. La solidarité ouvrière a été la plus forte : nous serons unis dans le combat comme nous l'avons été contre nos bourreaux en prison. »

Soixante ans plus tard, nous avons demandé à Demazière s'il avait fait preuve là d'une trop grande confiance ou d'une grande naïveté. Il nous a répondu : « Ce que pensaient alors les cinq trotskistes que nous étions, c'est que l'attitude des staliniens à notre égard s'était nettement améliorée. »

Demazière veut rester optimiste, alors que Tresso se méfie beaucoup plus des staliniens que des hommes de la Milice ou de la Gestapo : il sait que les communistes veulent « liquider » les trotskistes. Il écrit à sa femme, Barbara, une lettre codée dans laquelle il dit : « Évidemment, entre dire une chose et l'accomplir, il y a parfois de la marge, mais avec un type pareil, la pauvre petite famille de Bébert peut s'attendre à tout. » Le « type », c'est Staline, et *la* « famille de Bébert », ce sont les trotskistes.

Les trotskistes du camp entrent alors en conciliabule. Tresso pose ouvertement la question :

– Faut-il partir ? Nous évader une deuxième fois ?

– Que risque-t-on, ici ?

– Notre peau, sans doute. Êtes-vous certains d'être plus en sécurité avec les staliniens qu'avec les gendarmes ?

– Si les communistes nous ont fait libérer, c'est que nos relations se sont améliorées.

– Qu'est-ce qui te fait dire ça ?
– Souvenez-vous. Dans la première évasion de Bellevue, en avril, ils ne nous ont même pas prévenus. Cette fois, ils nous ont fait sortir avec eux.
– Êtes-vous sûrs que ce sont eux qui ont organisé notre évasion ? Ils nous acceptent, à contrecœur, en attendant de nous éliminer.
– Ne faisons pas comme eux : ne leur prêtons pas de mauvaises intentions. Nous sommes libres, et au maquis.
– Au maquis, oui, mais « libres », c'est toi qui le dis. Pourquoi y a-t-il devant notre porte un type avec une mitraillette ?
– Trêve de discussions ! Votons. Qui veut rester ici ?
Trois mains se lèvent.
– Qui veut foutre le camp ?
Sadek et Salini lèvent la main.

22 septembre 1943

Le 5 octobre, Demazière est désigné pour participer à une corvée hors du camp, en compagnie de deux maquisards communistes. Ils partent, marchent longtemps et se perdent. Craignant d'être pris par une patrouille, ils préfèrent se séparer pour rentrer au camp. Demazière se retrouve seul avec sa pensée obsédante : quel peut être son avenir au milieu de ces staliniens ? Doit-il leur faire confiance ou tenter sa chance seul ? Sa décision est prise : il ne rentrera pas au camp. Il file vers l'Ardèche toute proche. Cette décision va lui sauver la vie.

Au camp, en ne voyant pas rentrer Demazière, les FTP tirent des conclusions : « On ne peut pas faire confiance aux trotskistes. » Le lendemain, la tension monte d'un cran entre les staliniens et les trotskistes. On parque Tresso et ses trois camarades dans une cabane plus sûre et on les garde comme des ennemis. Leurs frères de combat ne leur adressent plus la parole.

22 octobre 1943

Sosso et quelques autres se réunissent en une sorte de tribunal militaire, en l'absence des accusés. Un témoin de cette réunion nous l'a résumée : « Ils ont dit : "Les trotskistes veulent tout savoir. Ils posent des tas de questions sur notre position, nos projets. Ils ne sont pas francs du collier." Alors Sosso a dit : "Il faut en finir avec les ennemis de la révolution et de Staline, dont l'Armée rouge, avec le soutien du peuple soviétique, vient de sauver l'humanité à Stalingrad. Il faut expliquer tout ça à nos hommes. Les trotskistes sont dangereux. Tôt ou tard, ils dénonceront notre maquis. On m'a dit qu'ils veulent empoisonner l'eau du camp. Il faut les éliminer sans tarder. Il serait criminel d'hésiter." »

26 octobre, au matin

On fait sortir les quatre trotskistes de leur cabane et, en les tenant en joue, on les fait avancer jusqu'à la lisière de la forêt. Tresso comprend que c'est la fin. Il crie à ses camarades : « Fuyez ! Vite ! »

Ils courent de toutes leurs jambes vers les premiers arbres, mais les balles les rattrapent avant qu'ils ne disparaissent. Ils tombent tous les quatre. Ils sont achevés, on creuse quatre trous au-dessous du chemin, à 20 ou 30 mètres de distance pour que le monticule reste discret, et on confie aux taillis, aux épineux, le soin d'ensevelir tout cela sous la couverture de l'oubli.

Le soir, deux fermiers des environs demandent aux FTP s'il y a eu un combat. Ils répondent qu'il ne s'agissait que d'un exercice d'entraînement.

Cette exécution, épilogue d'une sorte de procès de Moscou dans les montagnes d'Auvergne, a posé un problème qui n'a jamais reçu de réponse. Le sort de ces quatre hommes n'a pas été décidé seulement par Sosso, le chef du maquis, qui a dû recevoir des ordres de plus haut. Mais de qui ? L'historien P. Brouet, qui connaît bien les rouages de la direction de l'Internationale communiste, affirme que l'ordre n'a pas été donné sans l'accord des Italiens – car Tresso était membre de la direction italienne –, donc sans l'accord de Togliatti[1], mais qu'il a nécessité aussi l'accord de la direction des communistes français, c'est-à-dire de Jacques Duclos, et surtout de l'accord de Staline. Il fallait l'aval de ces trois directions pour que l'exécution ait lieu.

La femme de Tresso, Barbara, a consacré toute sa vie à essayer de savoir qui avait ordonné la mort

1. L'un des membres fondateurs du Parti communiste italien. Depuis 1924, dirigeant de l'Internationale communiste.

de son mari ; elle n'a rien su. Le développement de l'enquête a simplement permis de découvrir une cinquième victime : Paul Maraval. Ce garçon, membre des Jeunesses communistes, esprit libre et quelque peu frondeur, avait fait la guerre d'Espagne et n'était pas prêt à se laisser embobiner par la propagande stalinienne. Il avait réussi à gagner le maquis du Puy-de-Dôme ; sa disparition fut diversement interprétée. Un des survivants de cette épopée affirme qu'il a été liquidé. Il était trop indiscipliné : il refusait les ordres, il sortait du camp sans autorisation pour aller à Riom, à Clermont-Ferrand. S'il avait été suivi, dénoncé, tout le camp aurait été en danger.

– Il ne voulait rien savoir. Alors, on a préféré le liquider.

– On sait dans quelles conditions ?

– Oui. C'était en avril 1944. On était en train de faire le coffrage d'un barrage dans la région. Il est là-dedans, coulé dans le béton.

Ce témoignage atteste que, quelques jours avant le débarquement allié en Normandie, les réseaux français de résistance connaissaient encore des drames internes. Cette haine des staliniens pour les trotskistes subsista après l'assassinat de Trotski et poursuivit des survivants comme Demazière bien après la guerre. Soixante ans plus tard, il témoignait : « Ils m'ont cherché pendant longtemps et très loin, parce qu'il y avait encore un homme qui pouvait parler de l'attitude des communistes de cette époque, et c'était très gênant pour le parti. »

Le 26 octobre 1943, quatre hommes furent donc froidement exécutés par un groupe de tueurs commandés par Giovanni Sosso, alias « capitaine

Jean », alias « colonel Guillemot ». Mais qui a donné l'ordre ? Nous l'ignorons ; comme nous ignorons ce qui se passait en URSS durant cette période. Dans les années 1950, Nikita Khrouchtchev porta le premier coup à l'idole Staline. Gorbatchev et la Perestroïka achevèrent la démolition de la cathédrale du mensonge. Le monde découvrit alors que l'Union soviétique n'avait rien d'un paradis, qu'on y fusillait les grévistes, qu'on assassinait les opposants, qu'on y torturait dans les hôpitaux psychiatriques. On découvrait que des peuples entiers se soulevaient, dénonçaient l'oppression, et que les experts occidentaux avaient gardé le silence.

Plus tard, beaucoup plus tard, on entendait encore les échos de cette affaire ténébreuse. Le journal *Le Monde* mettait en cause des personnalités politiques de l'époque et notamment M. Théo Vial-Massat, en tant que chef du maquis de Wodli et membre du Comité central du Parti communiste en 1943. Par « droit de réponse », M. Théo Vial-Massat a affirmé qu'il n'avait adhéré au Parti communiste qu'après la Libération et qu'il ne pouvait donc pas être membre du Comité central en 1943, pas plus qu'il ne pouvait être le « chef » du maquis de Wodli à cette période, puisqu'il n'était revenu dans ce maquis qu'en juin 1944. Dont acte.

Albert Chapelle, l'organisateur de la célèbre évasion de la prison du Puy, s'engagea avec les « groupes Véni », liés au Parti socialiste, et a combattu au maquis de Rodez. Il est mort le 15 juin 1996 à Valence-d'Agen.

Le dernier témoin direct de ce drame, Albert Demazière, est mort au mois de mai 2008. Il a dit ce qu'il avait à dire (cf. émission « Meurtres au maquis du Puy », France Inter, 2001).

Les meurtres du Puy-en-Velay restent une tache indélébile dans notre livre d'histoire contemporaine, un acte impardonnable commis au moment même où toutes les Forces françaises de l'intérieur devaient faire front commun pour entamer l'ultime combat.

Sources

Pierre Broué et R. Vacheron, *Meurtres au maquis,* Éditions B. Grasset, 1997

Émission radiophonique « Meurtres au maquis du Puy » (France Inter), 2001

LA FIN CRUELLE DE CARL HEINRICH VON STÜLPNAGEL

Une vieille famille prussienne

Comme son cousin Otto, auquel il a succédé en France en 1942, Carl Heinrich von Stülpnagel appartient à la noblesse d'épée prussienne. Son père, Carl Friederich Hermann, est général, alors que sa mère, une baronne von Tann-Rathsamhausen, est la fille d'un général bavarois. Né à Darmstadt, en Hesse, en janvier 1886, le jeune Carl Heinrich suit des études primaires et secondaires extrêmement brillantes (il est toujours premier en tout) à Francfort-sur-le-Main, avant d'embrasser la carrière militaire – une voie toute tracée ! C'est un homme d'une grande culture qui a beaucoup lu grâce aux encouragements de sa mère. Et il est également très savant en sciences.

En 1906, après avoir fait ses classes, il sort premier de l'Académie militaire avec le grade de sous-lieutenant dans l'infanterie hessoise. Il participe, naturellement, à la Grande Guerre et y obtient ses galons de capitaine d'état-major dès 1915. Il participe à la terrible offensive de Verdun, notamment aux effroyables combats de Cumières-le-Mort-Homme, en mars 1916.

Appartenant à la droite la plus dure, il est très opposé à la capitulation entérinée par la signature du traité de Versailles et donc à son prolongement, la République de Weimar. Il participe, en 1920, au putsch contre la république organisé à Berlin par le général Lüttwitz et le nationaliste Kapp, avec le soutien de la brigade baltique du capitaine Ehrhardt. Malgré la fuite du président Ebert, le coup d'État échoue devant la détermination de la population berlinoise, qui s'est mise en grève.

Von Stülpnagel est naturellement séduit par l'idéologie nazie et surtout par son programme politique, qui veut rendre sa grandeur à une Allemagne humiliée. Étant demeuré au sein de la petite armée allemande, limitée à 100 000 hommes par les Alliés, il est promu commandant en 1925 puis lieutenant-colonel en 1930, enfin colonel en 1932.

En 1933, cet homme rigoureux et droit est nommé chef de la section des armées étrangères à l'état-major, avec le grade de *Generalmajor.*

Dès 1938, il déteste les nazis

En 1934, à quarante-huit ans, il a réalisé une carrière tout juste acceptable, sans doute en raison de son caractère trop trempé. Il commence à percer à jour les méthodes criminelles des nazis, notamment lors de la fameuse Nuit des longs couteaux, qui voit la liquidation des SA et de leurs chefs.

Sa longue et fine silhouette, ses cheveux presque roux, son allure de seigneur, sa culture à la fois subtile et encyclopédique, sa connaissance des langues étrangères le distinguent des autres officiers supérieurs. Il appartient à cette caste des militaires de haut rang qui refusera toujours la brutalité du régime.

À partir de 1936, von Stülpnagel commande la 30e division d'infanterie à Lübeck. En 1937, il est promu *Generalleutnant*. Affecté à l'état-major fin 1938, il y demeure jusqu'en 1940, ayant été élevé au rang de *General der Infanterie* en 1939. En 1940, il est nommé à la tête du IIe corps d'armée. Fin juin 1940, il devient président de la Commission d'armistice franco-allemande, qui siège à Wiesbaden.

Depuis déjà plus de deux ans, le général von Stülpnagel sait à quoi s'en tenir concernant la haine des nazis pour la haute aristocratie militaire. Il a assisté aux manœuvres qui ont abouti au limogeage du maréchal von Blomberg, ministre de la Défense, et de von Fritsch, général en chef de l'armée. Heydrich et le SD[1] ont monté de toutes pièces des dossiers compromettants contre les deux hommes. Le maréchal von Blomberg a été accusé d'avoir épousé une ancienne prostituée de luxe, Erna Gruhn (Hitler et Goering ont pourtant assisté à son mariage), alors que le général von Fritsch s'est vu décrire comme un homosexuel notoire fréquentant les cabarets. Tous deux sont contraints de donner leur démission. Un jury d'honneur blanchit von Fritsch. Il n'en retrouve pas son

1.Reinard Heydrich est le fondateur et le dirigeant du Service de renseignements du parti nazi, le Sicherheistdienst (S. D.).

poste pour autant et est mis en congé pour raisons de santé imaginaires avant que de se voir confier le commandement d'une unité motorisée durant la campagne de Pologne de septembre 1939 et d'être abattu d'une balle tirée par-derrière, probablement sur ordre de la SS.

Aussi, dès 1938-1939, von Stülpnagel entre-t-il en contact avec les généraux Ludwig Beck, ancien chef d'état-major de l'armée, et Halder qui préparent un putsch contre Hitler. Sans doute rencontre-t-il également d'autres conjurés, comme le maréchal von Witzleben et le colonel Oster, le second du chef de l'Abwehr, l'amiral Canaris. Tous sont décidés à supprimer Hitler ; mais ils n'osent mettre leur projet à exécution après l'immense succès rencontré par le Führer à la conférence de Munich de la fin septembre 1938, craignant que la troupe ne se retourne contre eux.

Il ne supporte pas les épouvantables exactions de la SS en Russie

En 1941, von Stülpnagel est nommé commandant supérieur de la 17e armée du Sud. Il combat au sud de Kiev. Le 24 juillet, Hitler ordonne le bouclage de la poche d'Uman. Le 30 juillet, le 1er groupe blindé de la 6e armée de Kleist venant par le nord fait sa jonction avec la 17e armée venant du sud. Ils encerclent deux armées soviétiques, la VIe et la XIIe, ainsi qu'une partie de la XVIIIe, soit au total 20 divisions, dont cinq blindées. Le 8 août, les Russes capitulent. Pour sa part, von Stülpnagel capture 100 000 soldats,

317 chars, 1 100 canons et deux généraux, Muzychenko et Ponedeline.

Parce que les maquisards russes ne cessent de harceler l'armée allemande, von Stülpnagel accepte d'appliquer l'ordre de Hitler de fusiller tous les commissaires politiques capturés. En revanche, il se révolte à l'idée de voir l'armée déporter et abattre les Juifs. Il désapprouve donc totalement l'action, sur ses arrières, des SS, de la Gestapo (Police secrète d'État), du SD et de la Kripo (Police criminelle), voire des Waffen SS, répartis en Einsatzgruppen et Sonderkommandos qui exterminent Tziganes et Juifs et massacrent les populations civiles. Quant au sort réservé aux prisonniers soviétiques, il n'est guère meilleur : les deux tiers vont mourir de faim, d'épuisement, de fusillades massives et des suites de leur internement en camp de concentration…

Aussi le général vainqueur se fait-il porter pâle et quitte-t-il l'Union soviétique ; une quasi-désertion, mais l'homme a lu les aventures des chevaliers Teutoniques, de Charles XII et de Napoléon Ier et juge absurde l'assaut contre la Russie. Sur le terrain, l'immensité du territoire l'a bien vite persuadé que l'armée allemande allait s'y perdre… Très vite, il retrouve pourtant un poste, en France.

Il remplace son cousin Otto comme commandant militaire de la Wehrmacht en France

Otto von Stülpnagel connaît une carrière identique à celle de son cousin, mais il est né huit ans plus tôt.

Aussi le général est-il déjà en retraite lorsque éclate le second conflit mondial. Il est rappelé. En octobre 1940, Hitler le nomme chef des forces d'occupation allemandes en France (zone non libre) et gouverneur militaire de Paris.

Il s'entoure d'un état-major ne comprenant presque aucun officier nazi. Son opposition aux nationaux-socialistes devient critique lorsque les communistes français, jusqu'alors silencieux, décident d'effectuer des sabotages et des attentats antiallemands à partir de juillet 1941, à la suite de l'invasion de l'URSS par les nazis (opération *Barbarossa*). C'est tout d'abord, le 21 août 1941, l'assassinat de l'aspirant Moser à Paris (tué par le fameux colonel Fabien), puis peu après les attentats contre le *Feldkommandant* Hotz à Nantes et le conseiller de l'administration militaire Reimers à Bordeaux. En septembre 1941, Hitler décide de passer de 100 à 150 exécutions d'otages pour chaque Allemand assassiné. Otto von Stülpnagel parvient à en réduire le nombre à une centaine, en négociant pied à pied, et s'efforce d'y inclure des condamnés à mort de droit commun.

Il est malgré tout contraint, sous peine d'avoir à se démettre (une décision hautement suspecte), d'exercer une sévère répression contre la résistance française de l'intérieur. Ainsi ordonne-t-il, en représailles, l'exécution d'otages : des Juifs internés à Drancy, des communistes (comme Guy Môquet, victime plus de sa filiation que de véritables actions personnelles de résistance, vu la position des Jeunesses communistes en octobre 1940, date de son arrestation) et des résistants emprisonnés à Fresnes et Clairvaux. Ainsi, le

22 octobre 1941, 48 prisonniers sont-ils fusillés, dont Guy Môquet, à Châteaubriant, en représailles à la mort de Hotz.

L'année 1941 voit également Otto von Stülpnagel couvrir des arrestations de Juifs étrangers et français, tant en zone sud non occupée (avec la coopération bienveillante de Vichy) qu'en zone occupée ! En décembre 1941, plus de un millier de Juifs sont raflés à Paris, dont les trois quarts sont français (on y trouve le frère de Léon Blum, René, mais aussi de très nombreux anciens combattants, et même un président de chambre de cour d'appel). Regroupés au manège des chevaux de l'École militaire, ils sont transférés au camp (dit « de la Mort lente ») à Royallieu, à côté de Compiègne.

Le 15 décembre 1941, le patron des forces d'occupation fait paraître un avis daté de la veille ainsi rédigé : « Ces dernières semaines, des attentats à la dynamite et au revolver ont été commis contre les soldats de l'armée allemande.

« Ces attentats ont pour auteurs des éléments, parfois même jeunes, à la solde des Anglo-Saxons, des Juifs et des bolcheviks…

« J'ai ordonné l'exécution des mesures suivantes :
1) une amende de 1 milliard de francs est imposée aux Juifs des territoires français occupés ;
2) un grand nombre d'éléments criminels judéo-bolcheviks seront déportés aux travaux forcés à l'Est ;
3) 100 juifs, communistes et anarchistes, qui ont des rapports certains avec les auteurs de ces attentats, seront fusillés.

Ces mesures ne frappent point le peuple français mais uniquement des individus à la solde des ennemis de l'Allemagne qui veulent précipiter la France dans le malheur et qui ont pour but de saboter la réconciliation entre l'Allemagne et la France. »

Conscient que la politique d'exécution d'otages dresse la population contre l'occupant allemand, Otto von Stülpnagel s'efforce également de limiter les persécutions contre les Juifs. Lors de l'affaire dite « du 3 octobre 1941 » – des attentats contre les synagogues juives –, il ordonne une enquête. Celle-ci aboutit et démontre la culpabilité non seulement de l'immonde « bande à Deloncle », mais également un coup fourré du SD, sur l'ordre de Knochen et de Dannecker. Aussi le général exige-t-il de Heydrich le renvoi de Knochen. Heydrich, le défiant, endosse alors la paternité de ces attentats.

Otto von Stülpnagel craque : il démissionne en février 1942 et demande à être muté au front. Il va y survivre. Arrêté pour crime de guerre en 1946 pour avoir signé des ordres d'exécution d'otages, il est conduit à Paris et enfermé à la prison du Cherche-Midi, où il se suicide…

Carl Heinrich von Stülpnagel piégé à Paris

Carl Heinrich von Stülpnagel ne peut que se réjouir d'être affecté en France, en dépit du terrible héritage qui lui échoit. Car cet homme qui fait irrésistiblement songer au héros du *Silence de la mer* de Vercors est convaincu de la possibilité d'une coopération avec une nation hautement civilisée comme la France. Il se sent proche de certains de ceux qui vont participer au complot de von Stauffenberg, comme le comte Helmuth von Moltke, qui porte un nom glorieux et sert comme conseiller juridique de l'Abwehr (Service secret de l'Armée), le général chef d'état-major du groupe d'armées du Centre en Russie, von Tresckow, le maréchal von Witzleben, ou encore l'ancien ambassadeur d'Allemagne en Italie, von Hassel.

Walter Bargaztzky, conseiller juridique dans l'Administration militaire du Reich à Paris, qui loge comme von Stülpnagel à l'hôtel Raphaël, raconte une petite anecdote significative (dans Opération *Walkyrie*, de J.-P. Picaper). Un jour, il rencontre le général, incognito, habillé en civil, feuilletant des livres dans la librairie « anglaise » de la rue de Rivoli. Il s'approche de lui. Von Stülpnagel met un doigt sur les lèvres, le suppliant ainsi de ne pas le saluer.

Carl Heinrich von Stülpnagel pose ses conditions. Le Führer les accepte. Dans un ordre daté du 9 mars 1942, il confirme que le commandement militaire qui lui est confié en France ne régit pas les « mesures de représailles contre les criminels, les juifs et les communistes ». Heydrich confie les tâches de répression à Karl Oberg, patron de la Sipo (Police de sécurité) et du SD (services secrets) en France, assisté du sinistre SS Helmut Knochen. Dès lors, la Wehrmacht n'exerce plus aucun pouvoir de police en France occupée.

Peu de temps après son arrivée dans la capitale française, le 13 février 1942, Carl Heinrich von Stülpnagel assiste aux premières déportations de

Juifs. Elles débutent en mars pour s'accélérer après le 11 novembre, date d'occupation de la zone libre.

Dès, semble-t-il, la seconde partie de l'année 1943, l'équipe des conjurés contre Hitler s'est étoffée, et certains officiers sont prêts à passer à l'action immédiate. L'objectif est de tuer Hitler, d'arrêter les dirigeants nazis, de décapiter le Parti national-socialiste (NSDAP), enfin d'instaurer une République, présidée au départ par l'ancien maire de Stuttgart, Karl Goerdeler. En France, si son collaborateur Walter Bargaztzky est mêlé au complot dès le mois d'août 1943, von Stülpnagel n'est sans doute pas clairement informé avant septembre ou octobre. Rappelons qu'en mars 1943 le général Oster, adjoint de Canaris à l'Abwehr, et son collaborateur Dohnanyi ont placé une bombe à bord de l'avion qui ramène Hitler de Smolensk à Rastenburg. Elle n'explose pas. La même année, le général von Tresckow et Schlabrendorff ont conduit une autre tentative, qui s'est elle aussi soldée par un échec. La Gestapo, informée, finit par perquisitionner le bureau de Dohnanyi et découvre des documents sur la résistance antinazie. Oster est exilé et placé en liberté surveillée, alors que Dohnanyi est arrêté. Quant au chef de l'Abwehr, l'amiral Canaris, il est placé sous haute surveillance.

Un autre homme, le lieutenant-colonel de la Luftwaffe Caesar von Hofacker, va jouer un rôle éminent dans le complot au côté de von Stülpnagel. Il est d'ailleurs possible que ce von Hofacker ait eu des contacts avec la Résistance française pour combattre les SS et la Gestapo en cas de succès de l'attentat de von Stauffenberg. Jouant, tout comme Fritz-Dietloff von der Schulenburg, les commis voyageurs de von Stauffenberg, von Hofacker, déchargé de son travail par von Stülpnagel, ne cesse de faire des allers et retours Paris-Berlin. En fin d'année 1943, la planification de l'attentat paraît au point mort, au grand désespoir de von Hofacker. Les généraux pensent que la défaite est proche et qu'un assassinat n'a donc plus d'utilité…

Von Stauffenberg, l'âme de la conspiration

L'arrivée de Rommel en France, en décembre 1943, et la grande détermination de von Stauffenberg, décidé à devenir le poseur de bombe, vont tout changer.

Von Stauffenberg s'est convaincu, dès 1942, de l'impérieuse nécessité de tuer Hitler, un criminel qui mène l'Allemagne à sa perte. Alors qu'il sert en Ukraine et est parvenu à former des unités combattantes composées d'Ukrainiens et de soldats russes prisonniers, sur le point de s'intégrer dans la Wehrmacht, des troupes SS encerclent le camp et massacrent ces étrangers en qui le Führer n'a pas confiance. Révolté, von Stauffenberg n'est pas au bout de ses dégoûts. Il assiste à Dubno à d'infâmes exécutions collectives de Juifs. Il est si révolté qu'il insulte le nom de Hitler devant ses camarades. Personne ne le dénonce ! C'est dire l'état d'esprit qui règne dans l'armée allemande de Russie… Affecté dans l'armée blindée en Afrique du Nord, alors que Rommel fait retraite vers la Tunisie, mitraillé par un avion anglais, von Stauffenberg est gravement blessé. Ayant perdu sa main droite, deux doigts de la gauche et l'usage d'un œil, il est promu lieutenant-colonel. Affecté dans l'armée de réserve (ou « armée de l'intérieur ») comme chef à l'état-major, il est le seul à pouvoir approcher Hitler – lequel lui accordera le grade de colonel le 1er juillet 1944 !

Les conjurés parviennent à infiltrer le système nazi, principalement la Wehrmacht et l'Abwehr. Citons les principaux : le maréchal von Witzleben, le général Beck, le général von Stülpnagel, le général Olbricht (principal administrateur du quartier général de la Bendlerstrass, le ministère des Armées), le général von Tresckow, chef d'état-major du groupe d'armées du Centre en Russie, le maréchal Rommel (le plus populaire de tous les chefs militaires allemands), le général Hoepner, von Hase, le patron de la garnison de Berlin (armée de l'intérieur), Stieff, le tout-puissant patron de l'OKH, le haut commandement de l'armée, mais aussi l'aide de camp de Stauffenberg, von Haeften, et le colonel Mertz von Quirnheim. L'Abwehr, avec Canaris et le comte Helmuth von Moltke, est entièrement gagnée aux conjurés mais incapable d'agir en raison de la surveillance dont elle fait désormais l'objet. En février 1944, l'Abwehr est d'ailleurs absorbée par le SD. Parmi les civils, outre Goerdeler, citons Wirmer, le pasteur Dietrich Bonhoeffer, l'ancien ambassadeur Ulrich von Hassel, Leuschner, York von Wartenburg, le socialiste Leber, le conseiller Max Horst en poste dans l'administration militaire en France…

L'idée clé des comploteurs, en raison de l'absence d'unités de la Wehrmacht en Allemagne, est de parvenir à mobiliser l'Ersatzheer, l'« armée de l'intérieur », maîtresse du territoire allemand, et qui se trouve en charge de la surveillance des prisonniers de guerre et des travailleurs forcés (pour les Français, il s'agit des hommes du STO). L'appui de von Hase est naturellement essentiel ! Pour faire basculer la Wehrmacht, qui combat sur les fronts extérieurs, la démarche principale des conjurés vise à convaincre Rommel, adulé par toutes les troupes, de s'engager en lui promettant de devenir le généralissime de l'armée allemande. À tort ou à raison, Stauffenberg pense qu'en faisant basculer Berlin et la France (où von Stülpnagel et Rommel penchent en sa faveur), pays en paix, il l'emportera. Aussi le débarquement du 6 juin 1944 porte-t-il un rude coup à l'esprit de la conjuration. Et à double titre : face à l'assaut allié, il devient plus difficile pour le haut commandement de la Wehrmacht de trahir le « guide » ; d'autre part, les conjurés pensaient pouvoir instaurer une république sans y être totalement contraints par la situation militaire.

Mais que l'on ne s'y trompe pas, toute l'armée allemande bruit, en ce terrible été 1944, de la rumeur d'un coup d'État, car plus un seul gradé allemand ne croit en la victoire et tous, au contraire, estiment que Hitler conduit la Nation au désastre. C'est pour cette raison que le Führer réagira avec une brutalité inouïe après avoir échappé miraculeusement à la mort : faire peur reste sa seule chance de survie. Il en profite, enfin, pour humilier et décapiter cette Wehrmacht qui ne l'a jamais considéré comme un vrai chef de guerre. Cette réaction hâte certes sa propre fin, mais Hitler ne le comprend pas : en ce milieu de l'année 1944, gravement drogué, il a perdu toute clairvoyance.

Le 5 juillet 1944, Leber, l'un des conjurés, est arrêté. Von Stauffenberg entend accélérer le mouvement de peur d'être trahi. En visite à Berchtesgaden, il ne parvient pas à persuader le général Stieff de déposer la bombe. Du moins obtient-il son silence. Le 15 juillet, le nouveau colonel, promu quinze jours auparavant, parvenu à Rastenburg (le *Wolfsschanze*, « repaire du loup »), n'ose pas déposer sa bombe. Malgré la grave blessure de Rommel le 17, la décision est prise de poursuivre le projet d'attentat. Le 20 juillet, avec son aide de camp, von Haeften, von Stauffenberg, de nouveau à Rastenburg, dépose une bombe amorcée dans sa serviette (il n'a pas le temps d'amorcer la seconde et la laisse chez l'aide de camp de Keitel, dans les appartements duquel il s'est changé ; une lourde erreur, car celle-ci aurait explosé sous la chaleur de la première déflagration, tuant à coup sûr Hitler). Puis il entre dans le baraquement où Hitler analyse la situation militaire. Il est 12 h 30. Il place sa sacoche sous la table. Alors, prétextant un coup de téléphone urgent, il sort de la pièce. Le colonel Brand, gêné par la serviette de von Stauffenberg, la repousse et la déplace de l'autre côté d'un lourd pied de table. C'est alors que se produit l'explosion, que Stauffenberg, en route vers l'aérodrome, entend fort bien. Il est donc certain de la mort de Hitler. Sur les 24 hommes présents dans le baraquement, quatre sont tuées, tous les autres étant plus ou moins sérieusement blessés. Hitler est gravement commotionné : blessé au dos, il a le visage noir, les cheveux roussis, son pantalon est en lambeaux…

Sur place dès 13 h 30, Himmler comprend que Stauffenberg, qui s'est enfui par avion et vole vers Berlin, est le coupable. Il prévient aussitôt Müller et Kaltenbrunner, de la Gestapo. Dans l'après-midi, Hitler, décidé à se venger, ordonne à Himmler de se rendre dans la capitale allemande pour briser le putsch ; le Führer a bien compris que c'est toute la noblesse militaire germanique qui a tenté de l'abattre. Lui qui avait dû leur sacrifier ses SA en 1938 tient enfin sa revanche…

Von Stülpnagel arrête les chefs du SD et de la SS à Paris

Le général von Speidel, chef d'état-major de Rommel, a convaincu son chef de la nécessité absolue du renversement de Hitler dès le mois de mai 1944. Début juillet, le lieutenant-colonel von Hofacker a confirmé à Rommel l'engagement de von Stülpnagel dans le complot. Dans le même temps, von Rundstedt a été remplacé par von Kluge, un nazi convaincu mais non fanatique, à la tête du front de l'Ouest. On sait que Rommel est opposé au meurtre de Hitler et qu'il souhaite le voir juger. Mais il est décidé à traiter avec les Alliés, plutôt avec Montgomery d'ailleurs, qu'il a combattu en Afrique. Aussi Rommel engage-t-il, pour les éloigner d'Allemagne, des divisions SS sur le front de Normandie, plaçant en réserve deux divisions blindées de la Wehrmacht afin de faciliter le coup d'État. Hélas, le maréchal est grièvement blessé le 17 juillet…

Le 20 juillet, vers 16 heures, Horst informe Bargaztzky que le complot a réussi et que Hitler a été tué. Mais la radio allemande prétend que Hitler est sain et sauf ! Que s'est-il donc passé ? Von Stülpnagel, von Hofacker et leurs proches collaborateurs se réunissent…

Cependant, parvenu à Berlin, von Stauffenberg déclenche l'opération *Walkyrie* à 16 h 30 : les unités de l'intérieur reçoivent l'ordre d'occuper les points stratégiques et de neutraliser les SS. Elles s'exécutent… Le général Fromm, patron de l'Ersatzheer, qui refuse toute coopération, est neutralisé. Vers 16 h 15, von Stauffenberg a appelé von Hofacker et lui a donné le feu vert ; toutes les communications, hors une ligne directe pour les conjurés, ont été coupées entre Paris et Berlin. Von Stülpnagel convoque les chefs militaires du Grand Paris, le général von Boineburg-Lengsfeld et son chef d'état-major, le colonel Unger. À 18 heures, le maréchal von Kluge est informé par le général von Speidel des informations contradictoires qui circulent sur le sort du Führer. Il appelle aussitôt auprès de lui le patron de l'armée de terre, von Stülpnagel, et celui de la Luftwaffe, le maréchal Sperrle. De Berlin, le général Beck confirme les ordres de von Stauffenberg à von Stülpnagel : il faut arrêter les chefs de la SS et du SD. Von Kluge ne veut pas se joindre aux putschistes : il entend, auparavant, être sûr de la mort de Hitler.

À Vienne, tout s'est déroulé comme prévu : le général de blindés von Esebeck a procédé à l'arrestation des chefs de la SS, du SD, de la propagande… et s'est assuré la maîtrise des camps de concentration. À Prague, le général Schaal ordonne l'arrestation des chefs du SD…

Cependant, à Paris, von Kluge envisage de rallier l'insurrection, après avoir reçu un message signé du maréchal von Witzleben, chef suprême de la Wehrmacht. Un télégramme du maréchal Keitel le fait changer d'avis. Pourtant, tous ceux qui l'entourent ont pris parti pour von Stauffenberg et tentent de le convaincre d'agir en faveur de la paix et d'engager des négociations avec les Alliés. Mais von Kluge, gravement blessé en 1942, dépassé par le terrible dilemme qui se pose à lui, n'est plus de force à engager l'armée allemande en France sur la voie de la sécession. Seul Rommel aurait pu y parvenir…

Cependant, les troupes de la Wehrmacht à Paris, obéissant aux ordres de von Stülpnagel, ont pris d'assaut les locaux tenus par la SS et le SD. Oberg et Knochen sont mis aux arrêts.

À Berlin, le flottement s'installe parmi les conjurés. Les ordres d'arrêter, nommément, les principaux dirigeants nazis n'ont pas été donnés, ni ceux d'occuper les radios, ni même ceux de libérer les prisonniers politiques et d'ouvrir les portes du camp de Sachsenhausen ; bref, rien n'a été conçu pour créer un mouvement irréversible en faveur du changement. Von Stauffenberg s'est contenté d'essayer de convaincre, par téléphone, tous ces officiers supérieurs de la Wehrmacht qu'il connaît fort bien.

Goebbels réagit le premier : il mobilise une unité SS particulièrement sûre, la *Leibstandarte Adolf Hitler*, puis convoque le commandant Remer, le chef de la garde de Berlin, second de von Hase, l'un des conjurés. Il le met en communication avec Hitler, qui lui confère le grade de colonel. Alors il organise avec Kaltenbrunner, le général SS Schellenberg et l'*Obersturmbannführer* Skorzeny l'assaut du Bendlerblock, le siège du gouvernement militaire, où se sont installés von Stauffenberg et ses amis. Un peu après 22 heures, ils délivrent Fromm puis arrêtent Stauffenberg, qui n'est même pas armé, les généraux Beck, Hoepner, Olbricht, mais aussi von Haeften, Mertz von Quirnheim. Fromm, tentant, en vain, de sauver sa peau, improvise un conseil de guerre et les fait fusiller à la lumière des phares d'un camion vers minuit. Le putsch a définitivement échoué.

À Paris, cependant, von Stülpnagel, qui a dîné à La Roche-Guyon avec von Kluge, prend congé. Il sait dès 22 heures que le putsch a échoué, en raison d'un appel direct de von Stauffenberg. Il n'est de retour à l'hôtel *Raphaël* que vers minuit. Il ne lui reste plus qu'à envoyer le général von Boineburg-Lengsfeld en mission délicate auprès d'Oberg et de Knochen. Tous deux sont conduits à l'hôtel *Raphaël* pour entendre von Stülpnagel leur présenter ses excuses et affirmer qu'il s'agit d'un malentendu. Il leur montre les écrits contradictoires de von Witzleben et de Keitel. Bons princes, les deux nazis acceptent de sabler le champagne vers 2 heures du matin et assurent von Stülpnagel de leur absence totale de ressentiment et de leur silence.

C'est sans doute von Kluge, pour se mettre en valeur, qui va dénoncer von Stülpnagel et révéler l'arrestation des chefs de la SS et du SD. Dès le 21 juillet, n'ayant pas suivi les conseils de la maréchale von Kluge, qui l'incitait à fuir, von Stülpnagel est convoqué à Berlin pour s'expliquer.

La terrible vengeance de Hitler

Sous les ordres de Heinrich Müller, une commission spéciale dite « du 20 juillet » est créée, comprenant 400 membres du SD et de la Gestapo. Après une première vague d'arrestations de 600 à 700 militaires, fin août, une seconde vague intervient, beaucoup plus ample, concernant au moins 5 000 personnes. Autant la première touche pour l'essentiel des officiers de la Wehrmacht, autant la seconde vise des opposants politiques, des ecclésiastiques, des diplomates, des intellectuels, des industriels... Parmi eux figurent, par exemple, Kurt Schumacher et Konrad Adenauer.

Pour échapper à la vindicte nazie, plusieurs militaires de haut rang se donnent la mort : le maréchal von Kluge, les généraux von Tresckow et Wagner, alors que le maréchal Rommel sera contraint de se suicider au cyanure pour éviter des représailles contre sa famille.

Une cour martiale est constituée, présidée par le vieux maréchal von Rundstedt, qui cherche ainsi à retrouver la faveur de Hitler, avec comme assesseurs l'insignifiant et lâche Keitel, mais également, de façon plus surprenante, le général Guderian. Il est décidé de commencer par exclure de l'armée les officiers supérieurs comploteurs ou de les mettre à la retraite. Ainsi, plus d'une centaine de militaires de haut rang relèvent-ils brutalement du tribunal civil et peuvent donc être torturés par la Gestapo.

Le juge Freisler préside le tribunal du peuple qui condamne à mort plus d'une centaine d'accusés au mois d'août 1944 ; les exécutions se poursuivront sans relâche jusqu'en avril 1945. Au total, 22 maréchaux et généraux, des centaines d'officiers, des centaines de politiques, de chrétiens, de communistes, de sociaux-démocrates sont liquidés, le plus grand nombre en raison d'un complot auquel ils n'ont nullement participé.

Insultés par les juges, torturés par la Gestapo, humiliés sans cesse, les hommes de l'opération *Walkyrie* se comportent dignement. Ils laissent percer leur mépris et se moquent de Freisler, lui annonçant sa mort sous une année, avec la destruction définitive du nazisme.

Les malheureux condamnés à mort peuvent être partiellement dénudés voire totalement, comme Oster et l'amiral Canaris ; on les force alors à marcher vers la potence au milieu des lazzis. D'autres, comme le maréchal von Witzleben, dépouillés de leur ceinture, doivent tenir leur pantalon à la main durant toute la durée du procès. La plupart sont pendus à l'aide de filins que l'on fait coulisser sur des crochets de boucherie, pour que la mort soit plus lente.

Le martyre de Carl Heinrich von Stülpnagel

N'ayant aucune illusion sur ce qui l'attend, le général se dirige en voiture vers Berlin. En arrivant à proximité de Verdun, il se souvient des terribles combats de Cumières auxquels il a participé comme capitaine. Il se dit en lui-même que c'est un bel endroit pour mourir. Il se dirige alors vers l'ancien théâtre de ses exploits, fait arrêter la voiture et demande à son garde du corps et à son chauffeur de l'attendre. Il souhaite marcher un peu : qu'ils s'avancent, il les rejoindra à pied. C'est au bord de la Meuse ou d'un canal latéral qu'il choisit de se donner la mort ; ainsi son corps sera-t-il emporté. Il se loge une balle dans la tête et tombe dans l'eau. Aussitôt les deux fidèles du général se précipitent, le tirent de l'eau et le conduisent à l'hôpital allemand de Verdun. Car il n'est pas mort ; il a perdu la vue. Vigoureusement soigné, gardé jour et nuit par des agents du SD, il est remis sur pied.

Emmené à Berlin, il est interrogé, jugé et condamné à mort. Au cours de l'interrogatoire, il innocente Rommel, qu'il respecte, et von Kluge, qu'il méprise. Sans doute songe-t-il alors au conseil donné par Mme la maréchale von Kluge le 20 juillet et qu'il n'a pas voulu suivre, par sens de l'honneur. Le jour même, ses bourreaux le conduisent par la main jusque sous son crochet de boucherie accroché à un rail. Il ne peut pas voir la lumière brutale de la caméra qui filme son supplice (un spectacle dont Hitler se régale en privé). Le bourreau ou ses aides lui enlèvent les menottes, le dénudent jusqu'à la taille, lui passent un nœud coulant puis élèvent lentement le filin, ainsi que le Führer l'a personnellement recommandé. Avant même ses derniers soubresauts, les bourreaux lui retirent son pantalon. Ainsi meurt comme un animal l'un des plus fins esprits de l'armée allemande, qui n'a cessé de haïr les nazis depuis 1938.

Bibliographie

Baumont Maurice, *La Grande Conjuration contre Hitler,* Éditions Mondiales, 1963

Bücheler Heinrich, *Carl Heinrich von Stülpnagel, Soldat-Philosoph-Verchwörer,* 1989

Fehrenbach Florence et Jérôme Philipp, baron von Boesalager,
Nous voulions tuer Hitler, Perrin, 2008

Galante Pierre, *20 juillet 1944 : Hitler est-il mort ? Les généraux allemands face au Führer,* Plon-Paris Match, 1981

Koehn Barbara, *La Résistance allemande contre Hitler,* 1933-1945, PUF, 2003

Manvell Roger et Fraenkel Heinrich, « Juillet 1944 : le complot des généraux », *Historia Magazine* n° 71, 1969

Picaper Jean-Paul, *Opération* Walkyrie, L'Archipel, 2009

Thériot Jean-Louis, *Stauffenberg,* Perrin, 2009

MALRAUX
ET LES MILLIARDS DE LA RÉSISTANCE

En France, jusqu'à la fin de 1942, la résistance à l'occupation allemande se fait par petits groupes, par opérations sporadiques. Chaque résistant opère pour ainsi dire individuellement en gardant des liens avec sa famille, son travail, son quartier, son village. L'individu prend en charge ses propres activités clandestines.

En 1943, la Résistance française tente de se structurer. Des maquis sont constitués. Le résistant quitte son domicile, son travail, pour se rendre dans des lieux choisis par des chefs. Le civil devient un soldat de l'ombre pris en charge par un réseau. Il est nourri, logé, habillé par le groupe – si l'on peut dire, car le ravitaillement et l'hébergement sont le plus souvent sommaires, pour ne pas dire spartiates. On passe les nuits dans les bois, en montagne, dans des cabanes. Les camps doivent se déplacer souvent selon les mouvements des troupes allemandes de la région. Dès lors, le mouvement ne peut plus témoigner de la même spontanéité, de la même souplesse. Ce sont des centaines d'hommes qui marchent ensemble, avec l'intendance, le ravitaillement, l'infirmerie, les munitions.

Pour faire fonctionner tout cela, il faut des subsides. Or, souvent, les caisses sont vides. Pour trouver des fonds, tous les moyens sont bons. Parfois, les ressources tombent du ciel sous la forme de parachutages, mais les livraisons se font souvent attendre, et toutes n'arrivent pas à bon port. Alors on procède à ce qu'on appelle pudiquement des « réquisitions » on demande aux habitants aisés de participer à l'action, en argent ou en nature. Les gens sollicités donnent plus ou moins spontanément. Ceux qui hésitent ou qui refusent sont considérés comme des « collabos ».

Mais ce prélèvement sur la population ne peut être suffisant pour entretenir une troupe. Alors les résistants vont chercher l'argent là où il se trouve : ils attaquent les bureaux de poste, les perceptions. De janvier à juillet 1944, plus de 100 perceptions sont attaquées dans le Périgord. Ce qui ne donne pas, auprès de la population, une image de la Résistance très favorable : on commence à murmurer que ces gens du maquis sont des bons à rien qui cherchent à vivre sur la société. Les responsables des réseaux comprennent vite qu'il faut changer cette image en se procurant de l'argent autrement. Pour aider les Alliés, qui avancent en Normandie, c'est une véritable armée qui doit marcher au combat, avec tout son matériel.

En février 1944, le général de Gaulle rassemble toutes les forces éparses sous le nom de « FFI » (Forces françaises de l'intérieur). La liaison entre les FFI et le Comité national de la Résistance (CNR) est assurée par la création d'une commission d'action en France (Comac) où sont représentés l'Armée secrète (les gaullistes), les Francs-tireurs et partisans (les communistes) et l'Organisation de résistance de l'armée (les giraudistes).

On peut dire qu'à partir du printemps 1944 l'organisation du maquis français est au point. De nombreux officiers de l'ancienne armée française ont rejoint les rangs de la Résistance, et les groupes isolés sont désormais fédérés en de vastes réseaux approvisionnés en armes par les parachutages britanniques. Les FFI sont pourchassés sans répit par l'occupant allemand, qui les qualifie de « terroristes » et de « bandits ».

Le 9 juin 1944, les maquisards enlèvent un officier SS et l'exécutent, semble-t-il dans le village d'Oradour-sur-Glane. Le lendemain, un détachement de la division SS *Das Reich* arrive à Oradour, rassemble la population, l'enferme dans les granges, dans l'église, massacre tous les habitants et incendie le village. Ce carnage coûte la vie à 642 personnes. Le préfet de la région ne peut donner l'autorisation de constater l'horreur que trois jours après *(voir le chapitre « L'affaire Guingouin »)*.

Cependant, le débarquement allié en Normandie semble avoir réussi. Les Alliés progressent sur le sol français. Les Allemands cherchent à se retirer avec le moins de pertes possible. Les combattants de la Résistance peuvent alors sortir de l'ombre pour passer à l'action ouverte.

Des centaines de maquisards convergent vers le Vercors, véritable forteresse naturelle protégée par de hautes falaises. Le 3 juillet, le commissaire de la République Yves Farge, membre du Front national (l'organisation de résistance animée par le Parti communiste), adresse le message suivant à la population : « La République française a été restaurée dans le Vercors à dater de ce jour. Les décrets de Vichy sont abolis et les lois de la République, remises en vigueur. »

Les routes menant au plateau sont aussitôt gardées. Les Allemands, qui veulent conserver leurs lignes de communication avec l'Italie, se préparent à donner l'assaut. Et, le 17 juillet, c'est l'attaque brutale des troupes allemandes et de la Milice de Joseph Darnand. Les renforts attendus par le maquis n'arrivent pas ou trop tard. On accuse alors les responsables d'Alger d'être « des criminels et des lâches ». Le général de Gaulle, lui, fait retomber la responsabilité de l'abandon du Vercors sur « ceux qui détiennent les armes et les avions », c'est-à-dire nos alliés, qui se méfient de la Résistance, réputée subversive.

Au Vercors, 650 maquisards sont tués. La population civile est victime d'une répression sanglante ; à Vassieux, on ne retrouvera que des enfants au crâne fracassé, des femmes éventrées, des hommes émasculés, les yeux arrachés, la langue coupée. Les nazis, aux abois, multiplient les actes de barbarie alors que les Alliés progressent sur tous les fronts. En Normandie, Avranches va tomber. Sur le front de l'Est, les Soviétiques percent les lignes de défense allemandes de l'Ukraine.

La Résistance française est, à présent, en mesure d'agir comme une armée. Mais les caisses de cette armée sont vides. Pour agir efficacement, il faut de l'argent, beaucoup d'argent.

On dispose de peu de documents concernant la situation des maquis en Périgord, mais une lettre du 1er juillet 1944 du responsable militaire de la Résistance dresse un bilan de leurs ressources au préfet. Il parle de ces hommes qui ne touchent plus leur salaire, semblent complètement démunis, et dont le moral, de ce fait, n'est pas très solide. Il demande au préfet d'envisager une solution pour que les résistants puissent au moins percevoir une sorte de solde en tant que soldats. « Comment un chef de la Résistance ose-t-il s'adresser au préfet, qui est forcément un homme de Vichy ? » s'interrogera-t-on. C'est que le préfet du Périgord est un homme un peu particulier…

Il s'appelle Callard. Il a trente-quatre ans. Il connaît parfaitement la région, mais il n'est en poste que depuis quelques semaines. Il était auparavant sous-préfet de Bergerac. Bien sûr, il a été promu par Vichy, mais ceux qui le connaissent savent de quel côté bat son cœur. En lui envoyant cette lettre, le chef de la Résistance n'ignore pas à qui il s'adresse.

Callard lit la lettre avec intérêt. Aussitôt, il réunit les quelques employés sûrs de la préfecture. Sans tergiverser, il leur présente la situation : « Messieurs, nous n'avons pas une minute à perdre. Les Alliés se battent furieusement en Normandie ; les pertes sont sévères. Pour les Allemands aussi d'ailleurs. Il est probable que Caen sera libéré ces jours-ci. Même s'il reste encore le bocage à traverser, même si les Allemands défendent leurs positions pied à pied, on peut dire aujourd'hui que le Débarquement a réussi. Mais les Allemands sont encore chez nous. Et, dans notre région, leur présence se manifeste désagréablement. Nos réseaux de résistance, qui sont éparpillés dans les maquis, vont avoir à jouer un rôle important pour chasser l'occupant. Mais ces réseaux doivent être ravitaillés en vivres et en matériel. Il leur faut de l'argent, beaucoup d'argent.

Ils font appel à nous pour en trouver sans piller la population. J'ai l'intention de rencontrer certains responsables de l'armée clandestine, et notamment le lieutenant-colonel Gaucher, chef départemental des FFI. Que vais-je lui dire ? »

Le long silence qui suit montre à quel point les interlocuteurs ont saisi la gravité du message. L'un d'eux dit posément :

– Il faut prendre l'argent là où il se trouve.

– Et où se trouve-t-il ?

– À la Banque de France. À la succursale de Périgueux.

Tous lèvent la tête.

– Qu'est-ce qui vous fait dire ça ?

– Les stocks sont entreposés à Périgueux depuis que Bordeaux est bombardé tous les soirs par l'aviation alliée. Et les Allemands font transférer régulièrement des sommes importantes de Périgueux à Bordeaux. Attaquons le prochain convoi.

La proposition est séduisante mais semble quelque peu fantaisiste. Le préfet reste prudent :

– Je ne doute pas de la véracité de vos informations, mais nous devons vérifier avant de prévoir une opération. Qui peut se charger de cela ?

– Je crois être bien placé pour obtenir ces renseignements, dit l'un des fonctionnaires.

Le surlendemain, les conspirateurs reçoivent le complément d'informations. Le préfet Callard a pris le risque d'appeler son ami le trésorier-payeur général, qui est un sympathisant de la Résistance. Les précisions qu'il a fournies sont précieuses : « Le 26 juillet prochain se fera un transfert de fonds exceptionnel ; il y aura 2,28 milliards de francs en billets de banque, entassés dans 150 sacs plombés pesant environ 6 tonnes. »

Des milliards ! Autour de la table, les hommes rêvent :
– On peut faire vivre plusieurs réseaux pendant des mois !
– C'est une somme colossale, en effet. Les Allemands vident les caisses, ce qui prouve qu'ils ont l'intention de quitter la région. Allons-nous leur laisser ce pactole ?
– Non. Comment seront évacués les sacs ?
– Par train spécial.
– Et armé comme le mur de l'Atlantique !
– Nous devons nous organiser, messieurs. Il faut répartir les charges. Vous, Négrier, vous connaissez parfaitement la région. Vous alerterez le quartier général de Gaucher, où qu'il se trouve, et vous lui transmettrez toutes les informations, au fur et à mesure qu'elles nous parviendront : formation du train, heure de départ. Ce train empruntera la ligne normale, ça, nous le savons. Vous avez une idée de l'endroit le plus favorable pour une intervention ?

Un cheminot lève timidement la main :
– J'ai été pendant cinq ans conducteur sur la ligne. Je crois que l'endroit le plus favorable est incontestablement Neuvic.

On déplie une carte de la région. La ligne noire hachurée apparaît. Le cheminot pose son index sur un point du parcours :
– Ici. C'est une station où le train doit passer à petite vitesse.
– Trois kilomètres plus tôt, ajoute un témoin, il y a un passage en pierres qui a été saboté il y a six mois ; il

reste très fragile, et tous les trains arrivent à la gare de Neuvic au ralenti.
– Le train sera sûrement blindé.
– En tout cas défendu par des soldats allemands et des policiers français...
– Les soldats allemands, c'est le travail de la Résistance. Les policiers français, c'est mon affaire ! conclut le préfet Callard avec un sourire malicieux.

Il a déjà son idée. Parmi les policiers français, il choisira quatre sympathisants de la Résistance. Ces policiers en civil apprendront leur rôle ; au moment de l'attaque, ils devront se défendre mollement et même se laisser malmener un peu pour la vraisemblance.

La responsabilité de l'opération se trouve désormais entre les mains de la Résistance. Le préfet Callard a accompli sa mission : il a établi les contacts et a fourni le maximum de renseignements. Il peut à présent redevenir le préfet zélé qui sert le maréchal. Il devra se montrer le premier surpris et désolé lorsque l'opération se produira.

Plusieurs groupes de la Résistance sont donc mobilisés pour cette attaque, et l'ensemble est orchestré par les commandants Christophe et Rolland, dépendant directement du PC départemental.

Le 26 juillet, le groupe Valmy et le groupe Rolland sont prêts. Deux camions doivent participer à l'opération ; mais il faut aussi des chauffeurs expérimentés. Le commandant Rolland, à son poste de commandement de Dives, désigne deux routiers professionnels. L'un d'eux, Gilbert Béssière, a témoigné, cinquante ans plus tard : « Nous avons été réveillés, le 26 au matin, par un factionnaire qui nous a dit "Vous êtes convoqués

par les commandants Rolland et Christophe". Nous nous sommes habillés rapidement et nous sommes allés voir les chefs. Rolland nous a dit :
« – Messieurs, nous allons participer à l'une des plus grosses affaires de l'histoire de la Résistance. Et nous avons besoin de vous. Ne me demandez pas, pour l'instant, des détails sur cette opération. Êtes-vous prêts à l'action ?
« – Bien sûr. Nous sommes là pour ça. Mais peut-on savoir pourquoi nous avons été choisis ?
« – Parce que vous êtes un routier professionnel et que vous avez conduit des camions à gazogène, et que Rougier est un excellent mécanicien. Nous allons vous conduire à Neuvic. Vous prendrez possession de deux camions et, lorsqu'on vous le dira, vous partirez.
« – Où ?
« – Les instructions vous seront données sur place. Sachez seulement que vous n'avez jamais transporté un chargement aussi important. Je compte sur vous.
« – C'est tout ?
« – C'est tout. Que le chargement arrive, c'est tout ce que nous vous demandons[1]. »

Dans son interview, Gilbert Bessière ajoute : « Nous sommes arrivés à Neuvic dans l'après-midi et nous avons pris possession de deux camions de 3,5 tonnes bâchés, qui n'étaient pas de la première jeunesse, mais semblaient en bon état. »

Autour de la gare de Neuvic, plus d'une centaine de maquisards sont en attente d'une opération encore

1. Émission « Les milliards de la Résistance », France Inter (reportage de Christina Figuéras).

énigmatique. Les deux conducteurs des camions réclament les ordres, et on leur répond : « Attendez ! Vous les connaîtrez bientôt. »

« Il devait être à peu près 18 h 30 quand on nous a demandé de placer les camions “cul à cul” avec le quai pour pouvoir charger de la marchandise. » Les FFI ont isolé le village de Neuvic et ont pris possession de la petite gare. Les Allemands ne sont pas loin : ils se trouvent à Saint-Astier, à 10 kilomètres. Mais ils ne peuvent pas savoir ce qui se prépare à Neuvic. De toute façon, s'ils avaient la mauvaise idée de s'avancer par là, ils seraient reçus par les groupes placés à l'entrée du village. Autour de la gare, les maquisards sont postés dans les fossés avec leurs fusils. Un fusil-mitrailleur est mis en batterie. Ordre est donné aux habitants du village de se barricader chez eux. Évidemment, à travers les volets, tout le monde regarde du côté de la gare. Que va-t-il se passer ? Les conversations s'animent :

– Ils vont attaquer un train allemand !

– Non ! Ils vont délivrer des STO qui partent pour l'Allemagne.

– Les Allemands vont tout ravager.

– Ils sont capables de nous faire comme à Oradour.

Ce jour-là, Gilbert Duchose, jeune employé de la gare de Neuvic, est de service. Il a vu arriver ces hommes en armes avec leurs brassards tricolores et il a compris qu'il allait se passer quelque chose. « Un type qui avait l'air d'être le chef est entré dans le bureau et m'a dit :

« – Qu'est-ce que vous faites dans ce bureau ?

« – Je reçois les dépêches, que je fais circuler jusqu'à Saint-Astier. Qu'est-ce que vous allez faire ?

« – Vous le verrez bien. Continuez votre travail et ne dites rien de ce qui se passe à vos correspondants. Tout va bien à Neuvic. Compris ?

« – Compris. »

Par précaution, deux hommes armés restent dans le bureau avec l'employé.

19 heures : Le servant du fusil-mitrailleur interroge son chef :

– Quand faudra-t-il tirer ?

– Je donnerai un coup de sifflet.

– Excusez-moi, mais le chef de gare aussi a un sifflet ; et s'il siffle pour le départ du train, il peut y avoir du grabuge.

– Bon, bon, rectifie le chef. Je donnerai deux coups de sifflet très longs. Deux coups. Vous ne tirerez qu'à ce moment-là.

Il regarde sa montre.

– On l'a annoncé pour quelle heure exactement ? demande-t-il au jeune employé.

– 19 h 11, en principe. Mais si c'est un train spécial, alors…

– Vous savez comment il est composé ?

– Pas du tout. Je ne sais même pas si c'est un train de troupe, de matériel ou le train normal. Il arrive en principe à 19 h 11, c'est tout.

19 h 10 : Au loin, dans la campagne, un coup de sifflet de locomotive. « Le voilà ! »

Tout le monde est à son poste. En quelques secondes, la gare de Neuvic est plongée dans le silence. Le train arrive lentement ; un train normal de quelques wagons qui pénètre dans la petite gare endormie.

Le commandant Rolland dit à voix basse à l'homme qui est allongé à côté de lui :
– On dirait le train régulier.
– Comment savoir ?
– Je vais voir.

Le chef du maquis sort de sa cachette et se dirige vers le train, comme un voyageur lambda. Au même moment, le chef de train descend d'un wagon, croise Rolland et lui dit à voix basse : « Fourgon de tête ! Rien que des voyageurs. »

Alors Rolland fait un signe. Aussitôt, tous les FFI se lèvent et cernent le train. Les voyageurs passent leur tête aux portières. « Que personne ne descende ! crient Rolland et Christophe. Remontez les vitres ! Asseyez-vous ! Restez à vos places ! »

Le groupe Rolland se précipite sur le fourgon de tête, l'ouvre brusquement et découvre quatre inspecteurs de la Banque de France qui songent d'autant moins à faire usage de leurs armes qu'ils attendent l'attaque depuis déjà plusieurs minutes. Pour les innocenter, les maquisards tirent en l'air. « Ils les ont tués ! » disent les voyageurs, tremblants dans les wagons.

Le fourgon est détaché, poussé sur la voie de garage, et on raccroche aussitôt les autres wagons à la locomotive. Comme pour souligner l'aspect dramatique de l'opération, un orage violent éclate, et tout le reste de l'opération va se dérouler sous la pluie.

Un premier groupe s'attaque au transbordement des sacs. Les voyageurs, le chef de gare observent ce manège avec curiosité. Seul le jeune employé Duchose semble inquiet, et il sait bien pourquoi : à la gare de Neuvic, il y a un sémaphore. Habituellement, quand le train repart sur Missidan, l'employé de Neuvic doit « rendre la voie » quatre ou cinq minutes plus tard. Mais, ce soir, Gilbert Duchose n'a pas rendu la voie, et l'employé de Saint-Astier appelle :

– C'est toi, Gilbert ? Tu n'as pas rendu la voie ! Tu as un problème ?

– Non, non. On manœuvre.

– Vous manœuvrez ? Il y a un autre train qui attend pour aller sur Périgueux. Pressez-vous.

Dix minutes plus tard, l'employé de Saint-Astier parle au téléphone à voix feutrée :

– Gilbert ! Quelque chose n'est pas clair chez toi. Qu'est-ce qui se passe ?

– Tout est normal. On a voulu décrocher un wagon, et c'est la manœuvre qui…

– Tu te fous de moi ?

– Ne vous occupez pas. On libère la voie tout de suite.

En effet, le transbordement est terminé. Tous les sacs se trouvent à présent répartis dans les deux camions. Les hommes sont pressés d'en finir. Les FFI armés repartent dans leurs voitures. Deux guides montent dans les camions et indiquent aux chauffeurs la direction à prendre. Bessière démarre le premier dans un orage qui, à présent, tourne à la tempête. En virant sur les chapeaux de roue, un des sacs tombe à terre. Bessière stoppe, descend, remet le sac en place, remonte rapidement dans la cabine et fonce.

Dans le bureau du chef de gare, M. Loth, Gilbert Duchose et les deux chefs du maquis regardent par la fenêtre aux vitres ruisselantes.

– Voyez ! Tout s'est bien passé, dit Rolland.

– Oui, répond le jeune Duchose, mais à Saint-Astier ils se demandent toujours pourquoi le train a ce retard. Il faudrait peut-être nous dédouaner.
– Il a raison, le petit, ajoute le chef de gare. Nous n'avons pas entravé votre opération, nous vous avons même aidés, mais demain, quand les Allemands viendront demander des comptes, qu'est-ce qu'on dira ?

Le commandant Christophe réagit aussitôt :
– Donnez-moi du papier et de l'encre.

Gilbert Duchose se souviendra, plus tard : « J'ai déchiré la dernière page de mon carnet, l'un des chefs s'est assis à mon bureau et a écrit : "Nous, forces françaises de l'intérieur, avons réquisitionné le personnel de la gare de Neuvic en vue de notre opération." » Duchose ajoute : « Ces deux hommes ont fait cela avec un calme, un sang-froid étonnant, car ils savaient qu'à la minute même où ils signaient, les Allemands étaient déjà alertés. »

Sur une route départementale qu'il reconnaît à peine tant les essuie-glaces sont affolés, Rougier, dit « La Pipe », se laisse guider. Il passe sur un chemin de terre et évite de justesse l'enlisement. À quelques centaines de mètres, les feux du camion de Bessière percent le rideau de pluie. On roule à tombeau ouvert. Et soudain, après une demi-heure de ces fantastiques acrobaties, le camion de Rougier cale ; il refuse de redémarrer. Le second camion s'approche et s'arrête.
– Il faut transborder les sacs dans mon camion, lance Bessière.

Et, pendant une heure, pataugeant dans la boue, les quatre hommes transbordent les sacs. Plus tard, on dira qu'il manquait un sac, à la fin de l'opération.

Finalement, dans un nuage de bouillasse, le camion surchargé de 2 tonnes réussit à sortir des ornières, quitte les routes secondaires, rejoint la route principale et fonce jusqu'à Cendrieux, où se trouve le poste de commandement de la Résistance en Dordogne. Bessière, Rougier et les deux guides arrivent épuisés.

– Il faut donner à manger à ces hommes ! dit le commandant Christophe.

On réveille difficilement le cuisinier, qui en rechignant offre généreusement deux boîtes de sardines à l'huile, un bout de pain et un peu de vin.

Pour les hommes du commando, l'opération *Neuvic* est terminée. Tout s'est passé le mieux possible, sans une seule victime… sinon pour les Allemands, qui, à l'arrivée du train, à Bordeaux, trouveront un fourgon manquant et le trésor de la Banque de France envolé.

Au maquis, on s'est mis aussitôt à décharger les sacs. On les compte : « 149 ! Il en manque un ! » Guy Penaud, historien, raconte : « Est-ce que ce sac est tombé en cours de route ? C'est possible. Toujours est-il qu'il a disparu entre Neuvic et le PC. Que s'est-il passé ? On ne sait pas. »

Émoi chez les responsables. Une enquête, ouverte aussitôt, ne donne rien. On ne peut que constater la disparition d'un sac. L'enquête parlementaire qui sera lancée après la guerre n'apportera pas plus d'éclaircissements. Pour faire taire les rumeurs, on a tenté de dire que ce sac avait été retrouvé, mais les minutes de l'enquête parlementaire prouvent le contraire : un sac a bel et bien disparu, et ce sac contenait une fortune. Mais ne perdons pas le fil de l'histoire…

26 juillet 1944

22h30 : Au poste de commandement de Cendrieux, les 149 sacs sont entassés dans un abri et gardés par des maquisards et par quelques gendarmes passés au maquis mais encore en uniforme. Parmi les hommes chargés de veiller sur cette fortune colossale, Henry Dupuy garde de cette nuit un souvenir très personnel : « À la tombée de la nuit, quand on a vu le chargement, on a cru que c'étaient des balles de farine ou de grain. Les chefs nous ont dit que c'était de l'argent, et qu'il n'était pas question de dormir. Nous avons recouvert ces sacs d'une bâche. Au cours de la nuit, des voitures sont arrivées, les unes après les autres, et nous avons embarqué dans chaque voiture un certain nombre de sacs. Les bénéficiaires signaient un papier et repartaient. Ce trafic a duré une partie de la nuit. Je me souviens que le dernier convoyeur nous a dit qu'il devait aller apporter la marchandise dans un château du côté de Rouffignac, dans des caves à vin. »

Et quand on lui demande s'ils étaient conscients qu'ils gardaient un trésor : « Oui et non. J'avais vingt ans. Je me souviens d'être monté sur les sacs et d'avoir crié "Regardez, les gars ! Je suis milliardaire !". »

23 heures : Le préfet Callard reçoit le coup de téléphone qu'il attendait impatiemment. Le directeur de la Banque de France lui dit sur un ton faussement navré :
– Un incident vient de se produire, monsieur le préfet. Le train qui transportait les fonds de la Banque a été attaqué à Neuvic.
– Attaqué ? répond le préfet, jouant l'étonnement. Mais comment ça, « attaqué » ?

– Par des maquisards. Ils ont bloqué le train, détaché le fourgon et volé tous les sacs. Plus de 2 milliards, monsieur le préfet.
– Deux milliards ! s'écrie Callard, parfait comédien. Mais est-ce que les Allemands n'ont pas pu intervenir ?
– Ils ont été prévenus trop tard. Quand ils sont arrivés, les voleurs étaient repartis.
– Donc, il n'y a pas eu de combat ?
– Non.
– Et pas de mort ?
– Non, Dieu merci.
– Tout cela est quand même bien ennuyeux, monsieur le directeur. J'attends votre rapport, que je transmettrai aux autorités.

Le préfet Callard est maintenant rassuré : il sait que, désormais, la Résistance est renflouée.

Les milliards de la Banque de France n'appartiennent plus aux militaires. Ils sont passés entre les mains des civils responsables des réseaux clandestins. Maxime Roux, inspecteur d'Académie, a été nommé préfet des maquis. C'est lui qui doit préparer la répartition de cette fortune. D'abord, les sacs doivent être placés en lieu sûr. N'oublions pas que les troupes allemandes aux abois sillonnent encore les routes de la région.

Le travail de distribution commence. À quoi va servir cet argent ? Guy Penaud répond : « Ça a servi pour le financement des maquis, pour l'achat de denrées alimentaires, pour le paiement des soldes, en certains cas aussi comme caution pour la libération de certains prisonniers, le plus célèbre d'entre eux étant André Malraux, responsable du PC interallié installé en Dordogne, qui comptait aussi bien des agents anglais parachutés que des résistants locaux. Malraux avait été pris du côté de Gramat et conduit à la prison Saint-Michel à Toulouse. »

Une mission serait donc allée à Toulouse avec une somme importante pour essayer de faire libérer Malraux. Cet épisode reste très obscur : la mission a-t-elle échoué ? L'enquête parlementaire d'après-guerre a révélé qu'une somme de « 460 millions de francs, dont l'utilisation semble incertaine », était en jeu. Mais elle n'a pas permis de mettre en cause tel ou tel groupement, tel ou tel acteur de l'opération.

Il a été vaguement question d'un certain Urbanovitch *(voir le chapitre « La terrible mort de l'amiral Platon »)*. – Andrija Urban, dit André Urbanovitch ou « Doublemètre » –, de nationalité russe ou yougoslave, qui apparaît dans un livre de René Coustellier : « Doublemètre s'installa faubourg Saint-Honoré à Paris. Au cours des deux années suivantes, il fit une fulgurante ascension dans le métier des arts. À cette époque, André Malraux était dans l'entourage du général de Gaulle. Devenu très riche, Doublemètre se faisait appeler maître Urban. »

Guy Penaud ajoute : « Il a ouvert, dès 1945, la prestigieuse galerie d'art Urban, rue du Faubourg-Saint-Honoré à Paris, galerie spécialisée dans les maîtres contemporains. Il se targuait, en outre, de posséder dans son appartement de l'avenue Gabriel ou son hôtel particulier à Cannes, une importante collection de peintures impressionnistes, de meubles, de bronzes et de livres rares. Sa fortune, aussi subite que mystérieuse au lendemain de la Libération, est-elle liée à l'affaire de Neuvic ? Aucune preuve n'a pu être retrouvée à son sujet. »

Quant au rôle d'André Malraux dans cette affaire, voici ce qui a pu être établi : un rapport justifiant l'utilisation de tous les fonds a été rendu par le trésorier de la Résistance en décembre 1944. Dans le récapitulatif de la comptabilité de l'affaire de Neuvic dressé par l'armée figurent, à la date du 8 août 1944, deux versements destinés à la libération du colonel Berger, c'est-à-dire Malraux, de chacun 4 millions de francs. Par ailleurs, 800 000 francs ont été débloqués par l'AS Corrèze dans le même but, de même que des fonds, pour un montant non précisé, furent parachutés en provenance de Londres.

Olivier Todd indique également qu'il a reçu des sommes de la SR : « En date du 4 août 1944 : versé au SR [service de renseignement] et CF [corps-franc] du colonel Berger 500 000 F. »

Or, Malraux ne commandait pas le corps franc et ne dirigeait aucun service de renseignement ; il n'était qu'une pièce rapportée au SOE (Special Operations Executive, services secrets anglais), lequel était approvisionné et financé par Londres. Malraux fut libéré de la prison Saint-Michel de Toulouse le 19 août, comme ses codétenus, au départ des Allemands. Sans versement de rançon. « On ignore donc ce que sont devenus tous les fonds versés (ou non) pour la libération de Malraux et à qui ils furent effectivement remis. »

Olivier Todd note : « L'argent de la Résistance aurait été convoyé à Paris du côté de Malraux par Rosine. Il aura après la guerre un train de vie fastueux, habitera un duplex à Boulogne, disposera de plusieurs domestiques, valet de chambre, maître d'hôtel, chauffeur, un train de vie qui ne correspond pas à son traitement de ministre et à ses droits d'auteur[1]. »

Conclusion

Que des organismes politiques, des associations aient pu bénéficier d'une partie de cette manne, cela semble possible et même probable. Après tout, cette fortune avait été volée pour la bonne cause. Des hommes, au combat, ont pu en profiter, et on n'a pas cherché à savoir si toutes les sommes avaient été convenablement réparties, et s'il y avait eu quelques fuites.

Quant à ceux qu'Henri Amouroux appelle « les gueux », ceux qui ont participé à l'opération et ont été payés en mangeant des sardines à l'huile, ceux-là se gardent d'accuser. De ces authentiques résistants, on obtient toujours la même réponse : « Moi, j'étais un exécutant. J'ai transporté des sacs, mais je n'ai jamais vu les milliards. »

Sources

Guy Penaud, *La Résistance en Périgord,* Éditions Pierre Fanlanc, 1985

Reportage radiophonique de Christina Figuéras pour l'émission « Histoires possibles et impossibles », de R. Arnaut (avril 1999)

Témoignages de Gilbert Boissière, Henry Dupuy, Gilbert Duchose et Guy Penaud

1. Renseignements fournis par Jacques Haussy, mars 2003.

LE DERNIER TRAIN FANTÔME POUR DACHAU

Le Vernet est une commune de l'Ariège de 500 habitants. En 1918, on créa le camp du Vernet pour recevoir les troupes coloniales. Ce camp, en sommeil entre les deux guerres mondiales, retrouva sa vocation en 1939, lorsqu'il devint un camp d'internement pour les « étrangers indésirables ». Ainsi y furent parqués 12 000 réfugiés espagnols, les combattants vaincus de la division *Durruti*, les intellectuels, les antifascistes, les membres des Brigades internationales. En 1940 y furent internés tous les étrangers suspects ou considérés comme dangereux pour l'ordre public. En août et septembre 1942, 558 juifs, dont 45 enfants, arrêtés dans la région, rejoignirent tous ces pensionnaires. On estime que 40 000 personnes de 58 nationalités ont séjourné dans ce camp, qui était divisé en trois sections, chacune d'elles étant séparée des autres par des barbelés et des tranchées. La section A était réservée aux étrangers condamnés de droit commun ; la section B, aux condamnés politiques ; la section C, aux suspects.

Tous les internés ne se conduisaient pas en moutons bêlants et résignés. Une véritable résistance s'organisa peu à peu à l'intérieur du camp, malgré les rigueurs de la discipline, la mauvaise nourriture et toutes les dissensions qui pouvaient exister entre ces groupes si différents. C'est le colonel Jasz Deszo, dit « Jean de Pablo », combattant des Brigades internationales, qui était le chef de l'organisation militaire chargée de préparer à la fois les évasions et la libération du camp au moment opportun. Il avait l'appui du commandement cantonal de l'Armée secrète, de certains politiques de la région de Pamiers et du maquis espagnol installé du côté de Lavelanet. Quelques évasions spectaculaires furent réussies. Une évasion collective en préparation fut abandonnée au moment des transferts en Allemagne.

Régulièrement, l'organisation Todt passait au camp et, après une visite médicale sommaire, emmenait la plupart des internés valides pour accomplir les travaux les plus durs.

9 juin 1944

La discipline se durcit encore au camp. Les Allemands procèdent au désarmement de la garde française, et les *Feldgendarmen* prennent leur place.

18 juin 1944

« L'organisation Todt rafle les derniers hommes en état de tenir une pelle. Nous pensions tous que nous ne pouvions pas représenter une proie intéressante pour les Allemands : des vieux, des amputés de la guerre d'Espagne, des unijambistes pouvaient-ils être l'objet d'un transfert ? Le jeudi 29 juin, j'eus la joie de revoir encore une fois ma famille au parloir qui était une cabane en bois. Un nid de fusils-mitrailleurs faisait apparaître, à travers les fentes du bloc, les canons des armes. J'ignorais que mon destin avait déjà été fixé par mes maîtres, mais un pressentiment envahissait mon esprit. À 5 heures de l'après-midi, après avoir embrassé ma femme et mes enfants, je rentrais au quartier quand la nouvelle courut partout : "Demain, on part !" Dans les prisons et les camps, les prisonniers sont les plus vite renseignés. La nuit qui suivit fut occupée à faire nos bagages. Personne ne put dormir ; nos pensées étaient occupées par l'idée qu'une nouvelle période de notre vie s'ouvrait devant nous, période chargée de drames et de souffrances. Le vendredi 30, nous étions debout à l'aube. L'ordre officiel de départ fut donné. L'évacuation du camp commença vers huit heures. La garnison allemande nous concentra hors des quartiers, dans l'allée principale. Là, une file de camions et d'autobus nous attendait. Après l'appel, l'évacuation commença et se prolongea jusqu'à midi. Je partis avec le dernier camion.

« À 6 heures du soir, nous arrivâmes à la caserne Caffarelli, à Toulouse. On nous fit descendre au milieu d'une haie de soldats armés jusqu'aux dents. Puis, nous fûmes enfermés dans une salle délabrée où nous trouvâmes, accroupis par terre, nos 400 camarades partis avant nous. Nous passâmes une nuit blanche et nous sentîmes pour la première fois que nous étions des choses, moins que des bêtes[1]. »

---

1. Témoignage de Francesco Fausto Nitti, avril 1945.

30 juin 1944

Le débarquement en Normandie a réussi ; les Alliés ont percé les lignes allemandes à Avranches. Les bombardements et l'action de la Résistance retardent considérablement les renforts allemands. Les panzers de la 9e et de la 10e division SS ont mis vingt-cinq jours pour traverser la France. Hitler est furieux. La répression est terrible. Le 8 juin, les habitants de Tulle ont été massacrés. Deux jours plus tard, l'horrible drame d'Oradour-sur-Glane a prouvé que les troupes nazies se battaient comme des hardes de loups traqués.

Les 403 détenus du Vernet sont transférés à la prison Saint-Michel, à Toulouse. Cette curieuse prison aux allures de château fort, avec ses tours carrées et ses murs crénelés, n'a pourtant été construite qu'au XIXe siècle. Jusqu'au début de la Seconde Guerre mondiale, elle abritait des condamnés de droit commun, mais, depuis 1940, ses pensionnaires sont surtout des prisonniers politiques. Certains y seront exécutés.

De la vie carcérale de Saint-Michel, on possède plusieurs témoignages de l'époque, dont celui de Damien Macone, emprisonné en mars 1944 et enfermé d'abord dans la cellule de deux condamnés à mort : « Sept ou huit jours plus tard, on m'amena dans une grande cellule où il y avait 25 ou 30 prisonniers. C'étaient tous des résistants ou des politiques. L'après-midi, nous entendîmes le bruit d'une fusillade. Tous les prisonniers se mirent au garde-à-vous, firent une minute de silence et entonnèrent "La Marseillaise".

On venait de fusiller les deux prisonniers avec qui j'avais été en cellule[1]. »

2 juillet 1944

Les prisonniers politiques sont officiellement remis aux Allemands par l'État français.

Le « troupeau » est conduit de la prison Saint-Michel à la gare Raynal. Sur les voies se trouvent déjà les wagons à bestiaux, sur les portes desquels on peut lire : « Chevaux 8 – Hommes 40. » Mais on a barré à la craie le « 40 » et on l'a remplacé par « 60 ».

Des soldats à casquettes ornées d'une tête de mort attendent l'arme en main et poussent à coups de crosse les déportés vers les wagons.

« Debout dans un coin, je regarde cette marée de têtes et de corps. Ici un vieillard barbu est recroquevillé sur une valise mal fermée. Près de lui, des mutilés espagnols. Certains ont enlevé leurs jambes artificielles qui gisent comme des objets inutiles à leur côté. Il y a encore un petit nombre de gens sains et jeunes, mais ils sont l'infime minorité. Quelle chance ont ces hommes d'arriver là où l'on veut les mener ? Nos gardiens sont brutaux et arrogants. Ils ont peur. Ils ont reçu l'ordre de tirer sans sommation. », écrit un déporté.

Bientôt, les portes des wagons se ferment, et les visages disparaissent ; on ne voit plus que des mains qui jaillissent des lucarnes et se tendent, vers qui ? Vers quoi ?

1. Témoignage de Damien Macone.

Ils restent ainsi dans ces prisons roulantes, en plein soleil, pendant des heures. Le lendemain, les wagons s'ébranlent, font quelques centaines de mètres, s'arrêtent, s'entrechoquent bruyamment, sont aiguillés sur d'autres voies. Les tampons claquent, les ordres fusent, les prisonniers s'écrasent à chaque manœuvre.

3 juillet 1944 – le soir

Le train s'ébranle et semble vouloir rouler normalement. Les prisonniers respirent enfin un peu d'air frais, puis dans l'obscurité, épuisés, ils s'endorment.

« C'est alors qu'un homme silencieux et souple enjambe les corps. On le reconnaît : c'est Ange Alvarez. Comme une anguille, il atteint la lucarne, passe sa tête à travers les barreaux, puis tout son corps et s'extrait du wagon sans un bruit. Mais à peine est-il dehors, qu'un hurlement déchire l'air. Le train s'arrête brutalement, les ordres, les injures fusent, les coups de feu claquent dans la nuit ; c'est l'affolement sur le ballast. On cherche le fuyard avec des lampes torches. La traque dure quelques minutes, puis les soldats furieux semblent abandonner et le train repart. Quel sera le sort d'Ange Alvarez ? En tout cas, il vient de donner des idées à de nombreux prisonniers[1]. »

Le train arrive à Bordeaux vers minuit, au milieu d'un violent orage. Les prisonniers reçoivent un peu d'eau de pluie par les interstices des parois des wagons. Mais très tôt le lendemain, 4 juillet, une chaleur moite

1. Témoignage de Christian de Roquemaurel.

plonge les cloîtrés dans un véritable bain turc ; ils transpirent abondamment.

Vers 11 heures, une camionnette de la Croix-Rouge arrive, et de jeunes infirmières se présentent pour distribuer des rations. Lorsque les portes des wagons s'ouvrent, ces jeunes femmes sont horrifiées par le spectacle : les prisonniers sont sales, à moitié dévêtus, sans force, hagards, aveuglés par le jour. Les bénévoles se mettent au travail. Les prisonniers dévorent, ingurgitent l'eau avidement, à s'étouffer. Les *Feldgendarmen* et les SS forment des petits groupes de cinq à six prisonniers et les dirigent vers un mur d'enceinte où ils doivent faire leurs besoins, dans un temps donné. En deux heures, toutes ces « mesures humanitaires » sont considérées comme menées à bien, et les wagons sont refermés.

Tout près du « train fantôme », un autre train est en stationnement. Il transporte de l'armement : des tanks, des véhicules blindés, des camions. De nouveaux prisonniers arrêtés à Bordeaux et à Arcachon viennent grossir le convoi de déportés, et on a dû ajouter deux wagons. Le train de matériel militaire part ; celui des déportés le suit, un peu plus tard.

Il fait nuit. Le train fantôme semble errer dans le noir. Il traverse de petites gares endormies, ralentit, fait des manœuvres mystérieuses, change de voie en grinçant, hésite, repart… « J'ai l'impression qu'on a fait demi-tour ! dit un prisonnier. On revient sur Bordeaux. »

En effet, une heure plus tard, par les fentes des parois du train, les prisonniers reconnaissent la gare de triage d'où ils sont partis. Les sentinelles sautent sur le quai, les ordres claquent, mais aucune information ne parvient aux déportés, dont on n'ouvre pas les cages.

Les trains de déportation ont été mis en circulation en 1942 sous le nom de « IATP » (Israélites, Allemands, Tchécoslovaques, Polonais). Ils sont composés de 15 à 20 wagons utilisés habituellement pour le transport du bétail, et de 3 voitures de passagers destinées aux hommes d'escorte. On fournit un peu de paille et quelques provisions. Les seaux hygiéniques doivent être vidés à la dernière gare avant la ligne de démarcation. Les frais de transport sont supportés par l'État français : 700 Reichsmarks par déporté. Le voyage est gratuit pour les enfants de moins de quatre ans. Jusqu'à dix ans, demi-tarif. On accorde parfois des tarifs de groupe. On recensera 3 000 convois de déportés en France.

4 juillet – 7 heures du matin

Le convoi repart dans la même direction. Après Libourne, il s'arrête à la petite gare de Parcoul-Médillac. Les manœuvres recommencent et conduisent le train sur une voie morte.

Vers 4 heures de l'après-midi, on entend dans le ciel comme un bourdonnement qui gonfle, se précise, devient assourdissant, et les avions de chasse apparaissent. « Les Allemands couraient en direction des couverts les plus proches et mettaient les armes automatiques en batterie. Les avions plongeaient sur nous et tiraient de longues rafales. Les prisonniers s'entassaient le long des parois. Je me suis glissé près d'une fenêtre où un garçon nommé Lévy préparait un assemblage de tissus choisis parmi nos hardes pour faire une oriflamme tricolore. La ronde des avions prenait le train en enfilade. Lévy agitait son oriflamme à travers la lucarne. Le plafond du wagon s'ouvrait en quelques déchirures de bois éclaté. Un blessé gémissait. Je ne sais pas si les avions ont vu notre signal de détresse, mais ils ont brusquement disparu[1]. »

Le docteur Van Dick, un détenu du camp du Vernet, est alors extrait de son wagon pour soigner les blessés. Il doit d'abord s'occuper des soldats allemands, puis il passe devant les wagons de déportés. « Avez-vous des blessés ? » demandait-il en frappant sur les portes. Si on répondait par l'affirmative, les *Feldgendarmen* ouvraient le lourd portail et on évacuait les victimes. « C'était un va-et-vient de cheminots français, de soldats allemands, de civils… Une ambulance arriva et prit les blessés les plus graves. Nous n'avons plus rien su de nos camarades évacués[2]. »

6 juillet 1944 – 15 heures

Le convoi repart. À travers les parois des wagons, les prisonniers regardent les dégâts occasionnés par cette attaque. Partout les ponts et les rails ont sauté, des trains entiers sont dynamités, des camions éventrés ; on distingue aussi des cadavres de gens, de chevaux,

1. Témoignage Christian de Roquemaurel, *Voyage au centre de ma vie.*
2. Témoignage de Francesco Fausto Nitti, avril 1945.

de bétail. « La terreur des Allemands réconforte les prisonniers ; les guerriers du Grand Reich ont une peur panique du maquis[1]. »

« Le train ne roule pas très vite. On ne sait pas où l'on va. Chacun regarde le carré de ciel qui noircit dans les lucarnes et dans lequel apparaissent deux étoiles. C'est vers là qu'on regarde, parce que le jour viendra de là. Tout ce qui va arriver se rythmera sur le blanc et le noir de ce trou. Dans le wagon, la nuit est vague, aussi loin que le jour et le soleil. Et puis, je découvre des couvertures emmêlées et des jambes grouillantes. Les figures aussi apparaissent, et ceux qui se sont traités de cons, qui se sont battus avec leurs jambes pendant la nuit ne se haïssent pas plus qu'avant et ne se regardent même pas. De cette fureur qui s'élève dans le noir lorsque les visages ne se voient pas, de cette fureur du corps à se libérer des jambes, des bras, de la peau, de ce cauchemar dialogué entre inconnus à jambes, entre voisins à hanches, il ne reste plus rien le jour venu. Il rend à chacun sa réserve, sa pudeur. »

7 juillet

Au matin, le train arrive à Angoulême. La gare, qui a été bombardée, est presque entièrement détruite. Le convoi va se placer sur une voie de garage et ne repartira que le soir en direction de… Bordeaux. Le

1. Témoignage de Francesco Fausto Nitti.

train fantôme est devenu le « train fou » : il ne sait plus où aller !

8 juillet

Les wagons fermés restent dans la gare de marchandises de Bordeaux pendant trois jours, près du dépôt des locomotives. Fort heureusement, le Secours national vient visiter les prisonniers.

Pourquoi ce retour à Bordeaux, cette nouvelle attente ? Parce que, pour les Allemands, les nouvelles ne sont pas bonnes : les troupes alliées avancent en Normandie, l'Armée rouge progresse à l'Est, et tous les maquis de France se lèvent pour harceler l'occupant, qui s'affole. Le responsable du convoi, Baümgartner, ne sait plus par où il doit faire passer « son » train.

Des rumeurs circulent dans les wagons : il est question d'enfermer les déportés dans la synagogue de Bordeaux.

12 juillet

Au milieu de la nuit, le quai s'anime. Les *Feldgendarmen* ont été sérieusement renforcés par des SS et des équipes de la Gestapo. Les portails des wagons sont ouverts, et on fait descendre brutalement tous les passagers : « En rangs, par cinq, sur le quai, sans bouger et sans parler ! » hurle un officier.

Le troupeau passe la grille, traverse un pont. Les femmes, qui sont en tête du convoi et ont du mal à traîner leurs bagages, sont bousculées : « Plus vite ! Plus vite ! » La colonne s'arrête dans une rue étroite où l'attend sa nouvelle prison. La grande synagogue a été réquisitionnée par les Allemands, il y a quelques mois, pour en faire une succursale de la prison du fort du Hâ.

Les prisonniers entrent dans ce grand édifice de la fin du XIXe siècle, d'inspiration à la fois gothique et orientale. Tout son mobilier a été pillé, mais la couverture métallique d'Eiffel et la décoration en stuc n'ont pas souffert. Le lieu semble plus sympathique qu'une prison, cependant les conditions de détention ne sont pas meilleures qu'au Vernet, à Saint-Michel ou au fort du Hâ ; la brutalité des gardiens est même pire. De nombreux prisonniers sont blessés par balle, car les jeunes gendarmes SS n'hésitent pas à tirer des rafales de mitraillette sans autre raison que la peur qu'ils éprouvent eux-mêmes.

Les opérations chirurgicales se déroulent dans le logement du grand rabbin sur une immense table, alors que, par terre, on piétine les livres sacrés et les trésors de la bibliothèque. Un SS sauvage bouscule une dame de la Croix-Rouge et lui arrache le bidon contenant la soupe pour les prisonniers.

14 juillet

Quelques déportés tiennent à célébrer ce jour. « Nous organisâmes une commémoration de la fête nationale. Peyre-Vidal monta sur les marches de l'autel et nous adressa, au milieu du plus profond silence, quelques paroles pour affirmer sa foi dans la victoire finale et pour nous inviter à penser à tous ceux qui étaient déjà tombés dans la lutte[1]. »

La vie dans ce lieu insolite est bien triste, traversée seulement par quelques éclairs d'espoir lorsque certaines nouvelles parviennent : l'attentat, même manqué, contre Hitler indique que la fin est proche.

7 août 1944

L'ordre est donné aux prisonniers de la synagogue de transporter tous les bagages dans le couloir principal du rez-de-chaussée. C'est le signal du départ. Les femmes prisonnières sont enfermées à l'infirmerie.

8 août 1944 – 2 heures du matin

On appelle tous les détenus. Beaucoup d'entre eux n'ont pas dormi de la nuit. Et le troupeau se retrouve dans les rues de Bordeaux. Il traverse les mêmes places, franchit les mêmes ponts, et arrive à 4 heures du matin sur le quai de la gare qu'il a quitté le 12 juillet, c'est-à-dire vingt-sept jours plus tôt. Les mêmes wagons attendent. Le bétail humain embarque, poussé et enfermé par les *Feldgendarmen*.

Le convoi a encore grossi, car aux détenus venus de Toulouse se sont ajoutés les prisonniers de Bordeaux. Ce sont maintenant 700 personnes qu'il faut évacuer.

1. Témoignage de Francesco Fausto Nitti.

L'*Oberleutnant* Baümgartner a décidé de faire passer le train par la vallée du Rhône afin de rejoindre l'Allemagne par le sud, car le midi de la France semble le chemin le plus sûr. Il ignore que le débarquement de Provence aura lieu la semaine suivante…

Le train fantôme repart donc vers Toulouse et roule à présent lentement, mais sans s'arrêter, pendant plus de quarante-huit heures. Georges Ribeille, historien de la SNCF, indique la position délicate dans laquelle se trouve cette compagnie en juillet 1944 : « En priorité la SNCF est au service de l'occupant ; elle doit assurer le transport militaire allemand. Mais elle se réserve une part pour le transport des civils français, et une autre part, infime et clandestine, pour préparer la Libération. C'est un jeu subtil et dangereux. L'occupant exige des wagons, des locomotives et des hommes pour les faire marcher. La SNCF collabore, mais à chaque demande, elle discute, marchande, avance des arguments et l'occupant n'obtient jamais ce qu'il désire. Ce que ne peut pas faire la SNCF c'est discuter à propos de la marchandise transportée ; elle doit prendre ce qu'on lui impose. Et si cette marchandise ce sont des déportés, elle est obligée de former un convoi de déportés. »

Dans cette action de la Résistance des cheminots, il y a surtout le « plan vert ». En quoi consiste-t-il ? « Interdire aux Allemands de concentrer leurs meilleures troupes sur la défense atlantique. Donc, le plan vert consiste à cisailler les grandes lignes vers la Normandie pour coincer les troupes allemandes dans le centre de la France. On casse le réseau, on le met en miettes grâce aux attaques de l'aviation alliée et aux sabotages de la Résistance. Il reste encore, bien sûr, de grands centres qui n'ont pas été touchés, c'est le cas de Bordeaux, Toulouse et Lyon. Mais on peut dire qu'aucune ligne n'est vraiment sécurisée. On roule à vue, avec des ordres qui se transmettent d'une gare à l'autre, donc au ralenti. »

Comment expliquer qu'en juillet 1944, en pleine déroute, les Allemands s'obstinent encore à organiser des déportations ? Tous ces trains pourraient servir à transporter des troupes, du matériel... Alors, pourquoi ? Nous n'avons pas de réponse précise. Dans cette guerre, les Allemands sont comme leur Führer : des jusqu'au-boutistes. Jusqu'à la fin, ils pratiqueront la répression, la déportation, pour prouver qu'ils sont encore les maîtres. Arrêter des gens, les exécuter, les envoyer dans des camps, tout cela fait partie des ordres qu'ils ont reçus et qu'ils exécutent, même si cela n'a plus aucun sens.

« Qu'on saute sous les bombes de la Royal Air Force, ou qu'on soit mitraillés comme des rats, ils s'en foutent. Si le train transportait des canons ou des moteurs d'avion, ils ne prendraient pas ce risque. Être mitraillé en pleine campagne est une chose déplaisante. Mais vous êtes libre de courir où bon vous semble, de vous jeter par terre, de vous étendre dans un fossé ou derrière un buisson ou sous le couvert d'un arbre ; vous avez l'illusion et l'espoir qu'il ne vous verra pas. Mais être enfermé dans un wagon de bois, savoir que ce wagon est la cible choisie des balles d'un avion, être obligé à l'immobilité dans l'attente fataliste de la bonne balle qui vous délivrera du cauchemar, c'est un jeu angoissant.

« Ce qui me frappe le plus est le fait que les hommes sont doués d'une possibilité d'adaptation inimaginable. Prenez dix hommes, enfermez-les dans une cellule avec très peu de nourriture et d'eau, ils souffriront terriblement, c'est certain ; mais, peu à peu, ils s'habitueront à leur condition inhumaine, ils prendront leurs petites habitudes, ils ressentiront moins, chaque jour, la lancinante angoisse des premiers moments. Ainsi, nous sommes enfermés dans notre prison roulante, presque sans air, soumis aux pires traitements, privés de sommeil, et nous sommes en train de nous habituer à cette horreur. La bête renaît dans l'homme. »

11 août 1944 – 15 heures

Le train fantôme s'arrête dans la petite gare de Saint-Césaire, avant Nîmes. Il fait une telle chaleur à l'intérieur des wagons que les déportés tombent comme des mouches. Certains sont sur le point de devenir fous. Ils cognent furieusement aux portes en hurlant, réclamant à boire. Les Allemands finissent par ouvrir les wagons et distribuent de l'eau. Le convoi repart le 12 août dans la nuit.

« Nous sommes sûrement en train de faire le grand tour : Toulouse, Narbonne, Nîmes, Châlons et après… Combien de temps encore dans ce wagon ? Combien de morts ? »

Léon Cigaroa, qui dirigeait la succursale de la Banque de France à Arcachon, ne se nourrit plus et ne boit plus depuis deux jours. Le lieutenant Schuster demande aux deux médecins de lui faire une piqûre pour l'expédier dans l'au-delà. Les médecins refusent de pratiquer l'euthanasie. Schuster exécutera sûrement Cigaroa au prochain arrêt, ou même avant.

13 août 1944 – 6 heures du matin

Le train arrive dans la gare de Remoulins, à 20 kilomètres au nord-est de Nîmes. Quand les soldats ouvrent les wagons, ils sont eux-mêmes effrayés par le spectacle : la moitié des prisonniers ne bouge plus. Plusieurs moribonds sont portés sur l'herbe. Quelques prisonniers, en caleçon, arrachent des brins d'herbe entre les rails et s'en nourrissent. Le bruit se répand qu'il y a à manger ; tous les déportés descendent et se mettent à brouter. Un médecin espagnol et un prêtre prodiguent de leur mieux leurs soins et leur réconfort. Vers midi, on apporte du pain en abondance et des boîtes de marmelade. Mais le pain est moisi et immangeable, et la marmelade fermente déjà. Qu'importe.

« Brusquement, les soldats ferment les portes et disent qu'on va sortir un mort. Nous apprenons qu'il s'agit de M. Léon Cigaroa[1]. »

La propriétaire de la Villa des Roses, qui jouxte la voie ferrée où se trouve le convoi, est Marie Damiani, engagée dans le mouvement de résistance Libération. Quand elle voit et entend ces malheureux dans les wagons, elle se précipite sur le quai et demande

1. Marie Bartette, « Les étapes d'une déportée », *Le Journal d'Arcachon* n° 45, juin 1945.

l'autorisation de les ravitailler. On lui répond que seule la Croix-Rouge est habilitée à ce genre d'intervention. Elle s'adresse donc au responsable de la Croix-Rouge, qui, malheureusement, est un collaborateur notoire. Alors, Marie Damiani part à pied à Nîmes pour s'adresser au président départemental. Elle obtient l'autorisation de puiser dans les réserves de la Croix-Rouge pour soulager les déportés.

« Ce même jour, vers midi, Marcel Merles est en train de faire boire son cheval en contrebas de la voie ferrée, quand il voit surgir un homme hirsute, maigre, apeuré, les vêtements en lambeaux, qui lui demande s'il peut se désaltérer à l'abreuvoir. Marcel Merles le rassure et lui affirme qu'il ne risque rien, étant lui-même un réfractaire au STO. Le soir, Marie Damiani, prévenue, le fera monter au maquis de l'Aigoual[1]. »

15 août 1944

Il y a quarante-deux jours que le train fantôme est en route. Les déportés apprennent que les troupes américaines et françaises ont débarqué à Sainte-Maxime. Les Alliés sont donc tout proches. Mais le train ne les attendra pas. Il repart et s'éloigne vers le nord.

Cependant, à Nîmes, on assiste au départ de huit condamnés à mort, enchaînés deux par deux. À la gare de marchandises, ils sont embarqués dans un train de soldats et de matériel de la Wehrmacht.

1. Témoignage de Marcel Merles recueilli par M. Silve.

« Nous sommes introduits dans un wagon dans lequel sont déjà des prisonniers gardés par un groupe de combat d'infanterie allemande. Vers l'avant, une vingtaine de Juifs des deux sexes, et vers l'arrière 40 ou 50 civils méridionaux non enchaînés mais destinés à la déportation. Pas de tinette dans le wagon. Des cheminots nous ont aidés à grimper les marches du wagon. Ils remettent à l'un des nôtres (Zick, je crois) une lame de scie à métaux et nous disent à voix basse : "Vous ne resterez pas là longtemps. Courage." Lorsque le train s'ébranle, il n'est sans doute pas minuit[1]. »

Ce wagon spécial vient s'accrocher au train fantôme.

Jeudi 17 août 1944

À 11 heures du soir, le train fantôme quitte Remoulins dans l'espoir d'arriver sans encombre à Roquemaure, à une vingtaine de kilomètres. Les convois ne peuvent faire que de petites étapes.

Entre Remoulins et Thésiers, Louis Delvaux tient le poste d'aiguilleur. Le train fantôme et ses 17 wagons arrivent vers lui à la vitesse d'un escargot. L'aiguilleur fait stopper le train et informe l'équipage de la locomotive des difficultés à franchir le Rhône après Roquemaure.

« Après avoir donné le bulletin, j'ai marché le long du train. J'entendais une sorte de rumeur sourde, et, en longeant le dernier wagon, j'ai déverrouillé le loquet pour donner de l'air aux prisonniers, car il était

1. Témoignage d'un prisonnier condamné à mort.

impossible d'ouvrir de l'intérieur. Des déportés ont compris mon geste et m'ont crié "merci". Heureusement, les sentinelles n'ont rien vu[1]. »

Le train se remet en route. Delvaux salue le machiniste. Le dernier wagon n'est pas encore au bout de la ligne droite que deux déportés en loques sortent du milieu des rails et s'avancent vers Delvaux : « Nous nous sommes évadés en déclouant les planches du wagon. Aidez-nous. » « Je les ai envoyés à Fournes, et là-bas, le maire s'en est occupé. »

La circulation des trains devient impossible. Toutes les voies ferrées, les gares sont attaquées par l'aviation alliée, par les groupes des maquis qui font sauter les rails, les aiguillages. Les convois de soldats allemands réservistes, de matériel de guerre, de munitions, sont immobilisés sur les voies de garage. Les tracts pleuvent dans les vignobles : « Allemands ! Rendez-vous ! C'est votre dernière chance ! » Ce message ragaillardit les prisonniers. Ils savent que les Alliés remontent la vallée du Rhône. Mais rattraperont-ils le convoi ?

Le train fantôme repart avec son sinistre chargement. Dans un wagon, des déportés déterminés ont établi une liste pour sauter du train à tour de rôle. « Après Dufour, je descends dans l'ouverture. Je me jette entre les rails, une chute rude, mais le train s'arrête à 30 mètres de moi. Je vois le wagon de queue avec sa lanterne rouge et les quatre mitrailleuses jumelées avec leurs servants. Il est environ 2 heures du matin. Comme le train ne repart pas, je me glisse sur le talus qui donne sur le chemin de terre. Quand le jour s'est

1. Récit de Damien Macone.

levé, je suis allé demander asile à la première maison. C'est M. Malartre, un mécanicien automobile, qui m'a fait rentrer et manger[1]. »

Le témoignage d'un autre évadé : « Lorsque mon tour arriva, je me livrai à cette opération périlleuse, et après m'être agrippé à la barre triangulaire du frein, je me laissai tomber entre les rails. Malheureusement, le convoi s'arrêta alors que je me trouvais encore sous le train. Sorti de ma cachette, j'essayai de m'enfuir, mais les Allemands ouvrirent le feu sur moi et je dus m'arrêter. Je fus amené vers un officier qui me frappa vivement à la tête avec la crosse de son revolver. Je reçus en même temps des coups de crosse de fusil sur le corps, puis, je fus replacé dans un wagon, sans mes souliers[2]. »

Vendredi 18 août 1944

8 heures : Il fait déjà très chaud. Le train s'est arrêté dans une sorte de tranchée SNCF qui coupe la colline en deux. Les *Feldgendarmen* font descendre tous les déportés des wagons. Beaucoup ont de la peine à tenir sur leurs jambes.

« En colonnes par quatre ! Nous continuons à pied pour un transfert ! » Et le troupeau de prisonniers s'éloigne dans la campagne en une longue file, vers le Rhône. « Seuls les invalides (15 environ) dont je faisais partie du fait de mon amputation à la jambe

1. Témoignage de Raymond Champel.

2. Témoignage de Jean Miquel, *Le Patriote,* 15 septembre 1991.

attendirent trois heures environ qu'un camion bâché vînt nous chercher[1]. »

Le Rhône est en vue. Enfin de l'eau ! Beaucoup d'eau ! Même simplement à voir, ça fait du bien. Le pont, en piteux état, a sûrement été bombardé plusieurs fois, et son tablier en bois est percé d'énormes trous. Les *Feldgendarmen* se placent devant les trous pour que les déportés ne soient pas tentés de plonger dans le fleuve. Mais aucun de ces malheureux ne tente cet acte suicidaire, car il serait tiré comme un lapin. Beaucoup de prisonniers ont perdu du sang. Certains portent les bagages de leurs camarades, hommes ou femmes qui ont de la peine à suivre. À 10 heures, le soleil tombe comme une chape de plomb. C'est alors que s'élève faiblement une voix éraillée qui fredonne une marche à peine audible. Quelques sourires fleurissent dans les rangs. Puis une deuxième voix se joint à la première et, bientôt, la plupart des prisonniers, ceux qui en ont la force, renforcent ce chœur pitoyable et sublime qui monte dans la campagne : le chant des suppliciés qui se perd dans les amandiers.

13 heures : Le cortège entre dans Châteauneuf-du-Pape. Les habitants sont sur le seuil des maisons et regardent, figés, ce spectacle inouï : une colonne de pouilleux, d'infirmes, se traînant en chantant « La Marseillaise ».

Au centre du village, une grande fontaine sous un platane. « Défense d'approcher ! Défense de boire ! » Les mitraillettes sont braquées. Malgré cela, les habitants tendent du pain, du vin. Les Allemands

1. Témoignage de J.-P. Serrano, rescapé de Dachau.

frappent ceux qui réussissent à attraper quelques denrées. À vrai dire, les prisonniers n'ont pas faim : ils ont trop soif. Les soldats repoussent brutalement les habitants dans leurs maisons et claquent leurs portes et leurs volets. Une prisonnière a eu le temps de jeter une lettre pliée sur le trottoir ; un habitant s'avance et la ramasse. Il est aussitôt pris par les soldats et incorporé au groupe de prisonniers.

« Pour ma part, je n'y tiens plus. À la sortie de la ville, je me trouve près d'un caniveau rempli d'une eau d'égout aux reflets multicolores. Je me laisse tomber dans cette eau, la bouche grande ouverte, et, avant qu'un coup de botte dans les côtes ne me rappelle à l'ordre, je bois avidement. L'Allemand brandit sa mitraillette, l'air menaçant, et me fait réintégrer le rang[1]. »

La colonne exténuée, anéantie, doit aller jusqu'à Sorgues, à 17 kilomètres du point de départ. Même les soldats allemands traînent leurs bottes. Un officier marche en tête pour éviter, en passant dans les villages, que se reproduisent les manifestations de sympathie de Châteauneuf.

Au cours d'une petite halte, près d'un vignoble, une prisonnière profite d'un moment d'inattention du gardien pour se glisser entre deux rangées de ceps lourds de raisin et de feuillage. Lorsque la colonne repart, la prisonnière a disparu et personne ne s'en est aperçu. Est-elle vraiment sauvée ?

1. René Lafond, *De la Gestapo de Bordeaux au bloc 30 à Dachau.*

Des prisonniers, à bout de force, incapables de continuer, frappés d'insolation, se laissent tomber et attendent la mort.

« Il était environ midi lorsque j'ai entendu un chant qui venait de la route. J'ai vu un groupe qui venait de Châteauneuf. J'ai mis en marche la motopompe et sitôt que les prisonniers ont vu cette eau, ils se sont rués pour boire. Un prêtre buvait comme boivent les animaux. Un *Feldgendarme* est arrivé pour le frapper avec sa crosse, mais il ne l'a pas fait[1]. »

L'entrée de la colonne fantôme à Sorgues est semblable à celle de Châteauneuf. Les *Feldgendarmen* ont beau refouler les habitants, les gens réussissent quand même à s'approcher, à tendre des bidons d'eau, du pain, des fruits que les soldats jettent à terre aussitôt. « *Rauss ! Rauss !* » Des enfants, aux fenêtres, regardent ce défilé sinistre. « En tête marchaient les femmes, trébuchant, en haillons, gémissantes. Elles tendaient leurs mains vers les habitants. Puis venaient les hommes, en plus grand nombre. Certains étaient en uniforme de gendarme, de facteur, de curé en soutane[2]. »

Le troupeau est dirigé vers la gare, où, en principe, un autre convoi attend les prisonniers. C'est là, au cours de l'attente d'embarquement, que vont se produire quelques évasions dont on recueille les témoignages.

« Je me suis approché d'un cheminot qui nous portait de l'eau, et lui ai demandé s'il y avait moyen de s'évader. Sans hésiter, il m'a dit oui, que je suive ses directives

1. Jean Lafage (1990).
2. Témoignage d'un garçon qui avait alors quatorze ans.

et que tout se passerait bien. Je me suis accroché à une anse de sa lessiveuse et lui à l'autre, et nous nous sommes dirigés, sans tourner la tête, vers la fontaine qui se trouvait contre le mur de la gare. Ce cheminot m'a dit alors "Au moment où je te le dirai, il faudra sauter de l'autre côté du mur et tu te retrouveras au milieu de nombreuses dames qui t'aideront". J'ai sauté. J'ai trouvé les dames et parmi elles, une jeune fille de seize ans, Henriette, qui était avec son père. Ils me firent signe de les suivre à distance et m'emmenèrent chez le boulanger du village[1]. »

« J'étais cheminot à la gare de Sorgues. Avec mon collègue André Rollet, nous avons essayé de faire évader plusieurs déportés. Nous leur prêtions nos casquettes, un fanal et leur disions d'aller au bout des rails où il y avait un tunnel passant sous les voies dans lequel coulait un peu d'eau. Là, ils descendaient par un regard et nous allions récupérer nos casquettes et le fanal à la sortie du tunnel situé du côté où les Allemands ne pouvaient pas voir. Nous avons opéré plusieurs fois[2]. »

Ces évadés qui se détachent du convoi, où vont-ils ? Savent-ils seulement où ils se trouvent ? Ils se cachent, comme des bêtes traquées. Et puis ils s'adressent, au hasard, à un visage sympathique, ils se fient à leur intuition, à leur flair, à leur instinct, à leur chance. Les habitants de Sorgues qui ont répondu alors à cette détresse ont raconté, beaucoup plus tard…

1. Témoignage d'Antoine Redondo, 8 février 1991.
2. Témoignage de Marc Brafman, 7 février 1991.

« Il était environ 17 heures, l'après-midi du 18 août 1944, lorsque je vis arriver dans la cour de la ferme trois hommes affolés. Ils rentrèrent dans l'écurie et tout aussitôt ils grimpèrent à l'escabeau pour aller se camoufler dans le grenier. Un des déportés descendit, couvert d'araignées. Il me demanda d'aller porter du lait à sa femme qui était enceinte et qui faisait partie du convoi à la gare. Près de la gare, j'ai rencontré un voisin, M. Cloupet, qui, accompagné d'un soldat allemand, venait justement chez moi pour prendre de la paille pour les wagons. Heureusement, je l'ai stoppé en lui disant que je n'avais pas de paille mais seulement des feuilles de roseau. Il est reparti et n'a pas découvert les évadés. Mais je n'ai pas porté le lait. Je suis montée au grenier, portant aux déportés des fruits, melons, raisins et boissons[1]. »

« L'homme s'est approché de moi et m'a demandé de le cacher. J'ai appelé mon père, lui disant qu'il y avait quelqu'un. Méfiant, il m'a dit de le faire rentrer et de refermer la porte. Cet homme se présente sous le nom de Willy et précise qu'il est autrichien et d'origine juive. Il est rapidement entraîné dans la petite cour où il peut se laver et se raser ; on lui prête également des vêtements propres. À la nuit tombée, le jeune Joseph Cortès-y-Marti prend son vélo suivi de Willy qui marche à une vingtaine de mètres derrière lui. Il le conduit à la campagne chez M. Pinat. Les jours suivants, le jeune Cortès lui portera à manger tous les jours jusqu'à la Libération[2]. »

1. Témoignage de Juliette Combe, 1990.
2. Laurent Lutaud et Patricia Di Scala, *Les Naufragés et les rescapés du train fantôme*, Éditions L'Harmattan, 2003.

Les déportés sont embarqués dans les wagons. On refait l'appel. Il en manque une trentaine.

18 heures : Le train repart.

Un orage. Le bonheur ! Tout le monde veut être à côté de la lucarne. On passe les bras à travers les barbelés pour tendre les boîtes et recueillir de l'eau. On se dispute, on en vient aux mains. Le train s'arrête souvent, repart. Mais cette fois, à Pierrelatte, il stationne plus longtemps : il se passe quelque chose.

Soudain, un vrombissement lointain qui grossit : les avions !

« Les voilà ! C'est pour nous ! »

Non. Les premières rafales sont visiblement pour la locomotive, qui se retrouve immédiatement hors d'usage. Les soldats allemands quittent le convoi en courant et s'éparpillent, abandonnant le train. Deuxième passage des avions. Les traits lumineux zèbrent le ciel. Les parois des wagons sont atteintes, les plafonds éclatent, les occupants hurlent, se tassent dans les angles, se montent dessus, s'insultent, se frappent.

Des appels dans un coin :

– Aide-moi !

– Tu veux te lever ?

– Non. Je veux sortir.

– Sortir ? On ne peut pas sortir du wagon.

– Je vais sauter, m'enfuir… Aspirer de l'air pur, boire, manger n'importe quoi. Aide-moi !

– Ils vont te tirer dessus. Tu n'as aucune chance.

– Je veux sauter. Je n'en peux plus. Aide-moi à atteindre la lucarne.

– Tâche de tenir. C'est bientôt la fin. Il paraît que la libération de Paris a commencé.

– Je m'en fous. Tu m'aides, oui ou merde ?
– Monte sur mon épaule.
– Ça y est.
– Tu peux passer ?
– Oui.

L'homme se glisse à travers les barbelés en déchirant ses vêtements, sa chair. Il est dehors, suspendu encore à la lucarne. Deux rafales… et le corps s'affale sur le ballast. « Le con ! Il voulait en finir ce soir. Pourquoi ? »

Les avions reviennent. La terre prend feu, les traverses de chemin de fer volent en éclats.

« La tête de François a éclaté, la cervelle a jailli. Une fumée opaque l'entoure. Une silhouette s'accroche aux lattes ; elle arrache les barbelés de ses mains nues. Au bout d'un moment, la porte s'ouvre. C'est un copain qui a réussi à sortir. Mais les Allemands ouvrent le feu. Trois camarades qui se traînent vers la porte s'écroulent Sur le plancher, le sang coule en rigole visqueuse. Jacques est blessé d'une balle explosive dans le dos. Il meurt lentement[1]. »

Les dégâts sont considérables. La suite du voyage devient problématique. La locomotive 231G, mise hors service par l'aviation, reste sur place sur la voie 2, coupée de son train. La mise en place à l'arrière du convoi de la loco de réserve 140J permet la manœuvre du train de la voie 2 vers la voie 1.

À Pierrelatte, la ville est en émoi. Hélène Jaume se souvient : « Vite, le docteur ! Les blessés du train à la gare ! C'est effroyable.

1. Texte écrit par Raymond Lévy pour le journal de l'Association nationale des amis des Francs-tireurs et partisans français.

« Des corps étendus sur le sol. Sans regarder mon mari, je compris que lui, médecin, devant ce drame terrible, ne pouvait rien pour eux. C'est alors qu'un homme debout près de nous, non blessé, s'approcha de mon mari :

« – Vous êtes médecin ?

« – Oui.

« – Moi aussi. Je suis médecin à Barcelone.

« Nous aurions pu le sauver, mais il a préféré rester avec ses compagnons de route. Au moment où nous voulions nous occuper des blessés, un officier allemand ne voulut pas nous les confier ; il les fit remonter dans le wagon et le verrouilla. Mon mari dit :

« – Ils n'arriveront jamais vivants à Montélimar.

« Mais le train s'éloigna doucement. C'est alors que, sous un arbre, on aperçut un corps étendu sur l'herbe : un blessé oublié par les Allemands. Après les soins, reprenant connaissance, il prononça son nom avec lenteur : Raphaël Jimena. Il était sauvé. »

Ce que ne peuvent pas savoir les déportés du train fantôme, c'est qu'une course de vitesse est engagée entre les Allemands en retraite et les Alliés, qui avancent rapidement. Les Américains n'ont pas l'intention de libérer Montélimar mais de le contourner à l'est pour prendre à revers toutes les troupes allemandes qui fuient. Et le train fantôme s'est trouvé là, dans cette nasse, au moment où a commencé la bataille, le 17 août.

Dans le train, les morts et les blessés deviennent gênants pour les Allemands. Ils décident d'évacuer les cadavres à la gare de Montélimar et de les faire prendre en charge par la Croix-Rouge locale.

Mme Valette-Viallard, la responsable de cet organisme, est une femme de caractère. Elle n'est nullement impressionnée par le chef de la Gestapo, Richter, qui veut lui imposer cette corvée.

– Je veux bien prendre les morts, dit-elle, mais je veux aussi les blessés.

– Non ! Les morts seulement. C'est un ordre !

– Alors, je refuse.

Le chef de la Gestapo est interloqué. Le temps presse. Il faut en finir.

– Bien ! dit-il. Vous en aurez donc la responsabilité. Quand ils seront guéris, je reviendrai les chercher.

– C'est ça ! Revenez donc dans quelque temps.

Le plus urgent est de donner une sépulture aux morts. « Sous les bombardements et le mitraillage des avions alliés, un cortège part de l'ancien hôpital. En tête, l'abbé Marcon, grand blessé de la guerre 1914-1918, puis une charrette portant les cercueils et sur lesquels Mme Valette-Viallard a exigé que l'on mette un immense drapeau tricolore. Elle suit la charrette avec quatre membres de la Croix-Rouge. Arrivé à la porte Saint-Martin, le cortège plonge dans la cohue des troupes en déroute. Parmi ces Allemands, un groupe de miliciens. Apercevant le drapeau français sur le char funèbre, les miliciens se dressent et rendent les honneurs, bras levés à la manière fasciste. Dans la montée du cimetière Saint-Martin, le cheval n'arrive pas à tirer sa lourde charrette. Madame Valette-Viallard interpelle alors d'une voix sans réplique des soldats allemands. Plusieurs d'entre eux obéissent et aident les membres de la Croix-Rouge à pousser la charrette jusqu'au carré militaire[1]. »

À ce point de l'odyssée, une question se pose : est-ce qu'à Sorgues, à Montélimar, à Châteauneuf, la Résistance n'aurait pas pu intervenir ? Le capitaine Dufau, commandant un maquis des Baronies, répond : « J'ai eu connaissance de l'arrivée de ce train. Je me suis rendu, avec une section, à Montélimar, mais quand j'ai vu le monde qu'il y avait à la gare, j'ai pensé que si nous intervenions, nous allions provoquer un carnage. »

19 août 1944

Vers 3 heures du matin, le train fantôme se remet en marche. Aussitôt, quelques prisonniers tentent à nouveau de s'évader. Les lames du plancher ont déjà été descellées ; il suffit de les arracher. Le trou qui apparaît produit un appel d'air qui surprend les déportés. Plusieurs hommes se préparent à sauter dans le trou.

« Quesnel me dit : "Attendons ! Après les aiguillages !" Roquemaurel me montre un petit paquet où il a rassemblé quelques affaires : "Dès que j'aurai sauté, jette le colis sur les rails, je viendrai le chercher." J'ai sauté. Je me suis laissé tomber mollement pour ne pas rouler. Quand le bruit infernal du train et les soubresauts des traverses furent terminés, j'ai relevé la tête et j'ai vu le train s'éloigner dans la nuit[2]. »

1. Témoignage pour l'Amicale des déportés du train fantôme.
2. Témoignage de Damien Macone.

Ils seront onze à s'évader ainsi, après Montélimar.

Plus de deux heures pour parcourir une vingtaine de kilomètres. Pourquoi cette lenteur ? Le train fantôme se trouve en pleine zone de combat.

– On ne va quand même pas crever là, comme des chiens, alors que le pays se libère ! hurle un prisonnier en frappant violemment la cloison du wagon.

– Patience ! dit une voix perdue dans l'obscurité. Paris est presque libéré. Le gouverneur allemand a demandé une trêve. Ils sont foutus.

– Nous aussi. Je veux crever dehors ! Au soleil !

Le train roule au pas dans une région agricole entre l'Ardèche et la Drôme. Soudain, il s'arrête. Par la lucarne, un prisonnier a aperçu le nom du bled : « Loriol. »

« Tout le monde descend ! En rang, le long des wagons, avec les bagages ! »

Le pont est coupé, et la troupe doit continuer à pied.

Les prisonniers passent sur des planches, car la rivière est presque à sec en cette saison. De l'autre côté de la Drôme attendent d'autres wagons, où les prisonniers sont embarqués et entassés, parce que ce convoi ne comporte que 15 wagons.

Sur le quai, une voix aboie : « Corvée ! Des volontaires ! » Six ou sept hommes pensent qu'ils auront peut-être leur chance. Tout vaut mieux que le wagon. Les sept hommes traversent à nouveau la Drôme et retrouvent le train abandonné avec, au pied des wagons, toutes les affaires que les soldats allemands emportent avec eux. « Il faut apporter ça dans l'autre train ! » Les hommes devront faire plusieurs voyages aller et retour.

Au cinquième voyage, ils sont interrompus par une alerte aérienne et, presque aussitôt, les avions arrosent tout ce qui se présente. Les deux soldats qui gardent les bagages sautent dans un trou et disparaissent. Les prisonniers ont mieux à faire, même sous le bombardement: « Il y avait, sur un chemin de terre, à 30 mètres, une grande charrette à foin tirée par un cheval et un paysan qui attendait. Aussitôt, mon camarade s'est élancé et a franchi les 30 mètres qui nous séparaient du paysan. Quand la sentinelle est sortie de son trou, elle a crié: "Hé! Vous! Qui êtes-vous?" Et mon copain a répondu calmement: "Ich bin Bauer!" ("je suis paysan"). Il allait s'évader sous les yeux de la sentinelle, et le paysan ne disait rien. Moi, je faisais ma corvée, je posais une caisse, je la reprenais. C'est alors qu'arriva une file de civils, des voyageurs, qui faisaient le contraire de nous, ils traversaient la Drôme dans l'autre sens pour aller prendre un train vers le sud. Alors, je suis allé vers le premier voyageur, je lui ai pris ses valises d'autorité, et je lui ai dit: « Je vais vous aider. » J'ai monté les valises sur la charrette, j'ai aidé les passagers à monter, je suis monté au milieu d'eux, et fouette cocher! Mon camarade, à côté du paysan, conduisait le cheval. Nous sommes partis comme ça[1]. »

Raymond Lévy affirme que tous les déportés n'étaient pas pour l'évasion, car ils craignaient les représailles sur ceux qui restaient. Certains préconisaient une évasion collective. Il y avait de nombreuses discussions à ce sujet dans les wagons.

---

1. Témoignage de Jacques Delannoy, novembre 1999.

Et puis, au fur et à mesure que les jours passaient, que la torture se prolongeait, les avis évoluaient. « C'était chacun pour soi. En fait, il y avait ceux qui étaient trop épuisés pour s'évader, ceux qui pensaient que nous allions être rattrapés par les Alliés, et ceux qui voulaient absolument s'évader, ne serait-ce que par principe. »

20 août 1944 – 15 h 30

Le train fantôme s'arrête en pleine campagne puis repart lentement et va stationner sous la marquise de la gare de Valence.

Au grand soulagement des prisonniers, les portes des wagons s'ouvrent. Sur le quai, il y a même des seaux et des arrosoirs. Des volontaires peuvent aller chercher de l'eau au robinet qui est sur le quai, contre le mur. Ceux qui se proposent voient en cette corvée une occasion de s'évader. « Je porte trois ou quatre seaux au wagon et j'aperçois les WC. J'y entre sans hésiter, comme un homme libre. Évidemment, il faut réaliser la pagaïe qui règne à ce moment-là sur le quai. Je ne bouge plus dans l'espoir que tout le monde va remonter dans les wagons. Des portes commencent à se refermer, tout va bien. Mais la porte des WC s'ouvre brusquement, je reçois un coup de botte et je suis ramené au wagon à coups de crosse. Les coups, on s'en fout, mais je ne serai plus avec les mêmes déportés. Des hommes que je ne connais pas ; c'est mauvais pour le moral[1]. »

1. Témoignage de René Lafond, août 1990.

La Croix-Rouge distribue des vivres aux déportés, et les gardiens semblent moins sévères en présence des représentants de cet organisme humanitaire.

« Mon wagon était arrêté juste en face du bureau du chef de gare. Au-dessus du bureau, nous vîmes à une fenêtre une vieille dame qui nous regardait, et lorsque les *Feldgendarmen* s'éloignèrent un peu, elle sortit un carton sur lequel était écrit : "Paris est encerclé. Courage !"[1]. »

Pendant cette distribution d'eau, l'un des volontaires du convoi, qui est valentinois, s'approche d'une jeune fille de la Croix-Rouge et lui dit à voix basse : « Allez au 117, rue Chateauvert. Dites qu'il y a un convoi de prisonniers en gare. »

Il pense qu'en prévenant la Résistance, un secours peut arriver. Mais, lorsque la Résistance est prévenue, le train est reparti. Nous sommes le 21 août. Il est 16 heures.

Après quelques kilomètres, nouvel arrêt. Le bruit court que le pont de l'Isère a été bombardé ces jours-ci et que le train ne peut pas passer.

Les portes des wagons s'ouvrent : « Descendez ! En rangs ! *Schnell !* » Une nouvelle rame de wagons attend les prisonniers de l'autre côté. Le pont étant encore praticable pour les piétons, le transbordement se fait assez facilement. Dans la locomotive qui attend se trouvent déjà un mécanicien, un chauffeur et un soldat armé d'une mitraillette.

1. Témoignage de Francesco Fausto Nitti.

Guy Guillot, attaché de traction à la SNCF, se trouve près du convoi quand un officier allemand l'accoste et lui place son revolver sous le nez.

– Vous êtes le chef de dépôt ?

– Oui, enfin…

– Dans ce cas, vous savez conduire une locomotive.

– Bé… oui.

– Montez ! À partir de maintenant, vous êtes responsable de ce convoi. Vous devez nous conduire à Lyon. Si vous tentez de fuir, je serai obligé de vous abattre. Compris ?

« Nous partîmes vers 19 heures, et alors commença vraiment une nuit pénible. Je m'arrêtai à la première gare : Tain-l'Hermitage. L'officier boche arriva immédiatement en courant, en brandissant son arme et en me criant :

« – Monsieur, tout de suite ! Partir, Lyon ! Allez, allez !

« Je devais revoir cette arme, plus d'une fois, avant l'arrivée à Lyon[1]. »

Le train part et arrive en gare de Saint-Rambert-d'Albon, complètement déserte : le chef de gare et tout le personnel ont gagné le maquis. L'officier allemand est furieux. Il sort son revolver et crie à Guy Guillot :

– Pourquoi vous arrêtez-vous ?

– Nous n'avons plus de charbon. Demandez à vos soldats d'aller en chercher au dépôt qui est là-bas.

– Il n'en est pas question ! Ce sont les prisonniers qui iront.

– Ça risque de prendre beaucoup de temps. Ces hommes sont incapables de transporter quoi que ce

1. Compte rendu de Guy Guillot, 1944.

soit. Regardez : leurs pieds sont en sang. Si vous voulez que ça aille vite, il faut prendre vos soldats.
– Non. Repartez ! Immédiatement !
– Sans charbon ? Nous serons en panne avant Lyon.
– Alors, je fais descendre les prisonniers.
– Ils sont incapables…
– C'est mon affaire ! Remontez dans votre locomotive !
« À 21 h 10, je repartais de Saint Rambert. »

Le train fantôme s'arrête encore à Neuville-sur-Saône, au nord de Lyon.

On permet à un homme de chaque wagon d'aller vider la boîte qui sert de seau hygiénique. Joachim Duch s'empare de la boîte de son wagon, descend du train et se dirige vers les WC. Près de la porte, un civil, un homme âgé, semble réfléchir. Risquant le tout pour le tout, Duch murmure en passant :
– Est-ce qu'on peut s'évader ? «

Et l'homme répond sur le même ton :
– En sortant à droite, puis derrière le mur à gauche.

Duch, sans hésiter prend la porte de sortie. Il est suivi aussitôt de trois autres prisonniers de corvée. Ils courent. Une mitraillette crépite. Ils ne sont plus que deux, debout, à courir. Ils foncent, enjambent des massifs, se trouvent devant la Saône et plongent pour aller se cacher un peu plus loin. C'est alors qu'arrive un homme sur une motocyclette. Il s'arrête et dit calmement :
– Je sais que vous êtes là, mais les Allemands vont vous trouver. Vous devez partir. Montez. D'abord vous. Vous, je reviendrai vous chercher tout à l'heure.

Cet homme a fait exactement ce qu'il a dit : il a sauvé Duch et son compagnon et les a cachés chez lui jusqu'à la Libération[1].

Courte halte à Mâcon, puis quelques kilomètres encore pour trouver une voie de garage discrète, car l'aviation alliée est en chasse. Les portes des wagons restent fermées. Les prisonniers ne savent pas où ils sont.

« On avait trouvé un clou avec lequel on arrachait des échardes de bois autour du tire-fond qui tenait une lame du plancher, mais c'était long. Chaque fois qu'on changeait de wagon, il fallait recommencer. Il y avait avec nous un jeune type admirable qui faisait inlassablement ce travail. Il avait les mains en sang. C'était un condamné de droit commun. Quand la trappe a été ouverte et qu'on lui a demandé de sauter, il a dit "Non, non, pas moi. Je n'en vaux pas la peine".

22 août 1944

Départ à l'aube. Le train est immobilisé après Tournus, à 6 h 30 du matin, en raison du sabotage d'un petit pont entre Sennecey et la Venière, par le corps franc groupe Lucien.

Certains prisonniers sont aussitôt réquisitionnés pour combler les abords du pont. Les *Feldgendarmen* distribuent quelques galettes et un peu de confiture mais refusent de donner à boire. Les prisonniers protestent ; les Allemands répliquent : « C'est la faute

1. D'après le témoignage de Joachim Duch.

de vos amis les maquisards. Vous aurez de l'eau quand le train pourra passer. » Le travail reprend. Le train franchit l'obstacle vers 16 heures[1].

Arrivée dans la soirée en gare de Dijon. Les gardes portent l'uniforme des employés de gare allemands. Des cheminots français vont et viennent, passent entre les voies, frôlent les wagons de déportés et disent à travers les parois : « C'est fini, les enfants. Ils ne peuvent pas vous emmener plus loin. Les voies ont sauté partout et les trains ne circulent plus vers le nord. »

Ces paroles font revivre ceux qui se croyaient déjà morts.

Sur le quai, une violente dispute éclate entre les responsables du train et les employés de la gare. Baümgartner hurle que le train doit démarrer au plus vite. Les autres affirment que le train ne doit pas partir, parce qu'il ne ferait que quelques kilomètres dans la campagne. Tout cela tourne au drame. On sent que les Allemands sont pris de panique et que l'esprit de victoire a déserté leur camp.

Finalement, les déportés sombrent dans le sommeil ou l'assoupissement. Mais ils sont réveillés au milieu de la nuit par des bruits de ferraille : les wagons bougent, le convoi redémarre lentement.

Le train fantôme traverse Dijon dans la nuit du 23 au 24. La semaine précédente, l'aviation alliée a détruit le nœud ferroviaire de Chalindrey et le viaduc de Torcenay. Le train est donc obligé de passer de Chalindrey à Langres, où il arrive vers 11 heures,

1. D'après le témoignage de M. Renoud-Grappin, chef du corps franc groupe Lucien.

après avoir échappé au mitraillage de l'aviation en restant caché dans un tunnel.

Dès l'aube, un groupe de prisonniers a commencé à arracher une partie du plancher de leur wagon pour ouvrir une trappe. Le travail est incessant tant qu'il est couvert par le bruit des cahots, mais il s'arrête lorsque le train s'immobilise. En roulant à la vitesse d'un homme en marche, le convoi atteint Bannes, Neuilly-l'Évêque, et Andilly vers 19 heures, le 25 août. Il stoppe au milieu de la petite gare, où se trouvent d'autres trains avec des soldats allemands sur les marchepieds et sur les toits des wagons. Ces convois bien gardés transportent des troupes qui se replient et du matériel militaire ; à plusieurs reprises, ils se sont retrouvés sous le feu de l'aviation alliée. Dans les wagons de prisonniers, le bruit court que le maquis va attaquer la gare. Mais quelqu'un a dû prévenir qu'il y a un convoi de déportés, et rien ne se produit. Le train repart.

Avrécourt, Lécourt. Une côte. La locomotive s'essouffle, s'époumone ; on a l'impression que le convoi n'arrivera pas à grimper la rampe. Dans les wagons, les prisonniers comprennent que l'occasion ne se présentera peut-être plus. Les trappes des planchers s'ouvrent.

« Pour empêcher tout accrochage pendant la descente, nous avions enfilé nos vestons dans la ceinture du pantalon et le bas de nos pantalons dans l'intérieur de nos chaussettes. Mon tour était venu. Les bras de deux camarades me soutinrent, je me baissai, je me trouvai entre les roues dans un fracas assourdissant. Machinalement, j'exécutai les mouvements que j'avais déjà faits tellement de fois dans mon esprit, je sentis un choc dans les genoux, et je me trouvai tout d'un coup étendu au milieu des rails, visage contre terre, les bras à côté du corps. Je vis partir, avec une vitesse qui me parut folle, la lumière du dernier wagon[1]. »

C'est dans cette région que se produira le plus grand nombre d'évasions. Les rescapés, après la guerre, rendront hommage aux habitants qui les ont accueillis et cachés jusqu'à la Libération.

Pour quitter les wagons, certains prisonniers appliquent une méthode différente : ils n'ouvrent pas de trappe dans le plancher mais préfèrent ouvrir carrément la porte. « Il s'agit, à l'aide du fameux couteau trouvé, de percer la paroi du wagon et d'y pratiquer une ouverture à l'endroit où la barre de fermeture extérieure de la porte s'engage dans son alvéole. Par chance, la porte se situe à gauche du wagon, dans le sens de la marche du train, c'est-à-dire qu'en sautant, on tomberait sur la terre ferme et non sur d'autres rails. La barre de fermeture est dégagée. Nous la soulevons avec précaution. Elle sort de son logement sans difficulté. Enfin, nous faisons glisser la porte lentement. Elle découpe dans la nuit un rectangle plus clair, plus large au fur et à mesure qu'elle s'ouvre. Et nous commençons à sauter du train, l'un après l'autre, à intervalles différents, en fonction de la nature du terrain. Six ou sept camarades sont déjà partis. Voici mon tour. Je saute exactement comme si je plongeais dans l'eau. Je n'ai pas de mal, sauf les paumes des mains qui me brûlent. Aplati sur le sol, je regarde

1. Témoignage de Francesco Fausto Nitti.

le train passer. Je ne réalise pas tout de suite que je suis libre[1]. »

Le curé de Provenchères-sur-Meuse entend frapper au volet de sa chambre, le 26 août, à 4 heures du matin. Il ouvre et se trouve en présence de cinq hommes hirsutes, débraillés, affamés. Un habitant de Bassoncourt recueille dix de ces évadés et les conduit à Cuves en passant par les bois. Au moulin qui les accueille sont arrivés par une autre voie le lieutenant-colonel De Pablo et sept de ses compatriotes. Le train fantôme perd, peu à peu, ses passagers…

Le 26 août, le convoi parvient à parcourir 47 kilomètres – un record – et s'arrête à Neufchâteau. Les portes des wagons sont ouvertes et trois prisonniers profitent de la confusion qui règne sur les deux quais pour foncer vers la porte de sortie. Deux d'entre eux seront sauvés par les habitants, le troisième, hélas, sera « vendu » et repris par les Allemands ; il mourra dans un camp.

Ces évasions du 26 août sont celles de la dernière chance. À partir de Nancy et Metz, les troupes allemandes, encore regroupées, sont mobilisées en force. Certes, la Libération n'est pas loin. Le 24 août, la 2e DB est entrée dans Paris. Le 25, Paris est libéré et de Gaulle, acclamé. La IIIe armée américaine s'apprête à dégager Nancy. Le VIe groupe d'armées du Sud fonce sur Dijon. Dans quelques jours, les deux grandes forces débarquées en Normandie et en Provence n'en feront plus qu'une. Leur tâche a été facilitée par les FFI, qui ont disloqué la 1re armée allemande et libéré tout le

1. Témoignage de Jean Diaz, sept 1998.

territoire compris entre le Rhône et la Loire. Mais, en ces derniers jours d'août 1944, les Allemands refoulés sont encore maîtres d'une partie du réseau ferroviaire français, et leurs trains peuvent rouler dans l'Est à peu près normalement.

Le voyage n'a jamais été aussi atroce. Les corps des prisonniers ont fondu sous l'effet de la chaleur, du manque de nourriture, du temps passé dans un espace réduit. Ils ont des visages effroyables, pâles, les yeux creusés, la barbe longue, les vêtements sales et déchirés. Depuis le 2 juillet, ils ont vu, jour après jour, leur déchéance physique s'aggraver, et quelques-uns parmi eux sont aussi épuisés moralement. Ou ils s'enferment dans un silence farouche, ou ils manifestent par des éclats inattendus le dérèglement de leur état nerveux.

Au cours d'un arrêt dans une gare, le convoi se trouve à côté d'un train militaire qui transporte des obus. Si les avions alliés arrivent, les prisonniers ont le choix de leur mort : ou ils sont mitraillés dans leurs wagons, ou ils sautent avec le stock d'obus.

Soudain, la porte d'un wagon s'ouvre rapidement, trois jeunes soldats allemands jettent aux prisonniers quelques boîtes de camembert et referment la porte aussi vite. Geste incongru en ce moment d'horreur !

Maintenant, le train semble ne plus vouloir s'arrêter. Il n'a jamais roulé aussi longtemps, comme si les soldats qui l'accompagnent avaient hâte de rentrer chez eux. Il est vrai que les armées allemandes du front de l'Ouest ont déjà perdu plus de 400 000 hommes – prisonniers pour une moitié d'entre eux – et la presque totalité de leurs chars, camions et canons. Il ne leur reste pas grand-chose pour défendre le Grand Reich. La ligne

Siegfried risque de ne pas se révéler plus infranchissable que notre ligne Maginot, quatre ans plus tôt.

« Tout à coup, le train ralentit, stoppe, et par les lucarnes, nous lisons “Saarbrücken”. C’est la fin de nos espoirs : nous sommes en Allemagne. Adieu la France ! Dans cette ville nous laissons des prisonniers, dont 14 de la *Kriegsmarine* allemande condamnés comme insoumis, et une femme de La Rochelle, Renée Chassaing, qui devait être décapitée à la prison de Sarrebruck pour avoir dérobé des plans militaires. En fait, elle a été déportée à Ravensbrück[1]. »

28 août 1944 – 1 heure du matin

Arrêt du train. Projecteurs aveuglants. Ordres. Hurlements. Aboiements. Portes des wagons brutalement ouvertes. Première vision de Dachau : SS alignés, matraques, chiens féroces montrant les dents. « Descendez ! En colonnes par dix ! »

Les voyageurs du train fantôme sont 543. Ils sont partis 700 de Toulouse, cinquante-cinq jours plus tôt.

« Combien de kilomètres entre la gare et la porte sur laquelle nous pouvons lire *Arbeit macht frei* (« le travail rend libre ») ? Nous pénétrons dans le camp. Il fait nuit, mais les projecteurs éclairent parfaitement. On nous parque dans un petit coin de l’immense Appelplatz, c’est-à-dire la place où, matin et soir, on faisait les interminables appels de ceux qui sortaient pour travailler à l’extérieur. Ce n’est qu’à l’aube que

1. Conchita Ramos, « Les déportés de Varilhes », 22 octobre 2004.

nous avons eu la première vision des êtres décharnés, vêtus de haillons rayés, chaussés de claquettes de bois qui marchaient en traînant les pieds afin de ne pas les perdre, les épaules voûtées, que nous allions nous-mêmes devenir bientôt.

« Voilà ! Nous étions des *Häftlinge* du *Konzentrationslager* de Dachau. Nous allions être non plus des hommes mais des numéros[1]. »

Le lendemain, les arrivants passent chez le dentiste en blouse blanche, censé non pas les soigner, mais compter leurs dents en or afin de les arracher après leur mort.

Comme le camp de Dachau affiche complet, il faut disperser les nouveaux pensionnaires. Les femmes partent le 1er septembre pour Ravensbrück. Certains hommes partent le 8 septembre pour Melk, une dépendance de Mauthausen, où ils seront mis au travail. « On creusait des usines souterraines. Mauthausen était un camp de catégorie 3, juste avant Auschwitz. On nous avait dit en arrivant que nous ne sortirions pas vivant de ce camp. Sur les 112 du train fantôme arrivés à Mauthausen, 85 sont morts avant la Libération. »

29 avril 1945

Les premiers chars d'assaut américains arrivent à Dachau. À 5 heures de l'après-midi, les faibles cris des déportés retentissent : « Les voilà ! Ils arrivent ! Nous sommes sauvés ! »

1. Philippe Toureille, septembre 1990.

« Mes forces ne me permettent pas d'aller jusqu'à l'entrée du camp. Un camarade se penche sur moi. Nous nous étreignons. Nous pleurons. On m'offre du pain blanc comme du plâtre, une boîte de pâté. Je n'en veux pas. Mon estomac ne le supporterait pas. Une religieuse me donne une savonnette. Je sais encore ce que c'est, mais pendant tout ce voyage, le savon a été un objet inaccessible. Je le renifle longuement. Son parfum de lavande pénètre en moi. Je sens qu'il peut y avoir une vie après. »

Sources

Altweg Jürg, *L'Odyssée du train fantôme,* Éditions Robert Laffont, 2003

Lutaud Laurent et Di Scala Patricia, *Les Naufragés du train fantôme,* Éditions L'Harmattan, 2003

Témoignages de

Delphine Kazandjan, historienne, **Georges Ribeille,** spécialiste de l'histoire de la SNCF, **Raymond Lévy, Jacques Depugné, Robert Silve, Paul Biou, Francesco Fausto Nitti, Damien Macone, Christian de Roquemaurel, Marie Bartette, Marcel Merles, Raymond Champel, Jean Miquel, J.-P. Serrano, Jean Diaz, René Lafond, Jean Lafage, Antoine Redondo, Guy Guillot, J. Duch, Marc Brafman, Renoud-Grappin, Juliette Combes, Jacques Delannoy, Conchita Ramoz, L'Amicale des déportés du train fantôme, L'Association des Francs-tireurs et partisans français**

Figure : Le dernier train fantôme pour Dachau

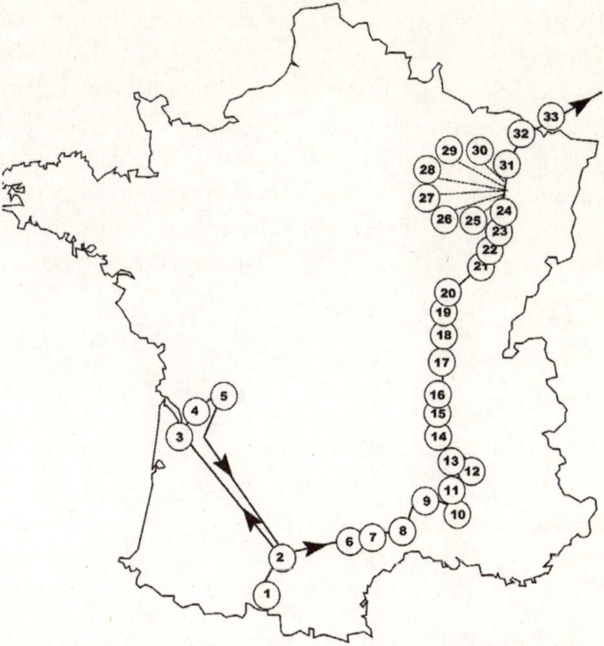

1. Le Vernet
2. Toulouse
3. Bordeaux
4. Parcoul-Médillac
5. Angoulême
6. Saint-Césaire
7. Nîmes
8. Remoulins
9. Châteauneuf-du-Pape
10. Sorgues
11. Pierrelatte
12. Montélimar
13. Loriol
14. Valence
15. Pont de l'Isère
16. Saint-Rambert d'Alban
17. Neuville-sur-Saône
18. Mâcon
19. Tournus
20. Dijon
21. Chalindrey
22. Torcenay
23. Langres
24. Merrey
25. Bannes
26. Neuilly l'Évêque
27. Andilly
28. Avrécourt
29. Lécourt
30. Neufchâteau
31. Nancy
32. Metz
33. Sarrebrück (Allemagne)

QUI A TRAHI LE GÉNÉRAL DELESTRAINT, CHEF DE L'ARMÉE SECRÈTE ?

Une carrière militaire somme toute modeste

Charles Delestraint est né en mars 1879 dans le Pas-de-Calais, à Biache-Saint-Waast, à proximité d'Arras. Son père, comptable, tout comme sa mère, qui se consacre à ses enfants (veuve, elle en déjà eu trois d'un premier mariage), l'élèvent de façon stricte. Très chrétiens, ses parents lui inculquent dès le plus jeune âge le respect des valeurs morales. Ce qui explique son engagement, à vingt et un ans, dans une fraternité laïque, le Tiers Ordre, proche du Sillon de Marc Sangnier.

Après des études chez les maristes, il obtient son baccalauréat lettres-mathématiques et prépare Saint-Cyr et Polytechnique à Sainte-Geneviève, à Paris. Il est reçu à l'École spéciale militaire, mais point à l'X. Blessé au genou, il doit interrompre la préparation militaire durant une année et ne sort donc qu'en octobre 1900 de l'école avec un excellent rang : douzième sur 552. Il peut choisir son affectation : ce sera le 16e bataillon de chasseurs à pied (BCP) à Lille.

Sous-lieutenant, il décide de passer sa licence en droit, ce qui ne l'empêche pas d'être promu lieutenant en 1902.

Marié en 1910, cet homme discret, de petite taille – 1,67 mètre –, au regard bleu pénétrant, n'obtient son galon de capitaine qu'au début de 1914. Deux mois plus tard, il est reçu à l'École supérieure de guerre. Au début des hostilités, il reçoit le commandement d'une compagnie au 18e BCP. Le 25 août, il se distingue à Haybes, empêchant les Saxons de s'infiltrer entre la Ve et la IVe armée françaises, alors en plein repli. Mais quelques jours plus tard, alors qu'il doit couvrir la retraite de sa division, il tombe dans une embuscade. Face à des forces très supérieures en nombre, sur le point de succomber, il cesse le combat pour éviter le massacre complet de son bataillon.

Le voilà prisonnier pour quatre ans, d'abord à Ingolstadt, en Bavière, puis à Plessembourg. Il en profite pour apprendre parfaitement l'allemand, ainsi que l'anglais et même le russe. Il est libéré en décembre 1918. Comme pour de Gaulle, capturé à Verdun, sa carrière n'a pas progressé, alors que tous ses camarades saint-cyriens ont accumulé les promotions durant la Grande Guerre. Mais, à la différence de de Gaulle, il est entré à l'École de guerre juste avant le déclenchement du conflit. Il en sort donc fin 1920. En 1919, il a été promu commandant, en récompense de son action d'éclat à Haybes, décoré de la croix de guerre et nommé chevalier de l'ordre de la Légion d'honneur. Aussi est-il affecté à l'état-major, au 2e bureau qui surveille les armées étrangères. Il y demeure trois années, étant promu commandant (on dit, à l'époque, « chef de bataillon »). Delestraint est ensuite affecté au 571e régiment de chars de combat de l'armée du Rhin, alors en mission d'occupation en Allemagne.

L'homme des chars

Partisan convaincu de l'utilisation des chars, non pas seulement en accompagnement de l'infanterie mais comme force de frappe pour percer le front adverse, Delestraint a pu observer l'efficacité de l'emploi des chars à partir de 1917. Tant à Berry-au-Bac, en avril, qui voit la première attaque française blindée de l'histoire, qu'en 1918, au début de l'été, lors des offensives alliées. Le maréchal Ludendorff reconnaît le 2 octobre 1918 devant le Reichstag que le char et son emploi massif sont la cause principale de la défaite allemande.

Mais la France n'a point d'armée blindée. Certes, elle dispose d'environ 800 chars FT produits en 1917-1918, qui seront progressivement déclassés. Certains sont envoyés en Pologne, où leur action se révèle déterminante en 1920, devant Varsovie, lorsqu'ils écrasent l'offensive de la 5e armée de Toukhatchevski contre le maréchal Pilsudski. Weygand et de Gaulle, en quête d'une promotion, sont alors présents. De Gaulle en tire des conclusions immédiates – à la différence de Weygand !

Certes, une série de chars légers est construite par Renault ; toutefois, en 1926, leur utilisation ne donnant pas satisfaction, tous ces chars sont vendus à l'armée japonaise ! Des chars légers 35, Renault et

Hotchkiss, viennent les remplacer ; ils sont disponibles dès 1935-1936. À partir de 1933, des chars moyens D1 sont également mis en fabrication, en vue de constituer une division mécanisée, la première du pays. Sans doute le lieutenant-colonel Bloch-Dassault (un proche du général Étienne, infatigable promoteur de l'armée blindée) et le général Bézu, inspecteur des chars, ont-ils joué un rôle important dans cette décision nécessaire.

Mais le débat n'est pas là ! Ce qui est en jeu, c'est la possession par la France de chars lourds, ceux qui peuvent apporter un avantage décisif en constituant, suivant le mot du général Étienne, leur promoteur, une « force de rupture ». Hélas Étienne est seul de son avis – à l'exception de Doumenc, fidèle d'Étienne, et de Delestraint ! Dès 1920, on éloigne le général Étienne pour le faire taire en l'affectant au commandement de la place militaire de Nice. Mais Pétain le fait rappeler : en 1921, le voilà nommé inspecteur général des chars de combat, avec un simple budget d'étude. En 1929-1930, un premier et unique prototype de char lourd, le B1, est enfin mis au point. En 1935, l'armée ne dispose que de trois exemplaires de ce char remarquable au blindage quasi invulnérable, sauf aux coups du futur 88 allemand.

Dans le même temps, le brave sergent Maginot, devenu ministre de la Défense, consacre 20 milliards de francs à la construction, à partir de 1930, d'une ligne fortifiée qui ne couvre pas la frontière belge… Paul Reynaud, convaincu par l'ouvrage de De Gaulle *Vers l'armée de métier* (publié en 1934 et vendu à quelques centaines d'exemplaires en France mais à plusieurs milliers d'exemplaires en Allemagne nazie et lu par Hitler en personne), tente bien, en 1935, de convaincre l'Assemblée et le lobby militaire ; il échoue ! Pétain, qui a approuvé la thèse du livre, n'a plus le pouvoir de l'imposer, après son passage éclair au ministère de la Guerre l'année précédente. Quant au ministre en place, le général Maurin, et à Fabry, le président de la commission de la Défense, ils sont aussi obtus que péremptoires, affirmant que la création d'un corps blindé spécialisé va « contre la logique de l'histoire » ! Il faut attendre le Front populaire, puis surtout le général Hering et le ministre Daladier, pour que, enfin consciente de ce qui se passe alors dans l'Allemagne hitlérienne, la France se dote d'un plan de construction de chars lourds. En 1937, la décision est adoptée de créer une première DLM (division légère motorisée), puis, en 1938, de produire des chars lourds en série. Une quarantaine de B1 sont disponibles fin 1939, alors que 460 sont en cours de production. Les usines françaises, tournant à plein rendement, font des miracles : les chars lourds sont disponibles fin avril 1940 !

Néanmoins, le plus grave n'est pas là : Gamelin, le généralissime, Huntziger, Debeney, Weygand n'entendent pas utiliser les chars de façon groupée et massive, mais au contraire décident de les éparpiller le long du front, en appui de l'infanterie !

Car la France, en 1940, dispose d'environ 3600 chars – pour une part rassemblés au sein de 4 DCR (divisions cuirassées de réserve) –, dont 3000 réellement en état de combattre. Un tiers seulement sont enrégimentés, alors que les autres blindés sont saupoudrés sur toutes les frontières, sur près de 500 kilomètres… Quant aux blindés lourds, les fameux « B1 *bis* », D2 ou encore S35, produits par Somua, la France n'en possède qu'environ 600. Les 3000 chars allemands sont regroupés dans 10 *Panzerdivisionen*, équipés de radios et le plus souvent d'un canon long de 20 à 75 mm. Autrement dit, Français et Allemands ont un nombre équivalent de chars, mais ces derniers les regroupent pour effectuer des percées décisives. Tant par l'engagement absurde des forces françaises en Belgique que par le refus d'utiliser les DCR à bon escient, en les concentrant, la défaite de 1940 est largement imputable aux incroyables erreurs du commandement français.

Une carrière dans les chars jusqu'en 1939

Promu lieutenant-colonel en 1930, Delestraint est nommé commandant en second du général Frère, à l'École des chars de combat de Versailles. Il y mène un combat désespéré en faveur du char lourd, dit « de la génération B ». Devenu colonel deux années plus tard, Delestraint va commander le 505e régiment de chars de combat à Vannes. Fin 1936, il est promu général de brigade et se voit confier le commandement de la 3e brigade de chars de combat à Metz, laquelle se compose de trois RCC (régiments de chars de combat) : le 507e à Montigny-lès-Metz, le 511e à Verdun et le 512e à Châlons-sur-Marne. Il dépend alors du général Stehler, directeur de l'infanterie, pour qui les chars ne sont qu'une force d'appoint et d'accompagnement de l'infanterie. Poursuivant inlassablement son combat en faveur de la constitution d'une véritable armée blindée, Delestraint voit arriver avec bonheur le colonel Charles de Gaulle à la tête du 507e, équipé de chars moyens D1.

Les deux hommes se ressemblent et se reconnaissent immédiatement. Ils ont la même pensée sur l'emploi massif des chars en coordination avec l'aviation. Le commandant Jean-François Perrette témoigne dans son ouvrage, écrit en hommage au général Delestraint, de l'étroite coopération nouée entre les deux militaires tant sur le plan technique que sur le plan stratégique. « Chaque jour, racontera plus tard le général Delestraint, quand le travail de la matinée était achevé, et avant de regagner son domicile, le colonel de Gaulle téléphonait au général, son supérieur direct, pour s'assurer qu'il ne le dérangeait pas ; puis il arrivait, toujours plein de problèmes concernant ses chars, ou d'idées embrassant largement tous les problèmes philosophiques, qui alimentaient leur conversation jusqu'au déjeuner. »

Âgé de soixante ans, le général Delestraint est versé au cadre de réserve dès le 11 mars 1939. Le 1er septembre, la déclaration de guerre le rappelle sous les drapeaux. Durant ses six mois de retour à la vie civile, il n'est pas demeuré inactif, bien au contraire : il est venu remplacer son beau-père à la tête de l'établissement thermal de Saint-Amand-les-Eaux, rêvant de remettre en service la source du Clos de l'Abbaye…

Il combat avec de Gaulle

Appelé à l'état-major du commandement des chars de combat, il y trouve le général Keller. Son rôle est clair :

constituer des divisions blindées – les fameuses DCR – dotées de chars lourds, les Somua. Cette nouvelle disposition du haut commandement s'explique principalement, à partir du mois d'octobre 1939, par l'étude du sort tragique de la Pologne, dont les troupes ont été anéanties par des percées de panzers. Dès la fin de l'année 1939, deux DCR sont créées et doivent être équipées de chars lourds. La première, stationnée au camp de Châlons, est commandée par le général Bruneau, et la seconde, rassemblée entre Châlons et Sainte-Menehould, est placée sous les ordres du général Bruché, un spécialiste éminent de l'arme blindée.

En mars 1940, une autre division cuirassée est créée, la troisième, dirigée par le général Brocard à Mourmelon, près de Reims. La quatrième, confiée au colonel de Gaule, sera constituée au mois de mai – le 11, alors que l'attaque allemande a débuté la veille ! – et installée près de Laon. C'est le 12 mai que de Gaulle rejoindra son PC !

Le général Gamelin, totalement dépassé, va stupidement sacrifier ses deux meilleures divisions de blindés lourds, en cinq jours de combat. La 1re DCR, engagée en Belgique à Flavion, près de Charleroi, compromise contre tout bon sens, est détruite par l'aviation allemande le 15 mai. La 2e DCR, également acheminée vers la Belgique tant par fer que par route, est attaquée par les stukas puis prise en étau par les panzers, qui déferlent après avoir percé à travers la forêt sedanaise. Devant être déchargés à la va-vite, les chars français ne peuvent se regrouper et sont détruits en grand nombre les 14 et 15 mai 1940, en de redoutables combats singuliers. La 2e DCR parviendra à se rassembler, très affaiblie, une semaine plus tard, à proximité de Compiègne.

Quant à la 3e division blindée, si récente qu'il lui manque bien des équipements, elle est, avec intelligence, engagée à se porter sur la Meuse, le 14 mai, pour y détruire toutes les troupes allemandes qui sont parvenues à franchir le fleuve et veulent se diriger, par l'axe Sedan-Rethel, vers Reims et Paris. La tête de pont allemande, constituée d'environ 90 chars, n'a guère de chances de pouvoir se maintenir face à une attaque concertée et massive de blindés lourds. Hélas, un contre-ordre criminel donné par le général Flavigny lui interdit de conduire l'attaque. Les blindés sont alors répartis entre les unités d'infanterie, auxquelles elles sont censées redonner confiance !

Le 17 mai, le général Delestraint, nommé en remplacement du général Bruché, disparu dans les combats, vient, atterré, tenter de regrouper les débris de la 2e DCR. Il prend aussitôt contact avec la 4e DCR, stationnée à Bruyères, près de Laon. Il manque à cette division de nombreux chars : elle ne dispose que de 88 chars au lieu de 160 ! Le plus grave est qu'il manque 35 chars lourds B1 *bis*. Les blindés disponibles ne sont pas tous équipés en canons de fort calibre. Certains chars n'ont même pas été rodés et les équipages ne se sont jamais entraînés sur les derniers blindés lourds, qui viennent d'être livrés ! Quant aux automitrailleuses, précise Dominique Lormier dans son ouvrage, *Comme des lions*, elles ont été sabotées en usine, sans doute par des ouvriers communistes solidaires du pacte germano-soviétique, et leurs canons de 25 mm sont inutilisables. Enfin, les malheureux chasseurs ne disposent d'aucun véhicule de transport chenillé et doivent suivre les chars à pied ! De Gaulle ne laisse rien paraître de sa stupéfaction : il dirige les hommes avec une immense autorité naturelle et une remarquable conviction.

Le 17 mai, sur ordre de l'état-major, alors que Gamelin sera limogé le lendemain et remplacé par Weygand, la 4e DCR est envoyée pour attaquer les colonnes allemandes qui ravitaillent la 1re *Panzerdivision* de Guderian, afin de permettre à la VIe armée, celle du général Touchon, de se replacer le long de l'Aisne et de l'Ailette. Sans ravitaillement suffisant en essence (un B1 bis ne possède que 15 kilomètres d'autonomie), sans couverture aérienne, sans liaison radio, sans infanterie de soutien, de Gaulle cherche à s'emparer de Montcornet, important nœud de communication vers Laon, Reims et Saint-Quentin. Il lance plusieurs offensives successives, et c'est miracle qu'il parvienne, finalement, à pénétrer dans Montcornet. Mais il doit s'en retirer, sous la violence des attaques de stukas et l'arrivée de la 10e *Panzerdivision.* Il a perdu 23 chars et enregistré 25 tués et blessés, tout en infligeant de rudes coups à l'ennemi : 1 000 morts et blessés et une centaine de chars, de camions, de canons, de motos détruits.

Le 19 mai, le général George ordonne à de Gaulle de partir à l'assaut de Crécy-sur-Cerre pour entraver la marche des blindés allemands vers l'Oise. De Gaulle parvient à obtenir des chars supplémentaires, notamment des D2, et dispose à présent de 150 blindés. La 4e DCR se heurte à un feu terrible d'armes antichars puis à un pilonnage furieux des stukas. Le bilan est moins net que l'avant-veille : de Gaulle perd environ 50 chars et plusieurs automitrailleuses, mais réussit à interrompre l'avancée allemande vers Laon en détruisant 150 véhicules et canons allemands et en tuant et blessant plusieurs centaines d'ennemis.

Le 24 mai, Delestraint est officiellement porté à la tête de deux DCR, la 2e et la 4e. Ce sont d'émouvantes retrouvailles entre de Gaulle et Delestraint. Le 25 mai, le général de Gaulle, pour ses deux actions récentes, est promu général de brigade à titre temporaire.

Le 27 mai, ordre est donné à la 4e DCR de réduire la tête de pont d'Abbeville. La suggestion du général Delestraint d'y engager également le 2e DCR, même très diminuée, est écartée, ce qui empêchera l'opération de se révélér un succès complet. Bien plus, incapable de prioriser ses actions, le commandement français enlève le 19e BCC (Bataillon de chars de combat) du commandant Ayme à la 4e DCR.

Ayant concentré ses blindés, de Gaulle donne l'assaut au village d'Huppy avec 137 chars dans l'après-midi du 28 mai. Et il effectue une remarquable percée, enlevant Huppy, puis Caumont. Plus de 200 Allemands se rendent. Le 29, le nouveau général de brigade emporte Villers-Mareuil puis Mareuil-Caubert. Les troupes allemandes fuient à présent vers Abbeville.

Le commandement allemand prend brutalement conscience que de Gaulle menace les arrières des troupes engagées vers Dunkerque. Avec l'appui de la 2e DCR, de Gaulle aurait pu effectuer une percée définitive… Ordre est donné, côté allemand, de mobiliser les batteries de 88 et de 105 mm et d'envoyer de l'infanterie. Lorsque la bataille reprend, le 30, l'ennemi s'est considérablement renforcé. Les Français n'avancent plus. Certes, le saillant d'Abbeville est fortement réduit, mais 92 chars ont été mis hors de combat, les trois quarts des engins engagés. Près de 800 Français ont été tués ou blessés. Côté allemand, les pertes sont énormes : environ 2 300 hommes, 47 canons antichars et 55 mortiers détruits, sans compter 180 mitrailleuses et une centaine de camions et véhicules de transport de troupes. Exténuée, fragilisée par ses pertes, la 4e DCR se replie sur Beauvais le 1er juin.

Weygand cite de Gaulle à l'ordre de la Nation ; le 5 juin le général est nommé par Paul Reynaud, le président du Conseil, sous-secrétaire d'État à la Défense nationale. C'est Delestraint qui l'apprend à de Gaulle au matin du 6 juin !

Cependant, le 4 juin, le général Delestraint a de nouveau reçu l'ordre d'attaquer pour chasser les Allemands d'Abbeville, c'est-à-dire de la rive gauche de la Somme. Certes, il parvient à atteindre les monts Caubert, mais faute de moyens blindés, et en raison de ses lourdes pertes, il lui faut reculer. Alors que les Allemands ont définitivement percé le front de la Somme au soir du 6 juin 1940, le général Delestraint en est réduit à mener des combats d'arrière-garde. Il tente de protéger les troupes qui franchissent la Loire. C'est de son PC de Valençay que Delestraint entend l'appel du 18 juin…

Le résistant, chef de l'Armée secrète

Chrétien, soldat, ardemment patriote, homme d'une grande valeur morale, Charles Delestraint veut résister. Dans la journée du 8 juillet 1940, rassemblés au camp de Caylus, en Tarn-et-Garonne, les équipages survivants des débris des 2e et 4e DCR l'entendent rejeter l'armistice ; il lance un appel à la confiance et à la foi en son pays, soulignant les sacrifices qui les attendent tous pour redresser la barre.

Démobilisé le jour même, Delestraint, mis une seconde fois au cadre de réserve, reçoit sa troisième étoile, celle de général de division. La seule promotion de ce type, à notre connaissance, au titre de la campagne de France de 1940 ! En août, la croix de guerre avec palmes lui est décernée, sur proposition du général Weygand.

Outre le souci qu'il a de se faire payer sa solde en raison du grand désordre qui règne à Vichy, le général Delestraint décide de déménager et de s'installer en zone libre, à Bourg-en-Bresse. Il habite alors au 41, boulevard Voltaire. Il cherche, tout d'abord, à maintenir des liens étroits avec ses anciens compagnons des chars, du moins ceux qui ont survécu aux terribles combats de mai-juin 1940. Car, dans l'armée d'armistice de 100 000 hommes concédée par les Allemands à Vichy, les blindés sont interdits. Il faut donc faire vivre la mémoire de ce qui n'est plus désormais.

Fin 1940 paraît un premier numéro du *Bulletin de liaison entre ceux des chars de combat*. Partout en France, des groupes d'anciens des chars se constituent, spécialement dans la zone libre. Et, pour donner le change, Delestraint, avec malice, adopte le statut associatif et se rattache à la LFC, la Légion française des combattants, qui regroupe tous les anciens combattants fidèles à Pétain ; ainsi, les réunions d'anciens qui s'organisent partout ne semblent point suspectes.

En 1942, deux réunions se tiennent à Bourg-en-Bresse et à Lyon. Ils sont, rappelle Jean-François Perrette, témoin des événements, 200 participants au banquet de Bourg, mais 500 à Lyon. Et le général Delestraint ne retient pas ses propos, évoquant la perspective de remonter « en chars » pour de nouveaux combats, après avoir fait ovationner par l'assistance, en le présentant comme un exemple à suivre, le lieutenant de Witasse (ancien de BCC), qui vient de s'évader d'un oflag et passe par Lyon avant de gagner l'Afrique du Nord et continuer le combat contre l'occupant allemand (au sein du 501e RCC). À Vichy même, devant un parterre d'anciens tankistes, le général Delestraint fait acclamer le nom du général de Gaulle, début 1942. Jean-François Perrette nous rappelle que cette audace lui vaut une réprimande mesurée de Vichy – atténuée encore par le général Campet, chef du cabinet militaire du maréchal Pétain. C'est dire que même Vichy n'ose porter atteinte au chef exceptionnel qu'est le général Delestraint.

Cependant, Delestraint songe à mobiliser l'armée d'armistice et à la faire entrer en résistance. En militaire respectueux de la hiérarchie, il tente de recueillir l'adhésion des chefs les plus prestigieux, deux généraux : Weygand d'abord, puis Giraud, qui vient de s'évader d'Allemagne.

Il ne reçoit pas la même réponse de ses deux supérieurs. Weygand, trop proche du maréchal Pétain et sans doute plein de désillusions, refuse tout net. Giraud, tout à son ambition de prendre la tête de l'armée française en Afrique, n'entend examiner aucune initiative qui ne provienne de lui.

Cependant, au second semestre 1940 comme tout au long de l'année 1941, le général Delestraint s'entoure d'un cercle d'amis dont les principaux sont François-Yves Guillin, étudiant en médecine (qui deviendra son secrétaire particulier dans la Résistance), Charles Fornier et le général Desmazes (qui, durant la Grande Guerre, a été chef d'état-major de Joffre).

C'est au début de l'année 1942 qu'intervient le *deus ex machina* qui va engager le général Delestraint à assumer les plus hautes fonctions dans la Résistance intérieure française : à savoir l'arrivée à Bourg du capitaine Gastaldo, alias « Galibier » dans la Résistance, ancien saint-cyrien, ayant adhéré au mouvement d'Henri Frenay, Combat. Nommé par Vichy à l'état-major du département de l'Ain – une quasi-sanction –, il entre en contact avec le général Delestraint et découvre son impressionnante personnalité et sa capacité d'organisation. Le voilà convaincu qu'il a rencontré l'homme qui peut tenir le rôle principal, aux côtés de Jean Moulin, nommé depuis le 24 décembre 1941 représentant officiel de la France libre en France occupée par le général de Gaulle. Sa fonction consistera à coordonner et à diriger les mouvements de résistance au plan militaire, tout en préparant une puissante action armée pour faciliter le Débarquement, prévu initialement en 1943 puis reporté en 1944 sur une décision des Alliés en date du premier trimestre 1943.

Gastaldo en parle à Frenay, lequel organise à Bourg, en juillet 1942, une rencontre entre Delestraint et Peck (alias « Durieux »), le chef du ROP (Recrutement, organisation, propagande) au sein du mouvement Combat. Le test est concluant : Frenay propose son candidat à de Gaulle, qui connaît, nous le savons, parfaitement le général. La réponse, positive, enthousiaste, est immédiate. Voilà Delestraint devenu chef de l'Armée secrète (AS), en charge d'unifier les mouvements des zones sud et nord. En octobre, la nomination devient officielle, et le général est contraint de s'installer à Lyon pour exercer ses fonctions et limiter ses déplacements. Il trouve un local dans le 7e arrondissement, au 4, avenue Leclerc – à quelques pas de la Gestapo, implantée au 14, avenue Berthelot (siège ô combien symbolique, depuis plus d'une décennie, du Centre d'histoire de la Résistance et de la déportation) ! Baptisé « général Vidal » dans la Résistance, Delestraint se plonge aussitôt dans la clandestinité, tout en profitant d'une couverture professionnelle : il incarne un certain Duchêne, négociant en vins qui doit se déplacer souvent pour commercialiser ses produits.

Très vite, dès le 11 novembre 1942, Delestraint, devenu officiellement le chef de la nouvelle armée française, l'AS, et donc l'adjoint de Jean Moulin, s'organise : il divise la zone sud en six régions. Et il appelle à son état-major le capitaine Gastaldo (nommé commandant par de Gaulle en mars 1943), devenu son ami, l'universitaire André Lassagne et le général Desmazes. Le commandant Jean-François Perrette fait partie, avec François-Yves Guillin, de ses très proches. C'est fin novembre que Delestraint entre en contact, pour la première fois, avec les MUR, les Mouvements unifiés de la Résistance. À cette époque, les MUR regroupent déjà les mouvements Combat de Frenay, Libération de D'Astier de Lavigerie, enfin, Franc-tireur de Jean-Pierre Lévy, c'est-à-dire les principaux groupes de la zone sud.

Fin 1942, les effectifs de l'AS peuvent être estimés, selon François-Yves Guillin, bien placé pour les évaluer en tant que secrétaire particulier de Vidal, à environ 30 000 hommes (uniquement en zone sud), dont 5 000 en formation.

En janvier, Moulin (« Max » dans la Résistance) et Delestraint se rendent à Londres pour y recevoir leurs instructions de la voix même du chef de la France libre. Juste avant son départ, durant la nuit du 13 février 1943, depuis Lons-le-Saunier, Delestraint trouve le temps de recevoir Yves Farge et le commandant Pouhier, les créateurs du maquis du Vercors. Dans cette région inaccessible, la Résistance pourrait concentrer armes et maquisards.

Du séjour à Londres des deux hommes, du 14 février au 24 mars 1943, nous possédons le récit écrit de sa main par le général de Gaulle dans ses Mémoires. Un extrait suffira à mesurer l'importance de la tâche confiée au général Vidal : « Delestraint pendant son séjour put travailler utilement avec les chefs alliés, notamment le général Brooke, le général Ismay, l'amiral Stark, qui reconnaissaient en lui un de leurs pairs. De sorte que l'Armée secrète, lors du débarquement en France, aurait son action, autant que possible, liée aux plans du commandement allié. L'instruction que le général Delestraint reçut de moi lui fixait ses attributions. C'étaient celles d'un inspecteur général avant que la grande bataille commençât. Ce serait, éventuellement, celles d'un commandant d'armée, dès qu'il faudrait conjuguer les opérations du dedans avec celles du dehors. »

En février 1943, le général Delestraint charge Jean-François Perrette d'aller sonder le général Frère, autrefois son chef à l'École des chars. Il est vrai que Frère occupe alors une position clé : il dirige l'ORA (Organisation de la résistance de l'armée), qui tente de mobiliser les anciens militaires de l'armée d'armistice, supprimée par les Allemands fin novembre 1942. Le général Frère est très opposé à de Gaulle, qu'il ne considère pas comme un militaire de haut grade et qu'il juge entouré de personnalités socialisantes et donc douteuses, par trop hostiles à Vichy. Du reste, le maintien de l'ambassadeur Leahy à Vichy (jusqu'en avril 1942) ainsi que l'hostilité bien connue du président Roosevelt à l'endroit de De Gaulle conduisent Frère à un prudent attentisme… lequel ne durera point, puisque, peu de temps après, le général Olleris va rallier l'ORA à l'AS.

Validé par le général de Gaulle, le projet d'implantation d'un maquis dans le Vercors s'affirme ; Delestraint vient le visiter en personne, début avril 1943, en compagnie de Farge et de Dalloz. Au même moment, des coups de main sont organisés pour tenter de récupérer le maximum de matériel militaire dans les entrepôts où ont été placés les équipements et armements enlevés à l'armée d'armistice – opérations où s'illustre Jean-François Perrette, qui affirme avoir bénéficié de la complicité de l'intendant général de Vichy, Nonenteuil !

Pouvant aisément rencontrer Jean Moulin, résidant comme lui à Lyon, au fond de la place des Capucins, à proximité des Terreaux, le général Delestraint se fait de plus en plus discret. Le 27 mai 1943, à Paris, rue du Four, Jean Moulin est, enfin, parvenu à créer le Conseil national de la Résistance (CNR). Non seulement il légitime la position du général de Gaulle en métropole (encore contestée par le président Roosevelt, qui souhaiterait alors l'évincer au profit du général Giraud), mais il institue également des partis politiques, évitant ainsi de laisser le terrain libre aux communistes, qui se prétendent seul parti de la Résistance en France. Moulin réussit le tour de force d'intégrer au sein de la nouvelle autorité la CFTC de Gaston Tessier mais surtout la CGT de Louis Saillant. Huit mouvements de résistance viennent également adhérer au conseil : bien sûr, Combat (Claude Bourdet), Libération Sud (Pascal Copeau) et Franc-tireur (Eugène Claudius-Petit), déjà adhérents aux MUR, mais également l'OCM (Organisation civile et militaire) de Jacques-Henri Simon, le Front national de Pierre Villon, membre du Parti communiste, Libération Nord de Charles Laurent, Ceux de la Libération de Roger Coquoin et Ceux de la Résistance de Jacques Lecompte-Boinet. Les politiques représentent cinq partis : Joseph Laniel l'Alliance démocratique, Daniel Mayer la SFIO, Georges Bidault le Parti démocrate populaire, Jacques Debû-Bridel la Fédération républicaine et Marc Rucart le Parti radical. Lors de sa création, le CNR décide de l'annulation de tous les actes de Vichy et place le général de Gaulle à la tête du pouvoir politique en France.

Ont-ils trahi ?

Sans doute faut-il d'abord présenter les deux principaux suspects de la trahison du général Delestraint avant de tenter de résumer les faits dans leur ordre chronologique.

Le premier, René Hardy (également accusé de trahison dans l'affaire Jean Moulin), « Didot » de son nom de clandestinité, est le responsable du réseau Résistance-Fer de Combat. Lieutenant de réserve d'infanterie, bloqué en Corse, il ne combat pas en mai-juin 1940. Il est considéré comme un bon spécialiste des questions de trafic ferroviaire, travaillant dans les chemins de fer comme régulateur des grandes lignes à Paris-Montparnasse à partir d'août 1940. Il prend contact avec la Résistance naissante mais, devenu suspect, doit gagner la zone sud en 1941. Il est arrêté et incarcéré en avril 1941 alors qu'il tente de passer en Afrique du Nord. C'est là qu'il rencontre Guillain de Bénouville.

Libéré en mai 1942, il entre dans le mouvement Combat à la fin de l'année. Devenu le chef de l'organisation Résistance-Fer (zone sud), il est proposé par Frenay au général Delestraint au printemps 1943. Ce dernier le place au 3e bureau de l'état-major et le charge de concevoir un plan de sabotage du réseau de chemins de fer à mettre en application lors du Débarquement. Toutefois, Delestraint entend mieux le connaître avant de lui confier des responsabilités plus importantes au sein de l'AS. L'enjeu des attentats contre voies ferrées et trains est, en effet, capital pour le succès de l'opération de débarquement alliée : sans trains, les Allemands ne pourront acheminer renforts et munitions.

Didot dispose d'une boîte à lettres anonyme, utilisée pour la transmission des messages au sein de l'AS, chez Mme Dumoulin, au 14, rue Bataille, dans le 1er arrondissement de Lyon. Hardy effectue alors une étude du réseau ferré sur l'ensemble du territoire français qui servira, dans le cadre du « plan vert », à déterminer les lieux d'attentats et les méthodes de sabotage après le Débarquement. Avec l'aide de René Lacombe, son adjoint, et surtout celle de l'ingénieur Heilbronn, capitaine de réserve dans les sapeurs des chemins de fer (il peut se prévaloir d'avoir été en activité durant l'année 1940) et meilleur spécialiste du sujet parmi les trois hommes, Hardy rédige un rapport, le « bloc-fer » (à distinguer sans doute du « plan vert », attribué au lieutenant-colonel Saint-Jacques et qui lui est préalable). En vérité, ce rapport est d'abord l'œuvre d'Heilbronn, même si Hardy en revendique toute la paternité ! Bien que celui-ci ait été rédigé durant la seconde partie du mois de mai 1943, il est avéré qu'Hardy n'a jamais remis son rapport au général Delestraint ; sans doute sur ordre de Frenay, qui manifeste ainsi son mécontentement d'être marginalisé au sein de l'Armée secrète. Pourtant, deux exemplaires des rapports ont été adressés par Hardy à Frenay, son chef, et à de Bénouville, lui-même en conservant un qui tombera aux mains des Allemands.

Delestraint, conscient de l'importance extrême du projet de sabotage des chemins de fer et fort du regroupement de nombreux mouvements de résistance au sein du CNR, prévoit donc des entretiens à Paris, d'abord avec Hardy, puis avec les chefs des mouvements de résistance de la zone nord début juin. Il charge donc son chef de cabinet, Henri Aubry, alias « Thomas » dans la Résistance, d'en avertir René Hardy.

Un premier rendez-vous est fixé au 9 juin 1943 à la station de métro La Muette à 9 heures. Hardy et Delestraint s'étant déjà rencontrés à Lyon, il n'est convenu d'aucun signe de reconnaissance. Le second rendez-vous avec les délégués militaires de la zone nord est fixé à 10 heures, dans un bureau de la mairie du 16e arrondissement, avenue Henri-Martin.

Henri Aubry, lieutenant d'active, est le chef d'état-major du mouvement Combat. Au sein de l'AS, il devient inspecteur de plusieurs régions. Puis il est chargé d'y répartir les versements d'argent. Lorsque Frenay, à la fin de l'hiver 1943, en l'absence de Delestraint, alors à Londres, le promeut sans en référer à personne chef d'état-major de l'AS en remplacement de Morin-Forestier, qui vient d'être arrêté, il se heurte au refus de Delestraint. Le général ne veut pas nommer un simple lieutenant au poste essentiel de chef d'état-major. Il le nomme donc chef de son cabinet à titre provisoire. Le commandant Gastaldo, infiniment plus compétent, est désigné comme son chef d'état-major. Ce qui n'empêche pas Aubry de se prétendre chef d'état-major en titre, soutenu en cela par Frenay. D'ailleurs Delestraint ne l'associe pas à toutes ses démarches, le jugeant trop inféodé à Frenay, et il ne le reçoit guère avenue Leclerc ou dans sa seconde cache de la rue Sala. C'est dire la confusion qui règne parfois au sein de la Résistance, qui n'est unifiée qu'en surface, et le supplice quotidien enduré par un homme d'une exceptionnelle droiture comme Delestraint.

Une chose est très curieuse : Hardy comme Aubry sont avides de reconnaissance sans avoir véritablement les mérites pour l'obtenir, et aucun des deux n'aime vraiment le général Delestraint, lequel les a certainement percés à jour. Il est vrai qu'Hardy comme Aubry savent parfaitement que Frenay ne cesse de se plaindre auprès de Londres de l'incompétence supposée de « Max » (Moulin) et de « Vidal » (Delestraint). De là à penser qu'une action contre Delestraint serait couverte…

La boîte aux lettres de la rue Bouteille à Lyon 1er

Le 27 mai, Mme Raisin, la secrétaire d'Aubry, est bien présente – et en témoignera – lorsque le général Delestraint donne l'ordre à Aubry d'avertir Hardy du rendez-vous du 9 juin à 9 heures à Paris, au métro La Muette. Aubry rédige donc un billet non codé que Mme Raisin porte à la boîte aux lettres d'Hardy, celle de Mme Dumoulins, au 14 de la rue Bouteille, dans le 1er arrondissement de Lyon. Hélas, la boîte aux lettres est brûlée !

Que s'est-il donc passé ?

Un certain Multon, agent d'assurances indélicat, ayant abandonné par ailleurs femme et enfants, tente de se refaire une virginité en adhérant au mouvement Combat, à Marseille, lequel l'admet un peu trop facilement dans ses rangs : le bien naïf général

Chevance-Bertin en fait, sans enquête préalable, son secrétaire. Voilà notre homme affublé d'un pseudonyme de résistant, « Lunel » !

Arrêté par la Gestapo, et notamment par le sinistre Ernst Dunker, un ancien truand appartenant aux services du Sipo-SD, cette crapule se met aussitôt au service de l'ennemi et livre tout ce qu'il sait, notamment l'adresse des boîtes aux lettres marseillaises, mais également certaines informations concernant les hommes du mouvement Combat à Lyon. Or, l'un de ses camarades marseillais, en charge du courrier des MUR, Le Couster, l'a informé de l'existence d'une boîte aux lettres rue Bouteille à Lyon, celle de la Résistance-Fer. Il livre aussi l'adresse lyonnaise, probablement déjà connue des Allemands : ils ont arrêté un agent de liaison de France d'abord qui s'est mis à table. Une raison supplémentaire pour mettre en place une souricière…

Envoyé à Lyon par les nazis, Multon, retrouvant sa vraie nature, donne le meilleur de lui-même. Il voudrait tenter d'arrêter Berty Albrecht, égérie de Frenay et dirigeante essentielle de Combat, et tendre un piège rue Bouteille. Aussi se présente-t-il au lieutenant de la SS, le trop célèbre Klaus Barbie, chef de la section IV du SD de Lyon, lequel lui adjoint aussitôt Moog, un Alsacien pronazi qui a commencé sa carrière dans la cinquième colonne en 1940 avant de rejoindre l'Abwehr. Par souci d'efficacité, Moog est provisoirement affecté à l'affaire de la rue Bouteille au sein du SD. Il surveillera, avec Saumade, un Français membre du PPF de Doriot, par ailleurs agent de l'Abwehr, le dénommé Multon, dont Barbie se méfie encore en raison de son passé peu glorieux.

On sait que, grâce à Multon, Berty Albrecht, grande amie de la famille Gouze (et notamment de la future Mme François Mitterrand), est arrêtée à Mâcon. Pour éviter de parler, elle se pend avec un foulard – elle ne fut pas décapitée comme on le prétend parfois : Frenay s'est lui-même assuré de la chose en faisant exhumer son cadavre après-guerre.

Multon et Moog surveillent la boîte aux lettres de la rue Bouteille, que cinq adhérents du réseau Résistance-Fer d'Hardy sont seuls habilités à utiliser, par contact direct avec Mme Dumoulins, couturière de son état, qui relève son courrier chaque matin, messages de la Résistance inclus. Après avoir arrêté Mme Dumoulins, Moog et Multon piègent Marie Raynouard (« Claire » dans la Résistance), la secrétaire d'Hardy, professeure agrégée au lycée de Grenoble, le 26 mai. Ils l'interpellent puis la torturent. Elle refuse de parler et meurt en déportation.

Dès le lendemain, le réseau Combat en est informé et bien sûr, au premier chef, Henri Aubry. Le 2 juin, de manière certaine, Hardy, de retour d'un déplacement à Nîmes, est officiellement averti de l'arrestation de sa secrétaire par sa très chère amie Lydie Bastien. Détail essentiel : si Hardy peut prétendre ne pas avoir eu connaissance du rendez-vous avec Vidal à Paris, il n'en est pas de même d'Aubry, qui n'avertit pas son chef, Delestraint, de la tragédie de la rue Bouteille. Une attitude d'autant plus curieuse qu'Aubry a été informé par Combat, dès le 27 mai, que la boîte aux lettres de la rue Bouteille était brûlée ! Et il le dit à sa secrétaire, Mme Raisin, le 28 au matin, lui précisant même qu'elle a eu de la chance d'en revenir sans encombre.

Le jour même, il apprend que son épouse, alors à Marseille, vient d'accoucher d'un garçon et, souffrant d'une fièvre puerpérale, se trouve dans un état très grave. Il saute dans le premier train et ne revient à Lyon que le 2 juin. Il est alors incompréhensible qu'Aubry n'ait pas informé ses chefs, Delestraint et Gastaldo, de l'affaire de la rue Bouteille. Car il sait qu'inévitablement ils vont tomber dans un piège tendu par la Gestapo et le SD. Et cette attitude est d'autant plus troublante qu'Aubry rencontrera à deux reprises Delestraint pendant cette période, les 2 et 4 juin à Lyon. François-Yves Guillin, témoin direct des événements, écrit, contre toute évidence : « Henri Aubry n'est pas un traître. » A-t-il été seulement négligent ? Mais cette faute n'est-elle pas, en la circonstance, un véritable crime ? Ou s'est-il laissé gouverné par sa jalousie, sa vindicte, le sentiment de ne pas occuper le poste qu'il méritait ? Ainsi, aurait-il agi plus par inconscience que par volonté de nuire, par dérive psychique que par volonté de trahir ?

Tous les coups portés à la Résistance de février à mai 1943 – les arrestations du capitaine Billon, chef de la Ire région de l'AS, puis son suicide, celle de Morin, le chef d'état-major de l'AS, celles de Ravanel, d'Aubrac et de Kriegel-Valrimont (finalement libérés), les nombreux coups de filet marseillais, la capture, enfin, de Berty Albrecht – ne sont pas sans inquiéter Vidal et Max. L'étau se resserre indubitablement autour d'eux. Ils seront d'ailleurs arrêtés, à douze jours d'intervalle, trahis par l'un ou l'autre de leurs compagnons les plus proches, respectivement le 9 et le 21 juin 1943.

Derniers jours de liberté

Après avoir retrouvé sa femme les 29 et 30 mai, non pas à Bourg mais, pour brouiller les pistes, à Saint-Amour, dans le Jura, le général Delestraint est de retour à Lyon le 31 mai. Il y rencontre Jean Moulin pour discuter de l'implantation indispensable de l'AS à Paris. Il le revoit au moins une fois avant son départ pour Paris, le lendemain 1er juin. Il se plaint amèrement de ne pas recevoir d'officiers d'état-major de valeur de Londres, un jugement indirect fort négatif sur Aubry, qui occupe provisoirement la fonction. Le 1er juin au soir, le général confère également avec Dalloz, l'adjoint d'Yves Farge, pour le projet essentiel du Vercors, puis de nouveau le lendemain, rue Tête-d'Or. Delestraint est soucieux d'attirer le maximum d'officiers de l'ORA, des professionnels, pour renforcer la capacité militaire de l'AS ; sans doute est-ce l'une des causes de ses lourdes difficultés relationnelles avec Combat ! Le 2 juin, également, il prépare avec Gastaldo la réunion prévue le 9 juin vers 10 heures à Paris avec les chefs militaires de la zone nord. Delestraint se rendra à pied de la station de métro La Muette à la station Rue-de-la-Pompe, où Gastaldo le retrouvera. Ils iront ensuite, ensemble, à la réunion.

Le 2 juin au soir, en compagnie de François-Yves Guillin, étudiant en médecine tout autant que secrétaire particulier du patron de l'AS, Delestraint se rend à Bourg pour revoir son épouse et passer l'Ascension avec elle. A-t-il l'intuition que ses jours sont comptés ? Le 3 au soir, il regagne Lyon, toujours en compagnie du jeune Guillin.

Le 4 juin, Delestraint retrouve Aubry (alias « Thomas »), qui ne l'informe nullement de l'affaire si grave de la rue Bouteille ! Le 5 juin, le général prend à 13 h 30 le train de Paris, qui atteint la capitale à 21 h 30. Le général se hâte de gagner son logement du 35, boulevard Murat, dans le 16e arrondissement. Le 6, un dimanche, il assiste à la messe à Notre-Dame-d'Auteuil à 7 heures du matin puis se rend à Dreux voir sa fille Odette. Il est rentré pour 18 heures et retrouve, place de l'Alma, comme convenu, Dalloz, avec toujours le Vercors au menu.

Le lendemain, 7 juin, Delestraint rencontre Gastaldo, arrivé le jour même : ils mettent au point les ultimes détails de leur rendez-vous du 9 et surtout discutent de la façon de présenter Hardy aux responsables militaires de la zone nord, des représentants de l'OCM (Organisation civile et militaire) et de Ceux de la Libération. En effet, l'enjeu est de taille : il s'agit de discuter des emplacements de sabotage des voies ferrées dans le Nord. Aussi le très professionnel Gastaldo veut-il préparer la rencontre officielle en organisant autour de Delestraint une réunion préalable avec les colonels Sauveboeuf et Schimpf, les patrons militaires des deux réseaux. Cette entrevue se déroule le jour même. Puis Delestraint demande à son aide de camp, le lieutenant Théobald, de se joindre à Gastaldo au métro Rue-de-la-Pompe le 9 juin vers 9 h 30.

Le lendemain, 8 juin, une nouvelle séance préparatoire se tient entre Delestraint, Gastaldo et les deux colonels. Demeuré boulevard Murat tout l'après-midi, Delestraint y reçoit son ami le lieutenant Perrette, qui l'informe des contacts établis avec les Chantiers de jeunesse, dont les membres se voient imposer le STO. L'idée, tout à fait juste, de Delestraint, est que les Chantiers vont devenir un formidable réservoir pour la Résistance, et au premier chef pour l'AS. Avant de s'endormir, le général Delestraint écrit une lettre à sa femme qu'il postera le lendemain en se rendant à son rendez-vous.

L'arrestation du 9 juin

Après avoir entendu la messe à Notre-Dame-d'Auteuil, le général Delestraint se rend à pied à la station de métro La Muette.

Les Allemands, de leur côté, ont tout préparé : l'Abwehr procédera à l'arrestation – c'est bien le moins qu'on lui doive ! –, en présence, toutefois, du Sipo-SD. Puis les prisonniers seront remis à la Gestapo. Naturellement, la présence de Multon est essentielle, puisqu'il connaît Hardy, alias « Didot », et permettra de le repérer à coup sûr. Le 7 juin, à 22 heures, Multon et Moog ont donc prévu de prendre le train Lyon-Paris. Par un coup du sort à peine croyable, c'est le train qu'a choisi d'emprunter Hardy, convoqué par Delestraint le 9. Sur le quai, Multon croise Hardy. Tous deux se reconnaissent. Hardy sait que celui qui s'appelait « Lunel » dans le réseau Combat de Marseille est devenu un traître à la solde des nazis. Se heurtant par hasard à Racheline, un proche de De Bénouville, il lui demande de prévenir ce dernier qu'il pourrait être arrêté par Lunel, qui se trouve déjà dans le train. Ainsi, au lieu de renoncer, il prend le risque totalement absurde de monter dans le wagon-lit. On commence à comprendre pourquoi, tant à l'égard d'Aubry que d'Hardy, Delestraint s'est montré méfiant, refusant de les promouvoir plus avant malgré les pressions de Frenay.

Le croisant dans le couloir, Multon identific parfaitement Hardy, alias « Didot ». Moog informé, décide de faire arrêter Hardy à Chalon-sur-Saône. Il y est interné. Kramer, de l'Abwehr, attend ses deux hommes à Paris.

Le 9 juin, le dispositif allemand est en place lorsque Vidal arrive, seul, à pied, à l'entrée de la station La Muette. Kramer l'identifie sans difficulté à son allure militaire. Le taxi à l'avant duquel lequel est monté Kramer s'approche. Moog et Saumade en descendent et s'adressent ainsi à Delestraint : « Mon général, vous attendez Didot. Il n'a pas pu venir ; il a jugé que l'endroit est trop dangereux. Nous devons vous conduire auprès de lui au métro Passy. » Sans méfiance, Delestraint monte à bord et déclare qu'il a un autre rendez-vous prévu à la station Rue-de-la-Pompe à 9 h 30. S'apercevant que le capitaine Schmitt du SD n'a rien vu de la scène, Kramer se porte à hauteur de sa voiture et lui parle en allemand. Delestraint comprend alors qu'il est tombé dans un piège et qu'il vient de livrer Gastaldo et Théobald, son aide de camp. Effectivement, Kramer et Schmitt, après avoir déposé Delestraint rue des Saussaies au Sipo-SD, cueillent les deux hommes à la station Rue-de-la-Pompe. Tous deux sont également conduits au siège du SD.

L'arrestation du général n'est connue par la Résistance française et par Max que deux jours plus tard. Interrogé pendant cinquante heures, le général

Delestraint a reconnu son identité, livré ses deux adresses à Bourg et à Paris, où les enquêteurs ne trouveront rien, et révélé sa position de chef de l'AS. Le général de Gaulle est informé de la terrible nouvelle par Jean Moulin, alias « Max », le 15 juin, par courrier. Cependant, les Allemands ne parviennent à connaître sa responsabilité véritable qu'après les arrestations de Caluire, le 21 juin. Certes, le général Delestraint avait reconnu être envoyé par Londres pour organiser l'AS en France, mais les aveux d'Aubry, arrêté à Caluire et qui a craqué sous les coups, ont révélé le pot aux roses, c'est-à-dire l'étendue de l'organisation militaire, ainsi qu'en témoigne le Dr Dugoujon. Et Lassagne de confirmer en assurant qu'Aubry « s'est mis à table carrément, persuadé que les Allemands savaient tout ». Henri Aubry, totalement pressuré, ayant perdu toute utilité, sera d'ailleurs libéré par les Allemands en novembre 1943.

Le 21 juin, à la réunion de Caluire, Max a l'intention de reconstruire l'organisation militaire de la Résistance pour remplacer Vidal, en confiant à Aubrac la zone nord et à Lassagne la zone sud. Il est arrêté dans le cabinet du Dr Dugoujon à Caluire, avec tous les hauts responsables du mouvement. Hardy n'a pas été convoqué, mais il est présent : Aubry lui a demandé de venir. Ce dernier espère, en effet, qu'en l'absence de Frenay, exfiltré sur Londres, Hardy pourra soutenir sa candidature intérimaire à la succession de Vidal à la tête de l'AS et barrer la route au colonel Schwartzfeld, le chef de France d'abord. Tous deux sont membres de Combat et n'ignorent pas que c'est le général de Gaulle qui décidera de la nomination définitive…

On sait qu'Hardy sera largement soupçonné d'être le « traître de Caluire » et fera l'objet de deux procès après la fin de la guerre, dont les jurys, constitués de résistants, l'innocenteront… Mais cela est une autre histoire. Revenons donc aux hypothèses concernant la trahison de la station La Muette à Paris avant d'examiner la fin tragique du général Delestraint.

Aubry, ou Hardy, peut-être ?

Concernant Henri Aubry, il est acquis qu'il est le responsable principal de l'arrestation de Delestraint et de Gastaldo, au moins par omission. François-Yves Guillin ne croit pas à sa trahison, pas plus, semble-t-il, que Jean-François Perrette, deux des plus proches collaborateurs du général Delestraint. Curieusement, Perrette n'évoque pas même la responsabilité d'Aubry !

Plus intéressante est la position de Gérard Chauvy dans *Lyon 40-44*. Il rappelle, naturellement, la négligence d'Aubry, qu'il qualifie d'« imprudence inadmissible », avant de rappeler qu'Hardy a accusé Aubry de façon à peine voilée. Pourtant, lors de son premier procès, en 1947, Hardy prétend avoir sauté du train Lyon-Paris le 7 mai 1943 pour échapper à Multon et Moog ! Évasion purement imaginaire qu'il devra renier après avoir été confondu : il a été jeté en prison à Chalon-sur-Saône ! Alors il sert une seconde version, reconnaissant qu'il a été arrêté et prétendant que Barbie est venu le chercher à la prison de Chalon le 10 juin et l'a interrogé au siège de la Gestapo, avenue Berthelot, à Lyon. Et qu'il a été relâché en fin de soirée, sa couverture d'entrepreneur en motoculture ayant parfaitement fonctionné. Et il lâche son accusation : « Je voulais alors mener mon enquête. Je ne pouvais m'ouvrir à personne, étant donné que le coup porté au général Delestraint avait dû l'être de haut... Si en 1947 j'avais eu tous les éléments en main, je n'aurais pas menti. Mais j'étais en face de gens qui cachaient la vérité et tentaient de se sauver de leurs fautes sur mon dos. »

Barbie, venu cueillir Hardy à Chalon, prétend qu'il lui a tout livré, plans et hommes, tout spécialement le « plan vert » de sabotage des voies ferrées et son corollaire, le plan du débarquement des Alliés en Normandie. Ce qu'Hardy nie farouchement... De fait, il est bien libéré, mais semble-t-il le 11 juin à Lyon. Si ces faits peuvent accuser Hardy pour l'affaire de Caluire et la trahison de Jean Moulin, ils n'ont aucune incidence sur celle qui nous concerne, l'affaire de l'arrestation du général Delestraint. Car il apparaît qu'Hardy n'était pas au courant du rendez-vous du métro La Muette du 9 juin. Est-ce si sûr ? Et pourquoi donc a-t-il pris le train de nuit Lyon-Paris du 7 mai 1943 ? Curieuse coïncidence ! Pourquoi ce refus d'emmener sa tendre amie, Lydie Bastien, à Paris ? Hardy répond qu'il devait rejoindre un autre résistant, Jean-Guy Bernard, un compagnon de Combat, inspecteur auprès des régions au sein de l'AS.

L'enquête à laquelle nous venons de nous livrer n'apporte aucune certitude. Nous ignorons qui a trahi le général Delestraint et s'il a été trahi. *A minima*, la faute d'Aubry est évidente, mais est-elle intentionnelle ? Quant à Hardy, pourquoi a-t-il menti lors de son premier procès et défendu cette abracadabrantesque histoire d'évasion du train ?

Sans doute ne saura-t-on jamais la vérité. Tout au plus peut-on faire remarquer que le général Delestraint a jugé tant Hardy qu'Aubry insuffisamment fiables pour leur confier des responsabilités permanentes de haut niveau – à leur grand dépit, voire à leur grande fureur ! – et qu'il a entretenu des relations très conflictuelles avec le réseau Combat, auquel appartenaient les deux hommes. Et que, même au sein de la Résistance, des affaires de haines personnelles peuvent parfois déclencher des actions irréparables. Surtout si le silence suffit à condamner à mort celui que l'on souhaite abattre…

Quant au général Delestraint lui-même, il aurait toujours cru, suivant des témoignages concordants, qu'Hardy était le coupable… ce à quoi Jean-François Perrette, homme trop droit pour imaginer de tels complots, ne croit pas du tout, sans pour autant émettre une autre hypothèse…

Le calvaire du général Delestraint

Gardé avenue Foch, au quartier général de la Gestapo, le général Delestraint n'a semble-t-il jamais été torturé : il en a trop imposé à tous ses interrogateurs, tant par sa parfaite connaissance de la langue allemande qu'en raison de l'autorité naturelle émanant d'un général de division de soixante-quatre ans. Transféré à la villa de Boemelburg à Neuilly, réservée aux prisonniers de marque, il voit passer Jean Moulin, moribond, durant les derniers jours de juin.

Le général a reconnu sa responsabilité dans l'AS mais n'a livré le nom d'aucun de ses collaborateurs et cherche à minimiser l'importance de l'organisation. Las de n'en pouvoir rien tirer, la Gestapo le fait enfermer à Fresnes. Mme Delestraint est, exceptionnellement, autorisée à lui rendre visite avec ses enfants. Renvoyé après neuf mois d'enquête devant le tribunal de Breslau, il est, dans l'attente du verdict prévisible (qui sera la condamnation à mort), transféré au terrible camp du Struthof, en Alsace. Il y parvient le 10 mars 1944. Aussitôt, la totalité des résistants du camp le reconnaissent pour chef, communistes compris. Ces derniers se chargent d'ailleurs, nous précise Jean-François Perrette, « d'aider à la survie du général en lui assurant un supplément de pain que "Petit-Jean" (pseudonyme de Leroy, l'un des collaborateurs immédiats de Linet, commandant régional des FTP d'Île-de-France – également captif) collectait par minuscules fragments sur les modestes rations de chacun au profit des camarades les plus affaiblis ; parfois même, on parvenait à dérober pour lui, aux cuisines, un peu de viande des rations des SS ».

Général, Delestraint n'est pas astreint aux véritables travaux forcés que subissent les prisonniers. Il peut demeurer dans le baraquement. Une filière est trouvée pour envoyer du courrier ; le général en profite pour écrire à son épouse.

Lorsque les Alliés approchent, fin août 1944, le camp est évacué par les SS et le général, transféré à Dachau avec ses compagnons. Delestraint, condamné à mort, figure toujours sur une courte liste de 30 noms qui peuvent être exécutés à tout moment. Pour le sauver, les autres résistants le font transférer à l'infirmerie, avec quelque raison, puisqu'il souffre d'une furonculose. Mais devant l'afflux des malades du typhus, très gravement frappés, il est impossible de l'y maintenir très longtemps. Delestraint rejoint donc sa chambrée fin janvier 1945. Il lit beaucoup et peut écouter les radios en raison de sa compréhension parfaite de l'allemand. Tous les résistants français se sont regroupés autour de lui, et il leur prêche sans cesse l'unité. Edmond Michelet lui porte la communion, et il échange beaucoup avec l'évêque de Clermont-Ferrand, Mgr Piguet. Car le général est un grand chrétien qui va à la messe chaque matin et pratique au quotidien les vertus cardinales. Un lieutenant de l'armée anglaise, Robert M. Sheppard, s'est attaché à lui et lui sert d'aide camp. Il est vrai que Delestraint s'exprime fort bien en anglais.

Repéré par le commandant du camp, Delestraint, pour son malheur, est admis à l'Ehrenbunker, la prison des « hôtes d'honneur », où il retrouve Mgr Piguet. Le 17 avril 1945, l'évacuation de Dachau débute, alors que les Alliés vont pénétrer dans Ulm. Le 19 avril 1945, l'adjudant-chef Eicheberg remet un ordre écrit de la Gestapo (signé par le lieutenant-colonel Schäfer) au lieutenant Ruppert, l'homme chargé de la discipline du camp : celui de fusiller le général Delestraint. L'ordre est exécuté par l'adjudant-chef Pongratz, le SS Boomgraetz et un autre SS, un sergent, Stilles. Deslestraint est abattu d'une seule balle dans la nuque.

Sources

Aubrac Lucie, *Ils partiront dans l'ivresse,* Le Seuil, 1984

Chauvy Gérard, *Lyon 40-44,* Plon, 1985

Chauvy Gérard, *Lyon des années bleues,* Plon, 1987

Cordier Daniel, *Jean Moulin : la République des catacombes,* Gallimard, 1999

Frenay Henri, *L'Énigme Jean Moulin,* Robert Laffont, 1977

Garçon Maurice (maître), *Plaidoyer pour René Hardy,* Fayard, 1950

Garrier Gilbert, *Lyon pendant la guerre,* PUF, 1982

Guillin François-Yves, *Le Général Delestraint,* Plon, 1995

Hardy René, *Derniers mots,* Fayard, 1984

Perrette Jean-François, *Le Général Delestraint,* Presses de la Cité, 1972

Ruby Marcel, *La Résistance à Lyon, 2 volumes,* L'Hermès, 1979

Ruby Marcel, *Lyon et le Rhône dans la guerre,* Horvath, 1990

Imprimé en France par CPI
en mars 2016

Dépôt légal : mars 2016
N° d'impression : 3016044